中国消防救援学院规划教材

消防基层政治工作

主　　编　张　亚　李连东
参编人员　刘　松　但　浩　陈明厚　黄　鹏
　　　　　陆欣宁　吴振兴　依长江　李蓉蓉
　　　　　杨劲方　熊东旭

应急管理出版社
·北　京·

图书在版编目（CIP）数据

消防基层政治工作/张亚，李连东主编. --北京：应急管理出版社，2022（2025.2 重印）

中国消防救援学院规划教材

ISBN 978-7-5020-9435-5

Ⅰ.①消… Ⅱ.①张… ②李… Ⅲ.①消防部队—部队基层政治工作—中国—高等学校—教材 Ⅳ.①E277.12

中国版本图书馆 CIP 数据核字（2022）第 132263 号

消防基层政治工作（中国消防救援学院规划教材）

主　　编　张　亚　李连东
责任编辑　籍　磊
责任校对　孔青青
封面设计　王　滨

出版发行　应急管理出版社（北京市朝阳区芍药居 35 号　100029）
电　　话　010-84657898（总编室）　010-84657880（读者服务部）
网　　址　www.cciph.com.cn
印　　刷　海森印刷（天津）有限公司
经　　销　全国新华书店

开　　本　787mm×1092mm $^1/_{16}$　**印张**　$11^1/_4$　**字数**　240 千字
版　　次　2022 年 8 月第 1 版　2025 年 2 月第 3 次印刷
社内编号　20220970　　**定价**　33.00 元

前　言

中国消防救援学院主要承担国家综合性消防救援队伍的人才培养、专业培训和科研等任务。学院的发展，对于加快构建消防救援高等教育体系、培养造就高素质消防救援专业人才、推动新时代应急管理事业改革发展，具有重大而深远的意义。学院秉承“政治引领、内涵发展、特色办学、质量立院”办学理念，贯彻对党忠诚、纪律严明、赴汤蹈火、竭诚为民“四句话方针”，坚持立德树人，坚持社会主义办学方向，努力培养政治过硬、本领高强，具有世界一流水准的消防救援人才。

教材作为体现教学内容和教学方法的知识载体，是组织运行教学活动的工具保障，是深化教学改革、提高人才培养质量的基础保证，也是院校教学、科研水平的重要反映。学院高度重视教材建设，紧紧围绕人才培养方案，按照“选编结合”原则，重点编写专业特色课程和新开课程教材，有计划、有步骤地建设了一套具有学院专业特色的规划教材。

本套教材以马克思列宁主义、毛泽东思想、邓小平理论、“三个代表”重要思想、科学发展观、习近平新时代中国特色社会主义思想为指导，以培养消防救援专门人才为目标，按照专业人才培养方案和课程教学大纲要求，在认真总结实践经验，充分吸纳各学科和相关领域最新理论成果的基础上编写而成。教材在内容上主要突出消防救援基础理论和工作实践，并注重体现科学性、系统性、适用性和相对稳定性。

《消防基层政治工作》由中国消防救援学院副教授张亚、李连东任主编。参加编写人员及分工：张亚编写绪论，陈明厚编写第一章，陆欣宁编写第二章，李连东编写第三章，但浩编写第四章，李蓉蓉编写第五章，杨劲方编写第六章，刘松编写第七章，依长江编写第八章，黄鹏、熊东旭编写第九、十章，吴振兴编写第十一章。

本套教材在编写过程中，得到了应急管理部、兄弟院校、相关科研院所的大力支持和帮助，谨在此深表谢意。

由于编者水平所限，教材中难免存在不足之处，恳请读者批评指正，以便再版时修改完善。

中国消防救援学院教材建设委员会

2022年4月

目　录

绪 论

国家综合性消防救援队伍是党中央决策组建，习近平总书记亲切关怀、亲自授旗并致训词的应急救援主力军和国家队，坚持党的绝对领导，坚持纪律部队建设标准。基层政治工作是消防政治工作的重要组成部分，是党对基层队伍实行绝对领导和队伍履行职能使命的根本保证，是消防救援队伍基层工作、建设和改革的生命线，是基层指挥员必修的“基础课”、必备的“基本功”。

一、学习消防基层政治工作的重大意义

理论是行动的先导，思想是前进的旗帜。新时代消防基层政治工作，是确保习近平总书记重要训词精神在基层落实落地的根本环节，是政治工作时代主题在基层的具体展开，内容丰富、内涵深厚、作用巨大。学习消防基层政治工作是系统掌握政治工作业务知识、扎实开展基层政治工作、提高基层干部能力素质的前提和基础。

（一）学习消防基层政治工作，是贯彻习近平总书记政治建队要求的现实需要

习近平总书记指出:“中央和国家机关首先是政治机关,必须旗帜鲜明讲政治,坚定不移加强党的全面领导,坚持不懈推进党的政治建设。”①作为党绝对领导下的人民队伍,国家综合性消防救援队伍必须不断增强政治意识,提高政治能力,对“国之大者”胸中有数,增强忧患和使命意识,强化政治担当,以更加强烈的政治觉悟扎扎实实地做好自己的事情。

政治建队是国家综合性消防救援队伍的立队之本。国家综合性消防救援队伍诞生于人民军队的摇篮，政治建队是固有的基因、鲜亮的底色。2018 年 11 月 9 日，习近平总书记向国家综合性消防救援队伍授旗并致训词，要求队伍“对党忠诚、纪律严明、赴汤蹈火、竭诚为民”，对党忠诚指的就是政治建队。贯彻党中央政治建队要求，需要发挥政治工作主渠道作用，需要从上到下抓好落实，需要提升开展基层政治工作业务的能力，让政治工作在基层统得全、立得住、站得稳、沉得下。学习消防基层政治工作，有助于深化对党中央政治建队方略的理解把握，认清做好基层政治工作的重要性和必要性，进一步强化使命感责任感，推动政治建队方略在基层的贯彻落实。

（二）学习消防基层政治工作，是系统掌握政治工作业务知识的迫切需要

毛泽东同志指出：“理性认识依赖于感性认识，感性认识有待于发展到理性认

① 习近平：带头维护党中央权威和集中统一领导 建设让党中央放心、让人民群众满意的模范机关［N］. 人民日报，2018－7－13（1）.

识。"①消防政治工作伴随着消防队伍的发展壮大、转型升级，积累了丰富的实践经验，并逐步上升为理性认识，进行了充分的理论探索，形成了较为完备的理论体系。这个体系包括消防政治工作发展史、消防政治工作基本理论、消防政治工作专项业务知识和运用。消防基层政治工作，属于专项业务知识和运用范畴，是消防政治工作在基层的实践和运用。本课程是继消防政治工作基本理论、消防政治机关工作之后，学员学习的第三门政治工作类课程。以学员首次任职岗位为指向，以基层政治工作业务知识和运用为重点，注重与其他政治工作类课程的知识承接，注重理论与实践深度对接、知识与运用有效衔接，形成历史脉络纵向贯通、理论体系横向交织、专业工作相互支撑的立体的科学的内容体系。

"感觉到了的东西，我们不能立刻理解它，只有理解了东西才更深刻地感觉它。"②消防基层政治工作好比一座桥梁，一边连着丰富的生动的基层政治工作实践，一边连着深刻的政治工作理论。学习这门课，可以让学员更深入掌握基层政治工作的实践要求，更深刻把握基层政治工作的本质规律。

（三）学习消防基层政治工作，是增强首次任职能力打开工作局面的根本需要

习近平总书记指出："面对复杂形势和艰巨任务，我们要在危机中育先机、于变局中开新局，干部特别是年轻干部要提高政治能力、调查研究能力、科学决策能力、改革攻坚能力、应急处突能力、群众工作能力、抓落实能力，勇于直面问题，想干事、能干事、干成事，不断解决问题、破解难题。"③对于年轻干部来说，政治能力是立足岗位的基础构件、干事创业的前提要件。学习消防基层政治工作，有助于全面增强政治能力，系统提升首次任职能力，提高岗位适应度。长期以来，队伍存在一个普遍现象，就是新毕业学员到新的岗位后出现了"水土不服"的问题，组训、教育、管理等能力比较弱，学员之所学难以有效转化为指挥员之用，其中政治工作知识到能力的转化率尤其较低。课程把握政治工作实践性强的特点，坚持精准聚焦需求侧，注重找准问题源，突出政治工作理论的科学性、方法的适用性、程序的完整性。着力提高政治工作的本质本色、内涵内容、要素要义、方式方法，可以有效锻造岗位任职能力、提升岗位工作水平，有助于运用政治工作基本理论破解现实矛盾问题，在理论与实践的交互作用中提高岗位任职能力，有助于助力学习主体实现由院校学员、消防员向合格基层指挥员的转变，为事业发展插上腾飞之翼。

（四）学习消防基层政治工作，是提升业务素养推进改革转型发展的基本需要

毛泽东同志指出："政治路线确定之后，干部就是决定的因素。中国共产党是在一个几万万人的大民族中领导伟大革命斗争的党，没有多数才德兼备的领导干部，是不能完成

---

① 毛泽东选集：第1卷［M］. 北京：人民出版社，1991：291.

② 同① 286.

③ 习近平在中央党校（国家行政学院）中青年干部培训班开班式上发表重要讲话强调：年轻干部要提高解决实际问题能力想干事能干事干成事［N］. 人民日报，2020-10-11（1）.

其历史任务的。”[①] 国家综合性消防救援队伍作为应急救援的主力军和国家队，承担着防范化解重大安全风险、应对处置各类灾害事故的重要职责，要完成党和人民赋予的重要职责，最大限度维护人民群众生命财产安全，需要很大数量的有坚定政治立场、坚实政治能力和扎实业务素养的新时代消防救援人员。所以，学习包括基层政治工作在内的各类业务知识，是为队伍蓄积新时代转型发展人才，是在以自觉的方式推动队伍转型升级、提质强能。要看到消防救援队伍作为国家迈向现代化进程中的一支新型队伍，能不能平稳转型、加强融合、顺利升级，既是任务大考、作风大考，更是政治大考、党性大考，也是能力大考。消防救援人员要以更高的政治站位、更大的使命担当、更强的能力素质，践行更严的忠诚标准，实现更好的救援效果，全力推动队伍融合升级。

二、消防基层政治工作的内涵和特征

内涵是一个概念所反映的事物的本质属性的总和，即概念的内容。特征是可以作为事物特点的征象、标志等。内涵是特征的内在本质，特征是内涵的外在表现。理解消防政治工作必须把握其内涵，明晰其特征。

（一）消防基层政治工作的内涵

消防基层政治工作，是指中国共产党在大队、中队及其相当的队、站、室、所、库中进行的思想工作和组织工作。实质上是党领导和掌握消防基层单位的工作，是构成消防基层单位战斗力的重要因素，是实现党对消防救援队伍绝对领导和消防基层单位履行职能使命的根本保证，是消防基层单位的生命线。这一概念，不仅在逻辑形式上把消防基层政治工作同其他工作及实践活动区别开来，而且从本质属性上揭示了消防基层政治工作属于政治活动的范畴。

1. 把党对队伍绝对领导原则落实到基层的工作

基层党组织是党在队伍的神经末梢，是实现党对队伍绝对领导、团结巩固队伍、完成各项任务的坚强战斗堡垒。国家综合性消防救援队伍是党中央适应国家治理体系和治理能力现代化决策组建的人民队伍，是党绝对领导下的应急救援主力军和国家队，只有把党的绝对领导落实到队伍基层，党对队伍的领导才真正落到了实处。因此，做好队伍基层政治工作，必须牢牢抓住消防政治工作的本质特点，凝神聚力、聚焦用力、持续发力、久久为功、善作善成；保证党的基本理论、基本路线、基本方略，上级党委的决议、指示，国家的法律法规和条令条例在基层的贯彻落实；保证政令畅通、令行禁止，圆满完成党和人民赋予的各项任务。

2. 为有效履行队伍职责使命任务所进行的思想工作和组织工作

国家综合性消防救援队伍肩负防范化解重大安全风险、应对处置各类灾害事故的重要职责，履行保护人民群众生命财产安全和维护社会稳定的重要使命。政治工作必须与消防

① 毛泽东选集：第2卷［M］. 北京：人民出版社，1991：526.

救援工作和队伍日常管理教育紧密结合，通过思想工作和组织工作两种有效手段，充分发挥服务保证作用，确保队伍有效履行职能使命。思想工作，就是通过以党的政治思想为核心的意识形态灌输、精神激励、文化熏陶等途径，提高消防救援人员的思想政治觉悟、精神道德境界，调动工作积极性，为队伍建设和履行职责使命提供精神动力。组织工作，就是通过以党的先进性和纯洁性建设为核心的党组织建设、群众组织建设和干部队伍建设，把基层党组织建设成为实现党对队伍绝对领导、团结巩固队伍、完成各项任务的坚强领导核心和战斗堡垒，为实现党对消防救援队伍的绝对领导和队伍履行职能使命提供组织保证和人才支持。通过思想工作和组织工作两种基本手段，使消防救援队伍统一意志、统一思想、统一行动，从思想上、行为上成为高度集中统一的战斗集体，保证党对消防救援队伍的领导，保证消防救援队伍忠实履行党和人民赋予的职能使命。

3. 为队伍改革发展稳定提供政治保证、人才支持和精神动力的工作

党的十八大以来，习近平总书记带领全党全国开启全面深化改革的伟大篇章。国家综合性消防救援队伍是全面深化改革的产物，组建以来也持续推进改革，通过改革激发活力，增强凝集力，生成战斗力。在此过程中，必须传承红色基因，发挥政治工作能效，处理好改革、发展、稳定三者之间的内在联系。既要坚持解放思想、与时俱进、开拓创新，善于运用新理念、新思路、新方法推进队伍各项建设，又要掌握好改革节奏、控制好改革风险，有力有序推进改革，确保队伍高度稳定和集中统一，确保不发生影响全局、干扰大局的问题，确保队伍随时能够完成各项任务。国家综合性消防救援队伍改革发展稳定，离不开消防救援人员的共同努力，政治工作必须激发消防救援人员投身改革的精神动力，充分调动消防救援人员促进发展的积极性、维护稳定的能动性。培育消防救援人员爱队精武、忠于职责、献身使命的职业精神，一不怕苦、二不怕死的英雄气概，英勇顽强、敢打必胜的战斗意志，一往无前、雷厉风行的战斗作风，守纪如铁、团结协作的纪律观念。

（二）消防基层政治工作的特征

政治工作的对象是人，基层政治工作直接面对消防救援人员，面向战备、执勤、训练和各类应急救援任务，有其自身的特征。

1. 直接性和具体性

基层政治工作直接面对工作对象，解决的问题很实际、很具体，一般不经过跨越层次的中间环节，工作过程更多带有具体实施的性质，工作效果也往往在本层次直接反映。这就要求基层政治工作更要讲求实际，善于把上级指示与基层的实际结合起来，随时根据本单位情况、任务的变化及消防救援人员的不同特点调整工作内容和方法，独立自主、卓有成效地解决各种问题，容不得空泛议论和做表面文章。

2. 全面性和综合性

消防基层政治工作的全面性是指消防政治工作贯穿于日常工作的全过程，融入消防救援人员学习、工作、生活的各个方面，深入消防救援人员思想、心理和行为之中，发挥着润物无声、持之以恒的作用。消防基层政治工作的综合性是指基层政治工作综合了消防救

援队伍政治工作的全部内容。这就要求基层政治工作的组织领导者具有较高的领导艺术和统驭基层建设全局的能力，善于协调处理各方面关系，使各项工作相互配合、全面落实。具体工作过程中，基层政治工作干部不仅需要具备多方面的专业知识和技能，还要懂技能、会管理，使基层政治工作全面发挥作用。

3. 连续性和艰巨性

消防救援队伍坚持纪律部队建设标准，实行 24 小时值班备勤制度，决定基层政治工作必须服务和保证制度的落实，是一个没有间断的连续过程，只有工作重点和阶段性的变化，不允许出现停顿和空白。基层政治工作通过与日常管理和任务相结合，渗透进其他工作之中发挥作用，成效需要通过其他工作成效体现出来，也是一个长期建设的过程，只有通过坚持不懈的艰苦努力，才会对基层全面建设产生积极作用。基层政治工作对消防救援人员进行理论武装和思想引导，本身就是一个长期的潜移默化的影响过程，短期内无法看到成效，这就要求基层政治工作必须注重扎扎实实打基础，舍得下长功夫、苦功夫、细功夫，立足当前、着眼长远、艰苦细致、常抓不懈，使基层工作稳步前进。

三、消防基层政治工作的任务和内容

任务是内容的内在要求，内容是任务的具体展开，科学把握任务和内容是实现基层政治工作服务保证作用的可靠保证。

（一）消防基层政治工作的任务

消防基层政治工作任务是消防政治工作基本任务在基层的运用和展开，旨在通过有效的工作开展进一步提升消防救援人员的政治思想素质和精神动力，从而自觉拥护“两个确立”，增强“四个意识”，坚定“四个自信”，做到“两个维护”，确保队伍绝对忠诚、绝对纯洁、绝对可靠，确保队伍建设科学发展，确保队伍有效履行职能使命。

1. 确保忠诚纯洁可靠

消防基层政治工作的首要任务，就是确保消防救援人员绝对忠诚、绝对纯洁、绝对可靠，就是用习近平总书记重要训词精神、党中央的方针政策、应急管理部的指示命令统一思想和行动，打牢消防救援人员忠诚使命、献身使命、不辱使命的思想根基，不断提高信息化条件下消防救援人员遂行任务的能力，有效维护人民生命财产安全和社会稳定。消防基层政治工作就是要着眼于保持消防救援人员的政治自觉性，加强形势任务教育，强化居安思危的忧患意识，始终保持高度警惕，引导消防救援人员当好党和人民的守夜人；着眼于增强消防救援人员的政治责任感，教育消防救援人员树立“使命高于天、责任重于山”的思想，引导消防救援人员忠于职责、恪尽职守，以高度的革命事业心和强烈的政治责任感完成战备执勤和消防救援任务，做党和人民的忠诚卫士。

2. 确保任务圆满完成

习近平总书记强调指出，要把战斗力标准在全军牢固立起来。战斗力标准是军队建设也是国家综合性消防救援队伍建设唯一的、根本的标准，是检验队伍机关和基层各项工作的核心尺度，基层政治工作必须着眼于能打仗、打胜仗要求，以刚性措施推动战斗力标准硬起来、实起来。要坚持问题导向，大力纠治游离中心工作的顽症痼疾，推动形成聚焦任务、聚力打赢的鲜明导向，选用干部、配置资源、树立典型、表彰奖励等都要向中心聚焦、向救援一线倾斜，保障战斗力标准在基层建设各个领域、各项工作中贯彻落实。要把党内生活严起来，用好批评与自我批评这个有力武器，形成坚持原则、敢于担当的党内生活新常态。要把组织功能搞坚强，强化立规矩、讲规矩、守规矩，提高贯彻民主集中制的意识和能力，严格落实党委（支部）集体领导下的首长分工负责制，把基层战斗堡垒抓实。

3. 确保作风养成优良

党的作风是党的形象，是观察党群干群关系、人心向背的晴雨表。消防救援队伍是党绝对领导下的人民队伍，必须保持良好的作风，以作风凝聚和生成战斗力。新时代加强队伍作风建设，要求政治工作必须紧紧围绕保持党同人民群众的血肉联系，增强群众观念和群众感情，不断厚植队伍履行职责使命的群众基础。凡是群众反映强烈的问题都要严肃认真对待，凡是损害群众利益的行为都要坚决纠正。从基层的点滴做起，从小事严起，以严的作风、实的举措、足的干劲狠抓工作落实，持之以恒、坚持不懈。

（二）消防基层政治工作的内容

消防基层政治工作的主要内容，是指政治工作在国家综合性消防救援队伍基层单位建设、战备和执行各项任务中的主要活动，是基层政治工作任务的具体体现，涵盖政治工作的各领域、各方面，构成一个相互联系、相辅相成的有机整体。本教材坚持职责法定原则，依据《国家综合性消防救援队伍政治工作暂行规定》，参照《国家综合性消防救援队伍基层建设纲要》，综合确定工作的主要内容。

四、消防基层政治工作的方法和要求

消防政治工作是一门科学，也是一门艺术。掌握这门学问不仅要有强烈的事业心和责任感，有科学的态度和求实的精神，还要掌握科学方法，明晰基本要求，从而达到事半功倍的效果。

（一）坚持把握方向与注重方法相结合

学习首先要校准方向。习近平总书记强调："没有正确方向，不仅学不到有益的知识，还很容易被一些天花乱坠、脱离实际甚至荒唐可笑、极其错误的东西所迷惑、所俘虏。"① 消防基层政治工作是一门政治性很强的课程，一切学习活动都必须在马克思主义的指导下进行，在任何时候、任何情况下都不能偏离坚定正确的政治方向。这就要求围绕课程的一切教学和学习活动，必须坚持党性原则，运用党性标准，认真研读马克思主义经典著作，尤其是我们党关于政治工作的名篇、名著，坚持读原著、学原文，学习掌握马克

① 习近平在中央党校建校80周年庆祝大会暨2013年春季学期开学典礼上的讲话［N］．人民日报，2013－3－3（1）．

思主义基本原理，学会用马克思主义立场观点方法分析问题、解决问题；积极主动地学习习近平新时代中国特色社会主义思想，要深入、全面系统地学习习近平新时代中国特色社会主义思想的丰富内涵、核心要义、根本立场、重大意义，自觉用它武装头脑、指导实践、推动工作。

（二）坚持系统学习与突出重点相结合

学习贵在深入系统。习近平总书记指出：“学习的最大敌人是自我满足，要学有所成，就必须永不自满。”① 国家综合性消防救援队伍基层政治工作内容十分丰富，涵盖面很广，要做到真学真懂真信真用，需要在系统性与重点性上下更大气力。学习中，既要了解消防救援队伍政治工作发展历程、政治工作基本理论，掌握做好基层政治工作的目标要求、原则制度、方式方法，又要聚焦党支部这个战斗堡垒、思想政治教育这个中心环节、备战打仗这个主责主业，重点学好党支部工作、思想政治教育、任务中政治工作，切实做到以点带面、以重点突破带动整体推进，全面系统掌握消防基层政治工作的知识体系。

（三）坚持专攻精练与知识拓展相结合

学习贵在专，也难在专。毛泽东同志指出：“看不懂的东西我们不要怕，就用‘钻’来对付，如木匠钻木头一样地‘钻’进去。”② 一个“钻”字形象生动地讲出了专攻精练与知识拓展相结合的方法。提高政治工作的能力不是一蹴而就的，必须经过系统专业的训练，理论上锲而不舍，持续用力，久久为功，再结合大量实践经验的感悟积累，才能把握规律、掌握方法。同时要看到，政治工作是做人的工作，人的思想行为的复杂性决定了做好政治工作还需要政治学、心理学、教育学、管理学、社会学等多学科知识的支撑。在学习政治工作知识的同时，广泛涉猎其他学科知识，就能构建起胜任本职工作的复合知识结构，成为开展政治工作的行家里手。

（四）坚持理论思考与实践感悟相结合

知识贵在运用，理论贵在与实践结合。习近平总书记要求：“从历史和现实相贯通、国际和国内相关联、理论和实际相结合的宽广视角，对一些重大理论和实践问题进行思考和把握。”③ 这一要求同样适用于对消防基层政治工作的学习。消防基层政治工作具有鲜明的实践性，需要把理论和实践有机结合起来。要联系党的思想政治工作、军队和消防政治工作的历史经验，联系基层的现实状况，联系自己的思想实际，把学习政治工作的理论知识，与研究基层政治工作的现实问题，与总结政治工作实践中正反两方面的经验有机地结合起来，把对基本理论、基本观点的理解建立在队伍实践的感性认识基础之上，把对现实问题和经验的认识上升到理论高度，力求每学习一个专项工作，就提高一个专业能力，每分析解决一个现实问题，对基本知识和原理的理解掌握就深入一层。

---

① 习近平在“不忘初心、牢记使命”主题教育总结大会上的讲话［N］. 人民日报，2020－1－9（2）.

② 毛泽东文集：第2卷［M］. 北京：人民出版社，1993：181.

③ 习近平：以时不我待只争朝夕的精神投入工作 开创新时代中国特色社会主义事业新局面［N］. 人民日报，2018－1－6（1）.

习题

1. 为什么要学习消防基层政治工作?
2. 简述消防基层政治工作的内涵和特征。
3. 简述消防基层政治工作的任务。

第一章 消防基层党组织

组织工作，就其一般意义而言，是指为了实现一定的组织目标，依靠一定的组织机构，按照一定的宗旨、原则和结构方式所进行的组织建设、组织活动以及协调多种关系，并使其有序运转的工作。消防基层组织工作就是为了从组织上保证党对消防救援队伍的绝对领导，依靠消防救援队伍基层组织工作机构，按照党的宗旨、原则、制度所进行的组织建设和组织群众的工作。本章所说的基层党组织，是特指中国共产党在消防救援队伍基层进行的组织工作。它是消防救援队伍基层政治工作的重要组成部分，是把党对消防救援队伍的绝对领导落实到基层的重要保证。

第一节 基 层 党 委

一、基层党委的地位和作用

基层党委，就其地位来讲，是消防救援队伍基层政治工作的重要组成部分。本节所说的基层党委是特指中国共产党在消防救援队伍中辖中队（站）的大队或相应单位中设立的党组织。它与基层思想工作相辅相成、有机结合，共同构成基层政治工作，对队伍基层建设和完成任务发挥保证作用。基层党委在消防救援队伍中的重要作用主要体现在以下方面。

一是把党对消防救援队伍的绝对领导落实到基层。首先，党对消防救援队伍绝对领导在基层是通过党支部来具体实施的。必须依靠基层党委工作，把基层党支部建设好，使之成为能够认真贯彻党的路线方针政策和上级决定的坚强战斗堡垒，这是保证把党对消防救援队伍的绝对领导落实到基层的组织基础。其次，党对消防救援队伍的绝对领导在基层落实也要通过其他群众组织和干部骨干队伍发挥应有的作用。依靠强有力的基层党委工作，把基层党支部、行政干部、骨干队伍建设好，使之成为贯彻党的路线、方针、政策和基层党委决定的带头人，并统一协调好各方面的组织关系，使整个基层单位都紧密地团结在基层党委的周围，有效保证党的路线、方针、政策和上级党委的意图在基层的贯彻执行，保证把党对消防救援队伍的绝对领导全面落实到基层。

二是基层党委工作是做好其他工作和完成各项任务的重要保证。这种保证作用主要体现在：通过强有力的组织工作，不断增强基层党委的创造力、凝聚力、战斗力和提高党员队伍素质，充分发挥基层党委在做好各项工作、完成各项任务中的战斗堡垒作用和共产党员的先锋模范作用；充分发挥行政主官、政治主官和整个行政干部骨干队伍对做好各项工作、落实各项任务的组织指挥和模范带头作用。同时，根据需要领导所属党支部在执行任务中及时做好调整组织、调配骨干、组织开展竞赛、推广先进经验、维护纪律、协调内外关系、总结评比、奖励惩戒、处理善后等多方面的工作，为各项工作的开展和各项任务的完成发挥全方位、全过程的保证作用。

二、基层党委的主要职责

国家综合性消防救援队伍基层党委应认真抓好以下工作职责的落实：

（1）抓好党的路线方针政策，国家宪法、法律和消防救援队伍法规制度的贯彻落实，不折不扣地执行上级党委和首长的决议、命令、指示，确保政令畅通。组织和带领人员完成消防监督管理、灭火救援、执勤训练和其他各项工作任务。

（2）组织人员认真学习马克思列宁主义、毛泽东思想、邓小平理论、“三个代表”重要思想、科学发展观、习近平新时代中国特色社会主义思想，学习党的基本知识和优良传统以及现代科学文化和消防业务知识。

（3）领导所属单位党、团组织建设。创造性地开展时代特色鲜明、示范带动作用强、党员群众公认好的基层党建工作示范点活动，认真研究解决党委班子自身建设和所属党、团支部，党、团员队伍建设中存在的突出问题，严格党、团组织生活，加强对党、团员的教育、管理和监督，充分发挥基层党、团组织的作用。

（4）按照“坚持标准、保证质量、改善结构、慎重发展”的方针和“入党自愿、个别吸收、成熟一个、发展一个”的原则，有计划、按程序做好发展党员工作，审批接收新党员和预备党员转正。

（5）落实党管干部制度，对干部教育、管理、监督有力，对干部培养、使用、奖惩提出建议。组织队伍开展好争先创优活动，培养树立先进典型，积极引导人员立足岗位建功立业。

（6）讨论决定单位重大经费开支、重大工程建设、大宗物资采购等事项。按照管理和审批权限，讨论决定人员奖惩事项。对党委决议的贯彻落实情况进行检查、督促。

（7）加强消防监督管理，严格执法监督，扩展消防监督覆盖面，提高火灾防控能力，预防和遏止重特大火灾尤其是群死群伤火灾的发生。

（8）加强对队伍全面建设的领导。把党委建成政治坚定、管理规范、执法公正、作风优良、保障有力的战斗集体。

三、基层党委的组织制度

《国家综合性消防救援队伍党支部工作暂行规定》中明确要求“本规定原则上适用于国家综合性消防救援队伍党的基层委员会”，因此，消防救援队伍的基层党委严格执行以下组织制度：

（一）会议制度

会议制度包括党员大会、基层党委会议、党小组会。党员大会，是基层党委的最高领导机关，是基层党委所属全体党员参加并行使民主权利的基本场所，是基层党委领导的最高形式，党员人数较多的基层党委，可依据规定召开党代表大会。基层党委党员大会每季度不少于一次。基层党委会议一般每月召开一次，根据需要可随时召开。基层党委所属党支部按要求划分党小组，党委成员按要求参加所在党小组会。党小组会每月一次，会议应作记录，主要内容是组织党员搞好思想汇报、工作汇报和开展批评与自我批评。党小组会是发扬党内民主、党员思想见面的重要场所。

（二）党日制度

党日是党的组织活动的专门时间，是党的生活在时间上的依托，是党支部其他各项制度落实的基本条件和前提。基层党委的党日活动通常以党支部为单位进行。党支部每周用半天时间进行党的活动，必要时可相对集中使用，但每月不得少于两次。主要内容通常是召开党的会议、实施党的教育、开展组织生活、处理党务工作等。党支部应当每月开展1次主题党日活动。

（三）党课制度

党课制度是对党员进行教育管理的重要机制，是提高党员素质的基本途径。主要内容包括对党员进行党的基本理论、党的路线方针政策、党的基本知识和党性党风党纪教育。党委（支部）书记每年至少讲1次党课。

（四）请示报告制度

基层党委每半年或按工作阶段，向党员大会做工作报告和自身建设情况的报告。基层党委定期向党员大会报告工作是党的民主集中制的基本要求。报告工作有两种类型：一是基层党委向党员大会报告工作；二是基层党委书记或副书记向基层党委会或党员大会报告工作。两种报告是不同的。向基层党委会报告工作是党委书记或副书记代表基层党委向党员大会做工作报告，主要是汇报班子集体履行职责和贯彻执行基层党员大会决议情况，是组织与组织之间的关系。基层党委书记、副书记的工作报告主要是汇报主官分工执行党委会、党员大会决议的情况，是个人与组织的关系。不过相同的一点是都要接受基层党委会和党员大会监督。基层党委书记、副书记每年应向上级党组织和全体党员大会述职，接受评议考核。党委会成员重大事项和个人有关重要事项必须按规定按程序向组织及时请示报告。党组织应当及时听取和办理请示报告事项，对重大请示报告事项及时作出研究处理。

（五）谈心谈话制度

基层党委应当经常开展谈心谈话。党委会成员之间、党委会成员和所属党支部书记之间、党委会成员和普通党员之间，每年谈心谈话不少于1次。谈心谈话应当坦诚相见、交流思想、交换意见、帮助提高。

（六）民主生活制度

基层党委每年召开1次民主生活会，进行交心通气，开展批评和自我批评。会前，应向上级党组织报告，征求党员和群众对基层党委及其成员的意见，组织学习有关文件，党委会成员之间开展谈心活动；会上，基层党委会成员逐个对照检查，开展思想互助，书记对党委会成员进行讲评；会后，抓好整改措施的落实，并接受党员和群众的监督。基层党委会成员应以普通党员身份参加所在党小组组织生活会。

（七）民主评议党员制度

基层党委的民主评议党员以党支部为单位进行。党委会成员必须以普通党员的身份积极参加民主评议，虚心听取广大党员和群众的意见，主动对照标准，检查自己的思想和言行，组织处置应当一视同仁。党支部对党员特别是干部党员的思想、工作、作风、能力和模范作用情况，每年至少进行一次评议，评议的具体内容和重点应当根据本单位实际情况确定。党支部委员会会议或者党员大会根据评议情况提出评定意见。

第二节　党　支　部

党支部是党在消防救援队伍中的基层组织，它处于党在队伍的组织系统中最基础的位置，是党联系群众的基本纽带，是贯彻党的纲领路线的战斗堡垒，是党的队伍建设的直接组织者。党支部是消防救援队伍基层各单位统一领导的核心。该单位的一切组织、一切人员、一切工作都必须置于党支部的统一领导之下，凡需要基层单位决定的重大问题，必须经支部委员会或支部党员大会讨论决定。党支部是基层各单位团结的核心，要通过思想政治工作、党员的模范作用，把本单位的消防救援人员紧紧地团结在党支部周围，同心协力地贯彻党的路线，执行党的决议，保证各项任务完成。

一、党支部的地位和作用

中国共产党在国家综合性消防救援队伍中辖消防救援中队（站）的大队设立党的基层委员会，在消防救援中队（站）设立党支部。设立的党支部是党在国家综合性消防救援队伍中的基础组织，是党组织开展工作的基本单元，是党在国家综合性消防救援队伍基层组织中的战斗堡垒，是党在队伍中全部工作和战斗力的基础，担负直接教育党员、管理党员、监督党员和组织群众、宣传群众、凝聚群众、服务群众的职责。

党支部与基层思想工作相辅相成、有机结合，共同构成消防基层政治工作，对基层建设和完成任务发挥保证作用。基层思想工作具有统一思想、引导方向和增强精神动力的作用，而基层党支部工作产生是组织队伍、凝聚力量、协调行动的效用，二者如同车之两轮、鸟之两翼，缺一不可。

二、党支部的主要任务

国家综合性消防救援队伍中设立的党支部的基本任务如下：

（1）宣传和贯彻落实党的理论和路线方针政策，宣传和执行党中央、上级党组织及本党支部的决议。讨论决定或者参与决定本单位本部门重要事项，充分发挥党员先锋模范作用，团结组织群众，努力完成本部门本单位所担负的任务。

（2）组织党员认真学习党的科学理论，推进“两学一做”学习教育常态化制度化，学习党的路线方针政策和决议，学习党的基本知识，学习科学、文化、法律和业务知识。做好思想政治工作和意识形态工作。

（3）对党员进行教育、管理、监督和服务，突出政治教育，提高党员素质，坚定理想信念，增强党性，严格党的组织生活，开展批评和自我批评，维护和执行党的纪律，监督党员切实履行义务，保障党员的权利不受侵犯。关怀帮扶生活困难的党员和老党员。做好党费收缴、使用和管理工作。依规稳妥处置不合格党员。

（4）密切联系群众，向群众宣传党的政策，经常了解群众对党员、党的工作的批评和意见，了解群众诉求，维护群众正当权力和利益，做好思想政治工作，凝聚广大群众的智慧和力量。领导本部门本单位群团组织，支持它们依照各自章程独立开展工作。

（5）对要求入党的积极分子进行教育和培养，做好经常性的发展党员工作，把政治标准放在首位，严格程序、严肃纪律，发展政治品质纯洁的党员。发现、培养和推荐党员、群众中间的优秀人才。

（6）监督党员干部和其他任何工作人员严格遵守国家法律法规，严格遵守国家的财政经济法规和人事制度，不得侵占国家、集体和群众的利益。

（7）实事求是地对党的建设、党的工作提出意见和建议，及时向上级党组织报告重要情况。教育党员、群众自觉抵制不良倾向，坚决同各种违纪违法行为做斗争。

（8）按照规定向党员、群众通报党的工作情况，公开党内有关事务。

此外，国家综合性消防救援队伍中设立的各类党支部结合实际，分别承担各自不同的重点任务：

（1）中队（站）党支部，研究部署年度和阶段工作，讨论决定战备训练、思想政治工作、队伍管理、后勤保障、重大经费开支、装备保障和完成任务中的重要问题；讨论和决定骨干配备，人员的调动和分配、职级晋升，消防士、消防长晋升，推荐优秀消防员考学、保送入学和学习专业技术；按权限讨论或决定奖励、处分事项。

（2）大队部党支部，认真落实上级党组织决策部署，组织所属党员干部落实大队党委决议，开展政治学习，做好党费收缴等党务工作，抓好党风廉政和风气建设，做好所属政府专职消防员和消防文员的思想工作和日常教育管理工作。

（3）科室党支部，研究讨论本单位年度工作计划，人才队伍建设措施，重大经费开支和相关重要事项；支持和监督行政负责人正确行使职权；对人员的考核、调配、培训、奖惩、职级调整等重要事项提出建议。

（4）机关党支部，支持和监督行政负责人正确行使职权，教育机关人员做好本职工作，保证机关各项任务的完成；配合上级对机关干部进行考核，对机关人员的奖惩提出建议；协助有关部门改善机关人员的物质文化生活，做好聘用人员、职工和家属的思想工作。

（5）退休人员党支部，宣传执行党的路线方针政策，根据党员实际情况，组织参加学习，开展党的组织生活和有益于退休党员身心健康的活动，听取意见建议，引导他们结合自身实际发挥作用。

（6）临时党支部，接收入党申请人递交的入党申请并对其进行培养教育，及时将申请人表现情况及有关材料向其原所在单位党组织介绍和转递；负责对党员进行教育、管理和监督，适时向党员原所在单位介绍有关情况，必要时作出鉴定并提出奖惩建议；根据批准其设立的党的委员会赋权情况，严格程序标准做好党员发展工作。执行遂行任务时，教育引导广大党员和消防救援人员明确任务要求，统一思想认识；开展宣传鼓动、心理工作，激发队伍战斗精神；强化群众、宣传等遂行任务纪律，维护队伍作风形象；发掘、宣传先进典型，鼓舞队伍士气；做好任务总结、评功评奖等工作。

三、党支部的工作制度

党支部应当严格执行党的组织生活制度，经常、认真、严肃地开展批评和自我批评，增强党内政治生活的政治性、时代性、原则性、战斗性。党员领导干部应当自觉参加所在党支部或者党小组组织生活。对经党组织同意可以不转接组织关系的党员，所在单位党组织可以将其纳入一个党支部或者党小组，参加组织生活。

（一）会议制度

党支部应当组织党员按期参加党员大会、党小组会，定期召开党支部委员会会议。党支部党员大会，由全体党员参加，中队（站）、科室党支部每季度不少于一次，机关和退休人员党支部每半年不少于一次。党支部委员会会议，一般每月召开一次，根据需要可以随时召开，对党支部重要工作进行讨论、做出决定等。重要事项提交党员大会决定前，一般应当经党支部委员会会议讨论。党小组会，一般每月召开一次，组织党员参加政治学习、谈心谈话、开展批评和自我批评等。会议应当作记录，记录必须真实准确、详细完整，不得漏记、补记和作假。每次会议后，书记在会议原始记录上审核签字。会议记录指定专人保管，人员变动时应当及时做好交接，办理交接手续。

（二）党日制度

原则上每周五下午为党支部党日时间，不少于一课时，或者每月集中一天开展主题党日。党支部应当认真研究确定主题和内容，并抓好议定事项的组织落实。

（三）党课制度

党课应当突出政治学习和教育，突出党性锻炼，以“两学一做”为主要内容，结合党员思想和工作实际，确定主题和具体方式，回应普遍关心的问题，注重身边人讲身边事，做到形式多样、氛围庄重，增强吸引力和感染力。党课可视情扩大到入党积极分子或所属全体人员。党课（含上级党组织集中组织的党课，或党课性质的政治教育活动），中队（站）党支部每月一次，科室、机关和离退休人员党支部每年不少于两次。党员领导干部应当定期为基层党员讲党课，党委书记每年至少讲一次党课。

（四）请示报告制度

党支部书记代表支部委员会，向支部党员大会和上级党组织报告履行职责、自身建设情况和其他重要事项。中队（站）、科室党支部委员会每半年报告一次或者按工作阶段报告，机关党支部委员会每半年、离退休人员党支部委员会每年报告一次。党支部书记每年应当向上级党组织和支部党员大会述职，接受评议考核，考核结果作为评先评优、选拔任用的重要依据。党员应当定期向党支部或者党小组汇报思想和工作情况。中队（站）党支部，党员汇报每两个月至少一次；科室、机关和离退休人员党支部，党员汇报每季度至少一次。党员请示报告采取口头或者书面形式。外出时间3个月以上的党员，应当采取书面形式汇报。重大事项和个人有关重要事项必须按规定按程序向组织及时请示报告。党组织应当及时听取和办理请示报告事项，对重大请示报告事项及时作出研究处理。

（五）谈心谈话制度

党支部应当经常开展谈心谈话。党支部委员之间、党支部委员和党员之间、党员和党员之间，每年谈心谈话一般不少于一次。谈心谈话应当坦诚相见、交流思想、交换意见、帮助提高。党支部应当注重分析党员的思想状况和心理状态。对家庭发生重大变故和出现重大困难、身心健康存在突出问题等情况的党员，党支部书记应当帮助做好心理疏导；对受到处分处置以及有不良反映的党员，党支部书记应当有针对性地做好思想政治工作。

（六）组织生活会制度

党支部每年至少召开一次组织生活会，一般安排在第四季度，也可以根据工作需要随时召开。组织生活会一般以支部委员会会议形式召开，不设支委会的，以支部党员大会形式召开，支部委员会成员以普通党员身份参加党小组组织生活会。组织生活会应当确定主题，会前认真学习，谈心谈话，听取意见；会上查摆问题，开展批评和自我批评，明确整改方向；会后制定整改措施，逐一整改落实。

（七）民主评议党员制度

党支部一般每年开展一次民主评议党员，组织党员对照合格党员标准、对照入党誓词，联系个人实际进行党性分析。党支部召开党员大会，按照个人自评、党员互评、民主测评的程序，组织党员进行评议。党员人数较多的党支部，个人自评和党员互评可以在党小组范围内进行。党支部委员会会议或者党员大会根据评议情况和党员日常表现情况，提出评定意见。

落实组织生活制度要认真听取广大党员的意见建议，做好充分准备，严格程序标准，坚决防止流于形式、走过场，保证组织生活质量。会议、党课、请示报告、谈心谈话、组织生活会、民主评议党员等支部组织生活，可安排在党日开展。民主评议党员可以结合组织生活会一并进行。

第三节　基层党委（支部）的领导制度

一、基层党委（支部）领导制度的基本内涵

基层党委（支部）实行集体领导下的首长分工负责制。这一领导制度的基本内涵包括三个方面：统一领导、集体领导和首长分工负责制。

（一）基层党委（支部）的统一领导

统一领导，是指基层党委（支部）的职权范围，即基层单位的一切组织和人员都必须在基层党委（支部）的领导之下，一切重大问题都必须由基层党委（支委）或党员大会讨论决定。在紧急情况下，可以由单位首长临机处置，但事后必须及时向基层党委（支委）或党员大会报告并接受检查。在基层单位，任何组织和个人不得脱离党委（支部）的领导，更不能凌驾于党委（支部）之上。对于基层党委（支部）的决定，任何组织、个人都必须坚决执行，不能违背。

（二）基层党委（支部）的集体领导

集体领导是基层党委（支部）领导的最高原则。凡属重大问题都必须由基层党委（支部）民主讨论，集体做出决定。讨论问题，必须充分发扬民主，个人不得专断决定问题，必须严格执行少数服从多数的原则。决定重要问题，要进行表决。

基层党委（支部）的集体领导有三个基本特征：

一是在基层党委（支部）集体中，所有成员的地位与权利平等。在委员之间没有上级与下级、领导与部属之分，不管行政职务多高、工作资历多深，在党委（支部）内部都是普通一员。在讨论问题时每个成员都有自由发表意见、表明态度和提出批评建议的权利；在决定问题时每一个成员都享有一票的表决权。这是民主讨论决定问题、实行集体领导的先决条件。

二是基层党委（支部）的决定必须经过集体讨论并按少数服从多数的原则做出。正因为党委（支部）委员在组织内部的地位和权利是平等的，因此，谁也无权代替党委（支部）决定重大问题。任何以党委（支部）名义做出的决定，都必须经集体讨论，同时，要严格按少数服从多数的原则形成决议。

三是基层党委（支部）实行共同负责，即支委所有成员共同对上级党委和本级党员大会负责，共同对党委（支部）集体做出的决定负责。由于党委（支部）的决定是由党委（支部）委员会集体讨论并按少数服从多数的原则做出的，所以不管是谁提议，一旦经党委（支部）会议集体讨论通过，就成为党委（支部）领导集体的决定，就需要党委（支部）成员共同对此负责。

（三）首长分工负责制

党委（支部）统一的集体领导下的首长分工负责制，是党领导国家综合性消防救援

队伍的根本制度，是消防基层党委（支部）决策的执行原则。首长分工负责，基层党委（支部）党员大会或基层党委（支委）做出决定后，由行政主官、政治主官按照职责分工负责贯彻执行，属于业务工作方面的，由行政主官负责组织实施；属于政治工作方面的，由政治主官负责组织实施。行政主官、政治主官必须服从党的委员会的领导，执行党的委员会的决议，积极履行职责，密切合作，互相支持。党的委员会应当支持行政主官、政治主官独立负责地开展工作。坚持基层党委（支部）党员大会或基层党委（支部）统一领导的原则，不是否认和降低个人的作用。如果只有集体领导而无个人分工负责，就会出现集体决定的事项无人负责实施的状况。因此，首长分工负责是消防救援队伍领导制度极为重要的一个方面。

二、基层党委（支部）决策和执行程序

基层党委（支部）坚持集体领导，就是凡属重大问题，必须执行少数服从多数的原则，由党支部委员会或党员大会讨论，集体做出决定。

（一）基层党委（支部）党员大会的职权

基层党委党员大会是基层党委的议事决策机构，履行以下职权：①讨论贯彻执行上级决议、命令、指示的措施；②讨论和决定本单位的重大问题；③讨论和批准基层委员会的报告；④选举基层委员会委员。

支部党员大会是基层党支部的议事决策机构，履行以下职权：①听取和审查党支部委员会的工作报告；②按照规定开展党支部选举工作；③讨论和表决接收预备党员和预备党员转正、延长预备期或者取消预备党员资格；④讨论决定对党员的表彰表扬、组织处置和纪律处分；⑤决定其他重要事项。

基层党委（支部）党员大会议题提交表决前，应经过充分讨论。

（二）基层党委（支部）会及其党员大会会议召开的程序

基层党委（支部）是基层党组织日常工作的领导机构，由基层党委（支部）党员大会选举产生，必须贯彻执行党委（支部）党员大会的决议，向党委（支部）党员大会报告工作，并接受检查和监督。党委（支部）或者其党员大会按照下列程序进行：

（1）确定议题。党委（支部）的议题由书记、副书记研究确定，党委（支部）党员大会的议题由党委（支委）研究确定。确定议题应当事先征求意见。除特殊情况外，不得临时动议。

（2）会前准备。召开会议的时间、议题，一般应在一天前通知。委员或党员应当认真准备意见。对讨论决定的重要事项，书记、副书记和委员之间应当进行个别酝酿，必要时形成方案建议。

（3）民主讨论。召开会议时，委员或党员应当围绕议题充分发表意见，会议主持人应当适时归纳集中。研究多个事项，应当逐项讨论。

（4）形成决议。多数委员或多数党员的意见一致时应当及时表决，作出决议。决定

多个事项，应当逐项表决。研究骨干配备，消防士、消防长晋升，党员发展、奖惩等事项，应当逐个表决。党委（支部）表决事项以赞成票超过应到会委员人数的半数为通过。党委（支部）党员大会必须有半数以上的党员到会方可举行，表决必须有半数以上有表决权的党员到会方可进行，表决事项以赞成人数超过应到会有表决权的党员的半数为通过，选举时必须有超过五分之四的有选举权的党员到会。如对讨论的事项意见分歧较大，应当暂缓表决，会后进一步调查论证、交换意见，下次会议复议；特殊情况下，可以报请上级党组织裁决。表决采取口头、举手、无记名投票或记名投票方式进行。其中，研究骨干配备，消防士、消防长晋升和奖励事项，采取口头、举手或者无记名投票方式表决；讨论通过党支部委员会以及主官或行政负责人的工作报告、研究发展党员和处分事项，采取举手或者无记名投票方式表决；选举党委（支部）委员和出席上级党的代表大会、代表会议代表，采取无记名投票方式表决；研究大项经费开支和重要设备物资采购事项，采取口头、举手或者记名投票方式表决。

（5）分工落实。对党委（支部）作出的决议，会上应当明确分工、责任到人，保证决议的贯彻实施。

（三）基层党委（支部）议事的原则要求

基层党委（支部）议事应当遵循下列原则要求：

（1）明确议事依据。讨论决定重要事项，应当先组织学习有关政策规定，领会上级精神，结合实际确定应当把握的具体原则。

（2）集体讨论决定重大问题，任何基层党委（支部）领导成员都不能个人决定重大问题。

（3）符合会议法定人数。基层党委（支部）委员会会议必须有半数以上委员到会方可举行。

（4）平等议事。讨论决定问题时，书记、副书记与委员和党员享有平等的发言权和表决权，应当尊重委员和党员的意见，不得压制不同意见。

（5）少数服从多数。讨论决定问题时，按照多数人的意见形成决议。对少数人的不同意见，应当认真考虑。个人对决议有不同意见，可以声明保留，并有权向上级反映，但在基层党委（支部）的决议未改变前，必须坚决执行。

（6）回避。讨论决定涉及与会人员或者其亲属切身利益的事项，本人应当回避。

（7）保密。对会议内容除按照规定的范围传达外，不得以任何形式向外泄露。

为了便于基层党委（支部）本身和上级党委检查基层党委（支部）决议的正确性和贯彻执行情况，应指定一名委员认真做好记录。其内容包括会议名称、时间、地点、会议的中心议题，主持人、出席人、缺席人、列席人、记录人的姓名，每个人的发言要点、会议决议或结论，记录人签名。基层党委（支部）的决定及贯彻执行情况，要列入向基层党委（支部）党员大会报告工作的内容，接受基层党委（支部）党员大会的审查监督。

（四）基层党委（支部）党员大会及其委员会会议的召集和主持

基层党委（支部）党员大会及其委员会会议由基层党委（支部）书记召集并主持。书记不能参加会议的，可以委托副书记或者委员召集并主持。书记、副书记均不在位时，一般不得召开支部委员会或者支部党员大会；遇有紧急情况必须开会时，可以由上一级党组织临时指定负责同志召集。党小组会由党小组组长召集并主持。

三、处理好党内的几个关系

（一）处理好行政身份与党内身份的关系

关于党政概念、党政职责模糊不清的现象，在一些基层单位还客观存在，搞不清政治主官和党委（支部）书记、队务会与党委（支部）会的关系，把政治主官和党委（支部）书记等同起来，把行政主官和党委（支部）副书记等同起来。这在很大程度上影响了党内的民主程度和集体领导的效果。因此，在落实党委（支部）统一的集体领导下的首长分工负责制中，应搞清两种会议的区别，划清两种身份的界限。行政主官、政治主官是行政职务，由上级党委讨论决定，首长任命产生，履行行政主官、政治主官职责，在队务会或其他行政会上有指挥权、命令权，与部属是上下级、领导与被领导的关系，在主持召开行政会议讨论贯彻党委（支部）决议时，按照下级服从上级的原则，由政治主官或行政主官作出决定。而党委（支部）书记、副书记是党内职务，在党委（支部）党员大会民主选举的基础上产生，履行党委（支部）书记、副书记的职责，在党委（支委）会上或其他党内会议上是普通一员，只有一票权，和每个委员及党员是平等关系，没有上下级、领导被领导的关系，在主持召开党委（支部）会讨论决定重要问题时，必须按少数服从多数的原则集体做出决定，不能搞个人说了算。

（二）处理好首长分工与合作的关系

要确保党委（支部）统一的集体领导下的首长分工负责制的真正落实，处理好行政主官、政治主官之间的分工与合作关系十分重要。只有分工明确，责任明确，才能调动行政主官、政治主官抓工作的积极性、主动性和创造性，才能充分发挥主官的聪明才智。只有加强合作，才能减少决策失误，提高工作的效率。尽管消防救援队伍的相关规章制度对行政主官、政治主官的负责范围进行了区划，但在实际工作中，有很多问题甚至重要问题是无法严格区分行政主官、政治主官谁为主次的。比如，执行党的路线方针政策，这是关系到基层单位建设方向的问题，行政主官、政治主官都有同样的责任。有些工作即使是由一方负责，但一旦出现了失误或纰漏，另一方也应当以对事业高度负责的态度，帮助对方寻求解决问题的对策，以积极的态度去“补台”，这样才有利于单位建设和发展。这就要求行政主官、政治主官自觉具备互相尊重、互相支持、互相帮助的优良品质，思想上不争权，工作上不揽权，作风上不专权，努力做到职责上分，思想上合；工作上分，目标上合；制度上分，关系上合。行政主官、政治主官只有既分工明确，又合作密切，才能圆满完成党委（支部）赋予的各项工作任务。

（三）处理好集体领导与分工负责的关系

基层党委（支部）集体领导和首长分工负责是辩证的统一，不可偏废或分割。基层党委（支部）集体领导是首长分工负责的前提和依据，首长分工负责是落实基层党委（支部）集体领导的途径和手段。离开基层党委（支部）集体领导，首长分工负责就失去了目标和方向，就容易犯无政府主义和自由主义。反过来，离开首长分工负责的集体领导，也只能是空中楼阁。基层党委（支部）应当支持行政主官、政治主官独立负责地开展工作，提倡敢于负责的精神，反对遇事推诿、互相扯皮；首长分工负责应以服从为原则，执行党委（支部）决议，不能脱离党委（支部）的领导，更不能凌驾于党委（支部）领导之上。行政主官、政治主官应按照行政工作和政治工作的分工，分别组织落实党委（支部）的决议，副职在内的其他行政领导应对主官负责，共同执行行政主官、政治主官的决定。只有把集体领导与首长分工负责有机结合起来，才能使集体讨论决定的问题决而有行、行而有果。

习题

1. 如何正确认识基层党委（支部）工作的地位作用？
2. 试述基层党委（支部）会及其党员大会会议召开的程序。
3. 如何全面正确地理解党委（支部）统一的集体领导下的首长分工负责制？

第二章　消防基层思想政治教育

思想政治教育，是指中国共产党在消防救援队伍中进行的理论武装和思想引导工作，是党对消防救援队伍实施思想政治领导的基本途径，是加强队伍全面建设、完成各项任务的中心环节，是增强队伍凝聚力、提高队伍战斗力、有效履行职责使命的重要保证。

消防救援队伍思想政治教育来源于中国共产党领导创建的人民军队，有着辉煌的过去，创造和积累了丰富的经验，是党和军队的优良传统和政治优势。部队时期，基层思想政治教育为确保党的绝对领导，确保队伍的全面建设和高度集中统一，圆满完成党和人民赋予的各项任务，做出了主要和突出的贡献。消防救援队伍成立之后，思想政治教育仍然需要最大限度地保留传统做法，广泛吸收借鉴国际国内相关领域优秀成果，积极跟上时代发展步伐，切实提升应急管理体制下消防救援队伍思想政治教育的时代性和感召力。

第一节　基层思想政治教育概述

基层思想政治教育，本质上是党在消防救援队伍基层开展的铸魂育人工作，是对基层消防救援人员系统进行理论灌输、思想引导和精神激励的活动，是基层思想工作的重要内容。能够有效保证党对消防救援队伍的绝对领导，保证消防救援队伍履行职能使命，培养对党忠诚、纪律严明、赴汤蹈火、竭诚为民的消防救援人员。

一、基层思想政治教育的地位作用

高度重视思想政治教育，把一切工作的进步建立在思想进步的基础之上，历来是我党建军治军的一贯思想和重要原则。毛泽东同志就曾指出："掌握思想教育，是团结全党进行伟大政治斗争的中心环节。"① 邓小平同志则进一步强调："我们共产党有一条，就是要把工作做好，必须先从思想上解决问题。"② 坚持和高度重视思想政治教育，有利于发挥思想政治教育在消防工作和队伍建设中"铸魂""固本"的作用。消防救援队伍自成立以来，始终保持队伍的性质、宗旨和本色，经受住了血与火、生与死的考验，建立了无愧于党、无愧于祖国、无愧于人民、无愧于时代的功绩，用汗水、鲜血乃至生命谱写了党和人民忠诚卫士的奉献壮歌，关键靠的是坚强有力的思想政治教育，把先进思想和进步精神贯

① 毛泽东选集：第3卷［M］. 北京：人民出版社，1991：1094.
② 邓小平文选：第1卷［M］. 北京：人民出版社，1994：184.

注于队伍。

新时代背景下加强党对消防救援队伍的思想政治领导，同样要坚持思想政治教育铸魂育人的根本地位，发挥思想政治教育不可替代的作用。消防救援队伍是党绝对领导下的队伍，决定思想政治教育必须坚持党的指导思想，用习近平新时代中国特色社会主义思想武装广大消防救援人员的头脑，用习近平总书记训词精神统领队伍建设和思想政治建设，用党的基本理论、基本路线、基本方略和重大方针政策统一思想和行动，坚定消防救援人员的理想信念，确保党从思想上、政治上牢牢掌握队伍。消防救援队伍承担防范化解重大安全风险、应对处置各类灾害事故的重要职责，职能任务的高度复杂性、专业性、风险性也迫切需要通过思想政治教育打牢履职尽责的思想根基，提升工作责任感和使命感，提高道德境界、精神追求，不断强化纪律作风，确保能够履行好党和人民赋予的职责任务。消防改革后，队伍转型升级迫在眉睫，思想政治教育的必要性和紧迫性更加凸显。在专业化建设过程中，如何确保纪律部队建设标准不降低，解决队伍存在的各种顽固性问题，进一步提升队伍正规化水平；如何适应“全灾种、大应急”“跨区域、跨国界”的要求，切实提升能力素质和专业化水平；如何适应智能化、信息化时代的新要求，打造智慧消防，切实降低队伍伤亡率等现实问题，急需思想政治教育提供强大的精神动力，进一步激发爱岗敬业、不懈进取的热情和动力，保证队伍能够履行好赋予的职责和使命。同时，时代的发展进步，技术手段的日新月异，教育的形态和载体发生了变化，也迫切需要思想政治教育创新形式和手段，提升教育的时代性和感召力。随着形势任务的不断变化发展，消防工作和队伍建设要求不断提高，思想政治教育的地位作用必将越来越重要。基层思想政治教育的地位作用具体表现如下：

（一）基层思想政治教育是党对消防救援队伍实施思想政治领导的基本途径

思想政治教育是党对消防救援队伍实施思想政治领导的基本形式，是基层大中队思想政治建设的基本载体，是基层思想工作的主要形式，从根本上保证消防救援队伍的性质宗旨。消防救援人员在基层，队伍宗旨意识和本色作风如何，决定着消防救援队伍是否忠诚可靠，决定着消防救援队伍的性质和方向。基层思想政治教育通过有计划、有组织、相对集中的政治学习活动，进行系统的理论灌输和思想启迪，进一步提高基层消防救援人员对党的指导思想和路线、方针、政策的理解和掌握，把握理论逻辑、实践逻辑和历史逻辑，使队伍政治上立场一致、思想上高度认同、行动上坚决执行，从政治上、思想上确保消防救援队伍绝对忠诚可靠。

（二）基层思想政治教育是加强队伍全面建设、完成各项任务的中心环节

基层思想政治教育是上级意志转化为下级自觉行动的中心环节，是搞好基层建设、圆满完成各项任务的前提和关键。基层思想政治教育通过对政策制度、思想观点、舆论热点进行深入阐释解读，对消防救援人员存在的思想困惑和人生成长烦恼进行耐心解答，对消防救援人员进行启发引导，进一步端正世界观、人生观和价值观，切实提升思想认知水平和精神境界追求，将上级的要求内化为自身的认知，外化为具体的行动，确保基层队伍的高度集中统一，为积极投身基层建设、立足本职岗位建功立业奠定坚实的思想基础。

（三）基层思想政治教育是增强队伍凝聚力、提高队伍战斗力、有效履行职责使命的重要保证

基层思想政治教育确保基层大中队战斗力的生成、巩固和提高，有效凝聚队伍，促进团结和谐。基层大中队是消防救援队伍全部战斗力的基础，是履行职责任务的末端，队伍履职能力和工作成效如何，决定着消防救援队伍能否圆满完成党和人民赋予的职能使命。基层思想政治教育平时通过思想引导，切实提升消防救援人员的思想觉悟，强化完成工作的主动性积极性自觉性；战时通过对重要任务和工作部署进行深入动员，激励士气，提高敢打必胜的信念和奉献牺牲的精神，保证消防救援人员圆满完成任务，有效履行职责使命。

二、基层思想政治教育的目标任务

思想政治教育的目标任务集中体现在《国家综合性消防救援队伍思想政治教育大纲（试行）》第三条：着眼从思想上、政治上、组织上确保国家综合性消防救援队伍始终成为党绝对领导下的人民队伍，确保有效履行防范化解重大安全风险、应对处置各类灾害事故的职责使命，忠实践行习近平总书记重要训词精神，大力培育对党忠诚、纪律严明、赴汤蹈火、竭诚为民的新时代消防救援人员，增强“四个意识”，坚定“四个自信”，做到“两个维护”，始终保持政治上的坚定性和思想道德上的纯洁性，始终保持坚强的革命意志和旺盛的战斗精神，永远做党和人民的忠诚卫士。

思想政治教育的目标任务是基层开展思想政治教育的起点和归宿，体现着党对消防救援队伍在政治思想、精神境界、纪律作风上的基本要求，明确了消防救援人员思想行为上的基本规范，对基层思想政治教育的具体开展和监督评估具有导向作用。

（一）基层思想政治教育的根本目标是保证党对消防救援队伍的绝对领导

《国家综合性消防救援队伍思想政治教育大纲（试行）》规定，基层思想政治教育的任务是要着眼从思想上、政治上、组织上确保国家综合性消防救援队伍始终成为党绝对领导下的人民队伍。政治工作从本质上是党的工作，思想政治教育作为政治工作的基本途径，通过各级党组织、政治机关和政工干部对党的路线、方针、政策的宣传、贯彻和执行，强化全体消防救援人员对政治立场、方向、道路、原则的认同和追随，强化政治意识、大局意识、核心意识、看齐意识，确保坚决维护党中央权威和集中统一领导，确保坚决维护习近平总书记党中央核心和全党核心地位，保证了全体消防救援人员遵守基本的政治规矩和政治纪律，在政治上保证了队伍对党绝对忠诚绝对可靠。思想政治教育作为政治工作的中心环节，通过系统深入的党的指导思想和创新理论的灌输和“四史”教育，进一步提升全体消防救援人员的理论水平，深刻认识到中国共产党为什么能、中国特色社会主义为什么好、马克思主义为什么行，真正坚定走中国特色社会主义的道路自信、理论自信、制度自信和文化自信，通过理论上的清醒提升政治上的坚定，通过思想上的认同达到行动上的坚决，通过精神境界的提升保证思想道德的纯洁，激发起为新的百年征程奉献青春、贡献智慧的动力和热情，从思想上保证了全体消防救援人员对党、对人民、对事业的无限热爱和忠诚。

（二）基层思想政治教育的基本任务是培养对党忠诚、纪律严明、赴汤蹈火、竭诚为民的新时代消防救援人员

习近平总书记提出对党忠诚，纪律严明，赴汤蹈火，竭诚为民“四句话方针”，为消防政治工作指明了建队方向，明确了建设标准，立起了铸魂育人的“纲”和“魂”。新时代背景下，基层思想政治教育必须将训词精神的学习贯彻作为基本任务，将训词精神的学习贯彻放在基础性先导性地位，纳入理论武装和常态化学习教育实践机制，用训词精神武装头脑，培塑灵魂。把对党忠诚作为必备的政治品质，以坚决听党话跟党走的实际行动诠释忠诚，以奋发有为的工作践行忠诚，把“两个维护”印刻在思想上、体现在平常里、落实在行动中；把纪律严明作为基本的作风要求，坚持“五个不动摇”，用纪律部队标准建设队伍，矢志逆行，勇于冲锋，敢于牺牲；把赴汤蹈火作为根本的能力标准，不断精益求精，勇于技术革新，锻造工匠精神，不怕困难，不畏艰险，不辱使命；把竭诚为民作为最高的价值追求，始终把为了人民、服务人民作为工作的出发点和落脚点，为维护人民生命财产安全奉献一切。

（三）基层思想政治教育的重要任务是保证队伍忠实履行职能使命

《国家综合性消防救援队伍思想政治教育大纲（试行）》规定，基层思想政治教育的任务是要确保有效履行防范化解重大安全风险、应对处置各类灾害事故的职责使命，始终保持坚强的革命意志和旺盛的战斗精神，永远做党和人民的忠诚卫士。一方面，通过深入细致的教育引导工作，对党的大政方针、国家的法律法规、应急管理和消防救援的有关政策规定、上级组织和领导机关的指示要求和部署的工作任务进行深入的释疑解惑，对日常工作、学习、训练中遇到的各种问题进行深入分析，拨开消防救援人员的思想迷雾，纠正消防救援人员思想认识偏颇，帮助消防救援人员正确认识和辩证看待国家、社会和消防救援队伍存在的各种现象和问题，学会理性认识和处理遇到的思想、心理和现实问题，确保上级的指示要求能够转化为消防救援人员的自觉行为。另一方面，紧紧围绕训练演练、重大安保、灭火救援等中心工作搞好渗透结合，通过执行任务中的组织引领、宣传动员、思想教育、心理疏导、舆论引导、表彰激励等工作，发挥服务保证作用，切实激发战斗热情，激励士气，保持良好的精神状态和顽强拼搏的战斗作风，确保队伍能够坚决服从命令、听从指挥、圆满完成任务。

三、基层思想政治教育的基本内容

消防救援队伍思想政治教育，以马克思主义中国化理论特别是习近平新时代中国特色社会主义思想为根本内容，以理想信念、爱国主义、职能使命、战斗精神、形势任务、法治建设等教育为重点内容，把培育社会主义核心价值观和践行习近平总书记训词精神融入全过程，增加科学技术、文学艺术、教育心理、民族宗教、法律法规、国际交流等文化知识学习，强化防火监督、灭火救援、管理指挥等专业知识学习，不断提高理论水平、思想认知、文化素养，提升政治觉悟、精神追求和道德境界。了解掌握思想政治教育的基本内容，有利于更好把握思想政治教育开展的重点，为思想政治教育的科学化、规范化奠定坚实的基础。

（一）党的科学理论和路线、方针、政策

主要学习马克思列宁主义、毛泽东思想、邓小平理论、“三个代表”重要思想、科学发展观、习近平新时代中国特色社会主义思想，学习党的基本路线和基本方略，学习党和国家的重大方针、政策，树立中国特色社会主义共同理想。科学理论和路线、方针、政策教育，由于内容体系繁杂，需要根据消防救援人员的不同理论水平，区别不同对象，分类分层次地对教育内容和目标进行明确，确保教育的针对性和实效性。

（二）习近平总书记重要训词精神

学习领会习近平总书记重要训词精神的丰富内涵和核心要义，学习习近平总书记关于应急管理、安全生产、防灾减灾救灾一系列重要论述，筑牢对党忠诚的政治灵魂，锻造纪律严明的过硬作风，强化赴汤蹈火的使命担当，践行竭诚为民的根本宗旨。

（三）爱国主义和道德法纪

主要学习党史、国史和改革开放史，学习中华民族的悠久历史和灿烂文化，学习社会主义公民道德规范，弘扬以爱国主义为核心的民族精神和以改革创新为核心的时代精神，树立和实践社会主义核心价值观。学习国家的宪法、法律和队伍的条令条例以及各项规章制度，按照纪律部队建设要求，增强遵纪守法的自觉性。

（四）队伍的性质宗旨和光荣传统

主要学习党对国家综合性消防救援队伍绝对领导的根本原则、全心全意为人民服务的宗旨，学习队伍的奋斗史、发展史，继承光荣传统，弘扬革命精神，传承红色基因。

（五）队伍的职能使命和战斗精神

主要学习党中央、国务院关于应急管理和队伍建设的决策指示，学习国家综合性消防救援队伍根本职能和消防救援人员职责要求，培育英勇顽强、不怕牺牲的战斗作风，强化刀山敢上、火海敢闯的战斗精神，忠实履行职责使命。

（六）形势政策和遂行任务要求

主要学习了解我国国情、国内外大事和时事政策，学习党中央、国务院、应急管理部决策部署和上级有关指示精神，明确遂行应急救援任务要求，奠定完成各项工作任务的思想基础；学习心理学基本知识、自我心理调适方法等，提高遂行任务的心理素质。

四、基层思想政治教育的原则和方法

基层思想政治教育在消防救援队伍长期管理教育过程中积累了丰富的经验，形成了优良的传统，也总结出了一整套行之有效的方法。继承优良传统，结合队伍实际，当前，基层思想政治教育的一般原则和方法有以下几个方面：

（一）基层思想政治教育的原则

1. 坚持理论指导

以马克思列宁主义、毛泽东思想、邓小平理论、“三个代表”重要思想、科学发展观、习近平新时代中国特色社会主义思想为指导，开展比较系统的政治理论教育，注重教育过程中的价值引领，强化崇高精神的追求和道德境界的提升，帮助消防救援人员树立正确的世界观、人生观、价值观；注意系统教育灌输的内在逻辑性和体系的完整性，帮助消防救援人员完善思想理论的框架体系，掌握正确的立场、观点和方法，树立科学的思维方式，打牢队伍建设和遂行任务的思想认识基础；加强科学文化和相关专业知识学习，帮助消防救援人员完善知识结构、丰富精神世界，培养健全人格、良好心理和健康情趣。

2. 坚持以人为本

坚持人民为中心的发展理念是习近平新时代中国特色社会主义思想的重要内涵。始终坚持消防救援队伍的性质和宗旨。坚持不懈地教育消防救援人员充分认清一切为了人民、紧紧依靠人民是党的根本宗旨和力量来源，是消防救援队伍团结奋斗的思想基础和力量源泉，要坚持人民至上的价值理念，把维护和实现人民的利益作为队伍的根本职责。尊重广大消防救援人员的主体地位和创造精神。思想政治教育的对象是人，是教育人、培养人的工作，必须贯彻以人为本的要求，要切实端正对消防救援人员的根本态度，以与时俱进的眼光来认识消防救援人员的思想、心理和行为特点，以平等的身份、真诚的态度拉近与消防救援人员的距离，让消防救援人员积极参与教育、乐于接受教育。要坚持正面灌输与启发疏导相结合，注重采取民主、启发的方式方法摆事实、讲道理，循循善诱地引导消防救援人员自觉接受政治理论和先进思想。要广泛开展群众性自我教育活动，让他们上讲台、唱主角，发动消防救援人员自己教育自己，提高消防救援人员综合素质，促进消防救援人员全面发展。

3. 坚持服务中心

思想政治教育与其他政治工作一样，没有独立的任务，必须紧紧围绕党和国家的工作大局、队伍建设的中心任务来开展，这是消防救援队伍思想政治教育的优良传统和本质要求。在各个不同历史时期，思想政治教育都是服从、服务于党和国家工作大局，围绕队伍建设的中心任务来展开的，为消防事业的改革与发展提供了有力的思想政治保证。当前，思想政治教育必须紧紧围绕中心工作发挥服务保证作用，把政治上的标准、思想上的作风、组织上的团结统一贯穿到执勤训练等各项工作中，贯穿到完成火灾预防、火灾扑救、应急救援等任务中，充分激发战斗精神和战斗热情，为提高队伍战斗力提供精神动力和思想保证。

4. 坚持注重实效

注重增强实际效果，是党的实事求是思想路线、理论联系实际优良作风在思想政治教育中的贯彻和体现，也是教育有效发挥职能作用的重要前提。新时代背景下，国际形势复杂多变，社会向信息化、多元化方向发展，消防救援人员的思想观念、价值取向、行为方式呈现出更多的时代特点，思想政治教育必须努力跟上时代发展、紧贴消防救援人员思想实际，不断开阔教育视野，丰富教育内容，拓宽教育渠道，创新教育模式，用真理说服人、用真情感染人、用真实打动人，增强思想政治教育的时代性和感召力。必须注重质量效益，把解决思想问题与解决实际问题、促进思想进步与保持心理健康、加强思想教育与完善政策制度结合起来，努力增强教育的质量和效果。

5. 坚持实践培育

思想政治教育在防范化解重大安全风险、应对处置各类灾害事故、维护人民生命财产安全过程中发挥着不可替代的精神动力和思想保证作用。在队伍管理、执勤训练、重大安保、灭火救援等过程中，要善于发挥思想政治教育的引导、激励、凝聚等功能，致力于培育消防救援人员的战斗意志和战斗作风，引导消防救援人员在完成任务中培育革命精神、优良作风和高尚品德。

6. 坚持守正创新

在长期的建设实践中，思想政治教育形成了一系列优良传统，这是消防救援队伍的重要政治优势，也是队伍建设的宝贵财富，必须继承和发扬。同时，信息化时代的到来，思想政治教育只有着眼于新的实践，坚持解放思想、与时俱进、创新发展，总结和吸取新的经验，赋予传统以新的时代内涵，才能使思想政治教育的优良传统更好地继承下来、发扬光大。当前，要积极吸纳先进文化，体现时代精神，运用现代科技手段，不断创新发展思想政治教育的内容、形式和方法，进一步增强思想政治教育的生机和活力，提升教育的吸引力和感染力。

（二）基层思想政治教育的基本方法

基层思想政治教育从实施途径看，主要有理论灌输、自我教育、启发引导、典型激励等手段，由此引申出多种形式和方法。这些方式方法能够有效解决思想政治教育某一类问题，实现教育的目的，提升消防救援人员的思想觉悟和认识水平，达到管理教育的目标。一般来说，基层思想政治教育主要采取以下方法：

（1）课堂教育灌输。采取集中授课、举办讲座和报告会、宣讲辅导等方法，学习科学理论，灌输先进思想。

（2）集中学习整顿。根据学习科学理论和重大主题教育需要，组织集中轮训，开展专题教育，进行思想整顿。

（3）群众自我教育。运用民主讨论、平等交流、思想互助等方法，引导消防救援人员在自觉参与、相互启迪中提高思想认识和政治觉悟。

（4）随机教育启发。根据工作任务和消防救援人员思想变化，随时随地进行一事一议、谈心交心、现场鼓动等，因势利导，析事论理，做好一人一事思想工作。

（5）用好信息网络。运用局域网和互联网建立“网络＋”政治工作模式，开展网上学习交流、思想互动、文化娱乐、人才培养和咨询服务等活动，用好网络信息平台，推动思想政治教育过好网络关、时代关，增强先进思想影响的覆盖面和时效性。

(6) 新闻舆论引导。组织收听收看广播电视新闻，观看优秀影视节目，开展读报评报、新闻点评和影视评介等活动，运用大众传媒资源进行思想政治教育。

(7) 典型激励警示。宣扬先进典型事迹，剖析反面典型教训，思想启发与典型引导相结合，分清是非、荣辱、美丑界限，形成奋发向上的良好风气。

(8) 职业文化熏陶。广泛开展读书演讲、文艺演出、体育竞赛等形式多样的群众性文化娱乐活动，用好历史、荣誉等教育资源及各种文化设施，构建彰显职业精神、具有职业特点的消防职业文化，营造健康向上的文化氛围。

(9) 仪式庆典激励。举行升旗、授装、授衔、立功受奖、誓师动员等仪式，组织入职、入团、入党宣誓，开展重大节日和纪念日庆典活动，拍摄制作消防救援人员生活纪念视频，增强思想政治教育的感染力。

(10) 行为规范养成。把说服教育与规范行为结合起来，发挥干部骨干模范作用，加强日常道德修养和行为养成。

(11) 心理教育疏导。普及心理科学知识，开展心理咨询活动，做好心理调节工作，组织心理行为训练，培育良好的心理素质。

(12) 法律咨询服务。发挥法律顾问和基层法律骨干队伍的作用，开展形式多样的法律咨询活动，为消防救援人员提供各种法律服务，增强学法用法、依法办事的意识和能力。

(13) 单位、社会、家庭共育。运用改革开放和现代化建设成就，利用驻地红色资源和主流媒体优质教育资源，参观爱国主义教育基地、各种纪念场馆，发挥消防救援人员亲属和家乡政府的积极影响，借助社会、家庭教育资源进行共教共育。

思想政治教育的形式与方法，应当从实际效果出发，根据不同内容、不同对象、不同任务和客观条件灵活运用，并在实践中不断改进创新。

五、基层思想政治教育的基本制度

基层思想政治教育的基本制度是长期形成的标准和规范，落实制度有利于提升基层思想政治教育的效率，确保思想政治教育的效果，保证更好地发挥政治引领和思想引导的功能。基层思想政治教育应坚持以下基本制度。

(一) 思想调查分析制度

中队（站）应当把掌握思想情况作为思想政治教育的首要环节和基础性工作，认真组织调查研究，摸清消防救援人员思想和社会、家庭影响，进行思想情况分析。思想调查分析要经常性开展。大队、中队（站）每月要进行一次思想调查和分析。遇有形势变化、任务转换、人员变动、执行重大任务以及重大主题教育等情况，要及时搞好思想调查分析。中队（站）要严格落实思想汇报制度和谈心制度，切实掌握消防救援人员的思想动态。大队和中队（站）每月要向上级党委机关报告一次队伍思想形势，重要思想情况应及时报告。

（二）支部议教制度

中队（站）党支部每月召开一次议教会议，可单独召开，也可结合落实思想调查分析制度进行。遇有队伍重要思想情况和上级安排的重大教育，支部要及时召开议教会议。议教会议的主要内容包括：认真传达学习上级有关指示精神；深入分析消防救援人员思想形势和教育情况；对队伍一个阶段的思想政治教育作出具体安排；提出教育目的和要求，统筹解决教育中遇到的突出矛盾和问题。要把增强教育时代性和感召力作为议教的指导方针，深入研究新时代背景下消防救援人员的思想、心理和行为方式特点，积极创新教育的内容、形式和手段，探讨加强和改进思想政治教育的对策。

（三）教育统筹制度

中队（站）应当按照上级的部署安排，结合本单位实际，在落实上级指示要求的前提下，行使对教育内容的调整权、教育时机的选择权、形式与方法的决定权、经常性思想教育的自主权，因地制宜、灵活机动地统筹安排思想政治教育和其他工作。

（四）教育准备会制度

教育准备会主要由支队政治机关组织召开，通常每月召开一次。队伍驻地分散的支队也可每季度举行一次。教育准备会由政治委员或政治处主任主持，参加会议的人员为大队、中队（站）政治干部、机关政治协理员及其他有关人员。召开教育准备会应提前一周报告上级机关。教育准备会的主要内容包括：总结前一阶段教育情况；分析队伍思想及教育形势；研究部署下一步教育任务；组织示范讲课，评议教案。也可利用以会代训的形式对政治干部和思想骨干进行培训，提高基层政治干部和思想骨干组织实施教育的基本功。教育准备会应充分发扬民主，把部署教育任务同研究改进教育结合起来。研究重大教育的教育会，上级机关应派人参加。

（五）理论学习制度

中队（站）应当落实理论学习日、理论轮训、开展岗位践行活动等规定。要妥善安排好消防救援人员的理论学习，主要结合具体教育内容学习基本理论观点。

（六）日常教育制度

中队（站）应当坚持组织收听收看广播电视新闻，组织读报和上网学习，落实开展谈心交心活动、领导干部作形势政策报告等制度。要把随机教育作为思想政治教育的重要内容，采取一事一议、个别谈心、队前讲话、小动员、现场鼓动、事前交代、听取归队汇报、办板报墙报、书评影（视）评等方法抓好教育的落实。队伍在实践中摸索总结的行之有效的日常教育制度，要认真坚持。

（七）政治指导员备课讲课制度

基层思想政治教育课一般由中队（站）指导员讲授，重要内容或难度较大的课程可由大队、支队讲授。讲课前要认真撰写教案，准备必要的教具。没有教案或教案不符合要求的不得授课。重要的授课内容，可由支队或大队组织集体备课，并在一定范围内试讲。

讲课时要清点到课人数，宣布课堂纪律，提出听课要求。课后要认真填写“中队（站）要事日志”，对缺课人员及时补课。支队政治机关要积极为政治指导员备课讲课创造条件，提供必要的教学参考资料，保证政治指导员每周不少于半天的备课时间。支队政治委员和政治部（处）主任，每月至少要听取一次基层政治指导员授课。每周要相对固定思想政治教育时间，有计划、有准备地实施各项教育。根据需要，也可调整使用时间。

（八）检查评估制度

检查评估的目的是督促各级履行抓教育的职责，督促机关改进对教育的指导，督促教育更好地联系实际解决问题。检查评估教育要坚持实践标准，全面客观衡量教育效果，既看时间、人员、内容和制度落实情况，又要把教育放到队伍全面建设中综合考察，看教育的主动性、针对性、实效性如何，看消防救援人员觉悟、队伍风气、精神面貌和完成任务情况，形成抓落实、重实效的正确导向。对基层单位教育情况的检查评估，主要由支队组织实施，一般结合半年和年终工作总结进行，也可结合蹲点调研帮建工作实施，防止检查评比过多、过滥。

第二节　基层思想政治教育的组织实施

思想政治教育的组织实施是思想政治教育的具体实践过程，是基层思想政治教育能否取得成效的核心和关键。理解和把握思想政治教育组织实施的具体内容、方法和技巧，有利于提升基层思想政治教育的实效。

一、教育计划

依据上级部署要求，结合本单位实际，开展深入细致的思想调查，因地制宜、灵活机动地制定思想政治教育计划，是做好基层思想政治教育的前提。开展思想调查时，要通过查阅消防救援人员档案、电话联系家人朋友、走访交流座谈等手段了解一般情况，通过认真观察、科学分析判断，把握本单位的思想形势，掌握一段时间内存在的思想困惑、心理矛盾和倾向性问题，做到制定计划有的放矢，突出重点，解决问题。制定教育计划时既要始终围绕教育的目的要求，充分依据上级部署和计划，又要充分考虑教育内容、对象和环境条件等实际情况，充分行使基层思想政治教育的四种权利。坚持先调查研究后制定教育计划，根据教育职责、上级要求和队伍实际，逐级细化明确教育目标、计划内容和时间、形式方法、实施步骤、基本要求。思想政治教育计划由政治主官审批，政治机关下达。重要教育的计划，由党委研究确定，中队按照上级部署安排抓好教育任务落实。

二、教育准备

充分的准备是教育顺利展开和进行的重要保证。按照计划安排，召开教育准备会，落实思想分析和支部议教，深入分析消防救援人员思想，组织协调教学力量，精心组织备课示教，安排准备配合活动，搞好教育骨干培训，认真准备教学器材。实践中，应统筹使用本单位政治教员，注重发挥优秀政治教员作用，必要时外请领导、专家作辅导报告。要抓住教育的主要内容或难度较大的问题，组织备课示教，在集思广益中提高备课质量。要定期组织教育骨干培训，把重点放在提高启发引导、解疑释惑、组织配合活动等实际本领上。

三、教育实施

教育实施是思想政治教育实质展开的阶段，决定着教育的质量和成效。在教育实施阶段，必须抓住授课重点，结合实际辅以活动和讨论，确保教育真正达到目的。

（一）授课

授课是思想政治教育最基本的方式，也是决定教育质量和效果的重要因素。它决定着思想政治教育能否真正落到实处、取得成效。授课按照以下环节组织实施：

1. 备课

备课就是讲课人在授课前所做的准备。准备工作越充分，教育成功的可能性越大。因此，要提高授课质量，必须要在认真备课上下功夫。具体讲，要做好以下三点：

一是明确目的要求，吃透材料内容。首先，要深刻理解教育的目的和要求，明确讲授的重点、难点。其次，要认真阅读教材，熟悉内容，弄清其逻辑结构和内在联系，准确把握中心思想。再次，要根据授课内容，认真学习党的创新理论，领会党中央、国务院、应急管理部的有关指示和文件精神。最后，还要广泛参阅有关资料，扩大知识范围，这样才能保证教育内容的思想性、科学性。

二是了解教育对象，掌握思想情况。对教育对象心中有数，对单位情况了如指掌，教育才能做到“有的放矢”。因此，要深入到消防救援人员之中，通过各种方法和途径了解掌握消防救援人员的思想情况和行为表现，把握与课题有关的思想认识问题，正确分析其性质、范围、程度、原因和发展趋势，使教育内容贴近消防救援人员的思想实际，增强针对性。要认真研究和掌握教育对象世界观、人生观形成的基本规律，从他们的思想认识、文化基础、接受能力等实际情况出发，把握讲授内容，做到深入浅出，循序渐进，通俗易懂。

三是精心设计教案，认真编写讲稿。设计教案，是为了加强教育的目的性和计划性，提高授课水平。教案的设计，要求内容完整，观点正确，条理清楚，简明扼要。其内容一般包括：课题、教育目的与要求、教育时间、主要内容、方法步骤、参阅书目、讨论或作业题等。教育的内容是教案的核心部分，要周密考虑，认真设计。编写讲稿关键是要注意把握中心，抓准问题，并把所要讲的问题在理论与实际的结合上研究透，形成自己深思熟虑的思想。在形成思想的过程中，要注意把消防救援人员的生活经历、实践经验和集体智慧作为教育资源来吸收利用。还需要精心选择事例和语言表述方式。备课要力求做到四熟：思想观点考虑成熟，事实材料研究成熟，表达方式琢磨成熟，脱稿讲解演练成熟。重要的教育可在一定范围内试讲，广泛征求意见，反复修改完善。定稿后，要制作好多媒体课件。

2. 授课

授课就是围绕教育主题阐述基本观点，讲清基本道理，注重启发引导，有针对性地回答解决消防救援人员的思想认识问题。组织授课是整个教育过程的关键环节。授课有多种类型，主要有系统性讲授、提示性讲解、讨论式辨析、问答式解疑、读讲式辅导。无论哪一种类型的讲课，要收到好效果，讲课人都必须认真研究和遵循课堂教学规律，把课讲得生动活泼、引人入胜。要把课讲好，除思想观点正确和有针对性外，还应做到以下五个方面：

一是层次分明，逻辑严密。讲课时，要依据讲稿的思路，分层次阐述问题。注意突出重点，讲清难点，既要防止主次不分、面面俱到，又要防止顾此失彼，钻牛角尖。特别要防止和克服信口开河、乱讲一通的问题发生。要力求做到概念明确，判断准确，论证和推理合乎逻辑规则。具体讲，要做到以下两点。一是，层次要清楚。观点和材料的组织安排，要正确地体现内容的整体与部分、属概念与种概念之间的层次关系，层层深入，环环紧扣，既要防止大小观点、种属概念的混乱和颠倒，又要防止丢掉过渡性的中介概念和原理。二是，条理要分明。观点和材料的组织安排，要正确体现内容中并列的概念和原理之间的类别关系，防止出现相互交叉重复的“串题”现象。

二是事理结合，深入浅出。事，就是事例。理，就是道理。所谓事理结合，就是要依据客观事实讲道理，通过讲清基本道理揭示客观事物内在的本质和规律，实现事实与道理的有机融合。只有事理结合，才能使抽象的事物具体化、复杂的问题条理化、深奥的道理通俗化。

首先，恰当地选择和运用事例，通俗透彻地阐述道理。具体运用中要注意“七忌”：一忌脱离实际；二忌例理相悖；三忌故弄玄虚；四忌前后矛盾；五忌胡编滥造；六忌事例滥用；七忌老生常谈。同时，还要善于运用鲜明的对比、恰当的比喻和精炼的概括，从普遍的现象中引申出深刻的哲理，对复杂、分散的线索进行归纳，努力把共性的问题个性化、原则的问题现实化，把抽象的道理讲通俗、深奥的道理讲透彻、枯燥的道理讲生动。

其次，要把大道理和小道理结合好。一是要坚信科学理论的巨大威力，旗帜鲜明、理直气壮地讲大道理。二是讲大道理时要结合小道理，使情、理、例融为一体，让大道理入耳入脑入心。三是讲小道理要上升到大道理。对具体问题要进行理论分析，把个人利益问题放在集体利益和国家利益之中来认识，当大道理和小道理发生矛盾时，必须用大道理管住小道理。

三是语言生动，声形并茂。语言是授课人表达思想、传授知识的主要工具。要按照准确、生动、朴实、简练的基本要求，下功夫提高语言表达的艺术。要注意语法规则，讲究通俗生动，不用那些生僻费解、晦涩难懂的词语。讲课要言语清楚、流畅，防止磕磕巴巴或说半截子话。要讲究语言节奏，注意抑扬顿挫，快慢适度，不拖泥带水。还可适当采用一些谚语、成语、格言、诗句，使语言生动活泼。要注意声形结合，善于借助表情、手势，增强语言效果。要把握时机，适时提问，适当运用板书、图表、实物、模型、幻灯、录音、录像等直观教具和多媒体课件，调动教育对象多种感官并用，使其集中精力，积极思考，加深印象，更好地理解和掌握教育内容。

四是态度真诚，富有情感。讲课是教育者和被教育者感情和思想的双向交流活动，通情才能达理，入情才能入理，有真情才能讲出真理。授课人必须以平等的态度析事说理，以真挚、饱满的热情解难释疑，充分体现对教育对象的高度信任和尊重，实现心灵上的沟通。讲课时要精力集中，精神振奋，情绪饱满，善于运用爱憎分明的激情来表达教育内容，融理于情，从而拨动被教育者的心弦，唤起情感的共鸣。

五是重视开头，设计结尾。一堂教育课的效果好不好，开头与结尾十分重要。开头常用的方法有直接点题、提出问题，或先从本单位的某一事例讲起，或引用故事、典故破题等。但无论采用哪种方法开头，都必须开宗明义，富有吸引力。结尾也没有固定格式，但要有哲理、激情，令人回味。有时归纳小结，有时指明方向，有时提出带启发性的问题引导思考，有时用名人格言或诗词佳句作结束语等。但无论哪种形式，都要既符合课题要求，又发人深省。

（二）活动

开展活动是思想政治教育的辅助手段。通过开展丰富多样的配合活动，不仅可以深化教育内容，也有利于创造一个良好的教育环境。因此，要围绕教育的目的和内容，要充分利用各种教育资源，办好墙报、板报和学习专栏，刊登学习体会文章、专题论文、问题解答等，大力表扬教育过程中的好人好事。同时，还可有针对性地教唱革命歌曲、组织歌咏比赛，举办演讲会，开展影视、文学、音乐的欣赏与评论以及健康的游艺、游戏等活动。有条件的中队（站）还可请目标单位的领导、专家或地方的劳模代表到队伍讲课、谈体会，组织参观见学等各种实践教育活动。同时，也可以紧跟信息时代要求，积极创新活动形式，充分利用论坛、博客、微信、抖音等平台开展网上教育、宣传、文化娱乐和谈心交流等活动。活动既要丰富多彩、不拘一格，又要防止过多过滥、冲淡主题，同时还要因地制宜、量力而行。主要目的是引导消防救援人员把教育中焕发的政治热情转化为干好工作的实际行动。

（三）讨论

讨论是消化理解授课内容、交流心得体会、深化教育效果的重要步骤，也是消防救援人员联系思想实际、提高分析问题能力的有效途径。要认真组织消防救援人员结合实际开展讨论，交流心得体会，辨析疑难问题。干部、骨干应当带头参加讨论，发挥引导作用。组织好讨论，要注意把握以下三个方面：

一是明确讨论主题。明确主题是搞好讨论的重要前提。如果主题不明确，讨论起来就难免东拉西扯，漫无边际，容易偏离主题，达不到教育的目的。主题明确后，如果讨论题太抽象，让人无从谈起，或者太具体，思路打不开，讨论也不容易活跃起来。因此，必须围绕每次或每课教育主题，抓住消防救援人员最感兴趣、最需要弄清、最不容易统一认识的问题，即通常所说的“热点”“疑点”“难点”，列出若干具体题目展开讨论。不论哪种类型的题目，都要紧密联系消防救援人员的思想实际，尽可能做到针对性强，内涵丰富，具有启发性，能引起大家讨论的兴趣，并通过讨论来强化教育主题。要提前出“安民告示”，把讨论的内容、题目、方法、步骤告诉大家，并安排一定时间让个人查看有关书籍资料，做好发言准备。必要时还应要求大家写出发言提纲，以保证讨论效果。

二是安排重点发言。在布置完讨论题后，可以安排骨干或指定专人准备，让他们在讨论中带头发言，防止冷场或跑题。有些难度较大的讨论题，可先集中骨干由教育者作适当的讲解和引导。如果没有安排重点发言人，召集或主持讨论的班长就要带头发言，引导讨论。

三是加强现场引导。班长要加强对讨论的组织引导，及时解决讨论中出现的各种问题。讨论出现“冷场”时，应及时启发大家积极思维，热烈争论；出现“跑题”或“钻牛角尖”的现象时，应及时通过插话或提问，把大家的注意力引到正题上来；出现争论不休时，应通过全面分析，指出各自见解的正确方面和不足之处，引导大家统一认识；发现有独到见解的思想观点时，应及时给予肯定和鼓励，进而把讨论引向深入。讨论中要营造民主、平等、热烈的良好气氛，使大家能敞开思想，畅所欲言，达到互相启发、共同提高的目的。对谈出来的模糊认识，不急于下结论，即使对有些错误想法，也要让人把话说完；对模糊认识较多的同志，不能歧视、挖苦，不得抓反面典型；对不同意见，不要简单作结论，坚信理越辩越明，坚持摆事实，讲道理，心平气和，以理服人。

四、教育总结

教育总结具有承上启下的重要作用。它通常在一个教育课题、一个教育阶段或一项教育结束后进行，主要是讲评教育情况，总结特点、收获及好的做法，分析存在的问题，提出解决办法，达到巩固深化教育效果、加强和改进教育的目的。因此，在讨论的基础上要安排一定时间作课题总结。教育总结时应注意以下几点：

一要了解分析情况。应采取召开骨干汇报会、小型座谈会或个别交谈等形式，了解有关情况，分析教育效果，弄清哪些问题解决了，还存在什么疑难或不足，并进行整理归纳，增强总结讲评的针对性。

二要进行评教评学。评教评学主要是组织大家围绕教育目的、内容、方法和个人学习状况等，总结教学经验，交流学习收获，表扬学习中的好人好事，查找存在的问题和不足，并提出相应的改进措施和要求。

三要采取灵活方法。总结一般由教育者主持，也可采取群众性总结的方式，让大家谈学习收获，交流学习经验，而后由教育者作总结归纳。不管采取哪种方式方法，教育者都应从亲身的实践和信息反馈中，总结经验教训，查找薄弱环节，明确改进措施，以达到“打一仗，进一步”的目的，不断提高组织实施思想政治教育的能力。

第三节　增强基层思想政治教育的时代性和感召力

习近平总书记提出教育要增强时代性和感召力，明确了提高教育实效性的根本立足点和工作着眼点，提出了增强教育效果的具体抓手和科学方法，提供了检查评估教育效果的基本标准和目标要求，实现了教育基本理念、方法手段的有机统一，为加强和改进消防救援队伍思想政治建设提供了根本遵循。深刻理解新形势下增强思想政治教育时代性和感召力的重要目的和深远意义，把握时代条件、形势任务、消防救援人员思想特点对思想政治教育提出的新要求，在继承优良传统的基础上，与时俱进开展好思想政治教育，切实增强教育的时代性和感召力。

一、增强思想政治教育的时代性

增强思想政治教育的时代性，是指思想政治教育要根据时代条件的发展变化，正确确定自身目标任务、方针原则和方法手段，反映时代本质，体现时代特征，回应时代诉求，满足一定时代背景下意识形态灌输和精神激励的目标和要求。

（一）时代条件深刻决定和影响着思想政治教育

党在不同历史时期制定的路线、方针、政策规定着思想政治教育的根本方向和基本任务。思想政治教育的根本目标是保证党对消防救援队伍的政治思想领导，宣传贯彻执行党的路线、方针、政策，保证消防救援人员在政治立场、政治方向、政治道路、政治原则上与党中央保持高度一致，在政治上坚定信念、在思想上高度认同，才能在行动上看齐追随，永作党和人民的忠诚卫士，确保为党的历史使命提供坚强的政治思想保证和强大的力量支撑。当前，中国共产党根据新的历史条件和奋斗目标，制定了符合党的性质宗旨和初心使命，代表着人民群众利益需求和发展诉求的基本理论、基本路线和基本方略，决定着思想政治教育的根本方向是为宣传、贯彻、执行党的基本理论、基本路线和基本方略服务，基本任务是保证用党的基本理论、基本路线和基本方略武装消防救援人员的头脑，不断增强“四个意识”，坚定“四个自信”，做到“两个维护”，始终保持政治上的坚定性和思想道德上的纯洁性，确保队伍永远跟党走，全心全意为人民服务。

党对消防救援队伍的建设方针决定着思想政治教育的时代主题和重点内容。不同时期党对消防救援队伍的建设方针不同，20 世纪 90 年代，消防救援队伍作为现役部队，主要贯彻执行“政治合格、军事过硬、作风优良、纪律严明、保障有力”的“五句话”总要求；2009 年，胡锦涛总书记作出了“要努力建设一支‘忠诚可靠、服务人民、竭诚奉献’的消防队伍”的重要批示，是中央对消防工作和消防队伍第一次明确提出建设要求，深刻阐述了消防工作的核心价值，高度概括了公安消防部队的时代精神，公安消防部队思想政治教育在相当长的一段时期宣传贯彻执行“三句话总要求”；进入新时代，2018 年消防救援队伍改革转制，习近平总书记亲自授旗致训词，为新时代消防救援队伍提出了“对党忠诚、纪律严明、赴汤蹈火、竭诚为民”的“四句话方针”，决定了当前和今后一段时期，思想政治教育的时代主题是为党在新时代的历史使命和奋斗目标服务，为消防救援队伍改革转制后不断拓展的职能任务服务；思想政治教育的重点内容是用习近平总书记训词精神武装消防救援人员的头脑，深入进行应急管理和消防救援队伍职能使命任务教育，始终保持坚强的革命意志和旺盛的战斗精神，确保“召之即来、战之必胜”，坚决防范化解重大安全风险，维护人民群众生命财产安全。

新时代背景下消防救援人员的思想认知和行为特点决定着思想政治教育的方针和原则。思想政治教育从根本上说是为了解决人的问题，主要包括解决人的政治、思想、道德、精神、价值等问题，为人的存在和发展赋予意义，为人的行为提供动力。而人，总是生活在一定时代条件和背景之下的，受周围环境深刻影响，人的思想总是带有那个时代特有的政治、思想、社会、文化的烙印，是一个时代的所有社会关系的总和。新形势下，整个社会在发展变化，消防救援人员的思想也在剧烈的变动之中。社会关系的调整，不断给消防救援人员的生活带来一系列新矛盾、新问题，纷繁复杂的社会现象，常常使消防救援人员思想上产生这样那样的困惑和疑问。思想政治教育必须高度关注消防救援人员不同时代背景下的思想观念、矛盾困惑和心理问题，辩证看待经济社会条件下人的欲望增强、交往范围扩大、入队动机复杂、信息渠道增多、问题表现形式多样等客观现状，贯彻疏导的方针，坚持以人为本的原则，充分利用积极正面因素，帮助树立正确的世界观、人生观、价值观，建构科学的思维方式，锻炼提高认知能力，提升精神追求、道德品质和内在修养，不断纠正与消防救援队伍宗旨和价值取向不相适应的思想观念、偏颇认知和不良言行，解决消防救援人员的思想问题、心理问题和实际问题，促进消防救援人员身心健康和全面发展，确保队伍的高度安全稳定。

信息时代条件下的技术应用革新着思想政治教育的方法和手段。善于利用技术手段，不断创新思想政治教育的方法和手段，增强感染力、吸引力，是提升思想政治教育实效性的关键。当前，消防救援队伍思想政治教育在实践中不断总结经验，除理论学习、基础教育、主题教育、经常性教育之外，积极借鉴日常管理教育中的有益经验，增加了很多随机教育的形式和方法，为思想政治教育不断结合实际取得实效打下了坚实的基础。同时，在实践过程中，也强化了对相关平台、技术手段的应用。紧贴信息时代成长起来的网民一代的思维特点、生活和娱乐方式，不断拓展网络阵地，不断与大数据、云计算、人工智能、区块链技术等新兴技术手段深度融合，使政治工作平台延伸、时空缩短、时效性增强，将思想政治教育的要求转化成随时随地进行的喜闻乐见的教育形式，切实提升教育的时代性和感召力。

（二）思想政治教育必须结合时代要求开展工作

宣传、贯彻和执行党在现阶段的基本理论、基本路线和基本方略。思想政治教育本质上是铸魂育人工程，用党的指导思想和科学理论武装消防救援人员，强化意识形态灌输，坚决站稳政治立场，保证消防救援人员永续红色血脉、永葆忠诚之魂，是思想政治教育的根本目标和首要任务。在宣传、贯彻、执行党在现阶段的基本理论、基本路线和基本方略时，要引导消防救援人员从马克思主义政党的性质、宗旨和历史使命里寻找中国共产党理论、路线、方略的底层逻辑，深刻明白党因何而建、为何而生、走往何方；要引导消防救援人员从党史、新中国史、改革开放史、社会主义发展史中总结百年大党的成功经验、优良传统和宝贵精神财富，不断增强对中国特色社会主义道路、理论、制度、文化的信念和信心；要培养树立消防救援人员科学的思维能力，不断强化战略思维、辩证思维、法治思维、底线思维，自觉提高政治站位，学会从全局的、发展的、辩证的、法治的、道德的角度看待问题；要结合形势政策教育，引导消防救援人员跟进关注时事政治与国际国内形势发展变化，认真学习习近平总书记重要讲话精神，将个人成长进步、单位建设发展与国家总体战略、民族复兴伟业有机统一起来，自觉担当起时代和人民赋予的使命和责任。

用习近平总书记训词精神武装消防救援人员。将训词精神作为常态化教育内容，通过深入透彻的学习宣传和贯彻，教育消防救援人员深刻领悟训词的理论背景和重大意义，全面理解把握训词精神的科学内涵和内在逻辑，深刻领会“四句话方针”在消防工作和队伍建设中的地位作用和实践要求。当前，队伍转制之后，迫切需要深入研究全灾种的职能使命和大应急的体制机制对消防救援队伍思想政治教育提出的新要求，不断在继承传统经验和做法的基础上，进一步加强对“对党忠诚、纪律严明、赴汤蹈火、竭诚为民”方针的细化研究，明确具体的政治思想素质、专业技术能力、纪律作风形象和职业道德要求；明确在“人民至上、生命至上”价值理念下，消防救援队伍在应急救援过程中应该具备的职业精神、职业道德和专业素养，使消防救援队伍的专业化和职业化在政治思想和精神道德层面有具体明确的标准，使思想政治教育服务中心工作有更为具体和鲜明的指向。在日常教育中，将消防救援队伍性质宗旨、优良传统、职能任务教育作为重点内容，不断加强队伍的法制纪律、道德规范、形势政策、条令条例等教育，提高消防救援人员的政治思想和道德素质，净化思想和灵魂，引导消防救援人员积极适应“全灾种、大救援”的使命任务需要，不断强化大应急的思想意识，努力锤炼履行职责使命和为民服务的过硬本领。着力培养消防救援人员良好的纪律作风，大力倡导求真务实、开拓创新、团结协作、服务基层、艰苦朴素的工作作风，坚决克服形式主义、官僚主义、享乐主义，大力培育和锤炼不怕牺牲、不畏艰险、坚韧不拔、英勇善战的战斗精神和作风，在危难面前，奋不顾身、舍生忘死、敢打必胜，彰显大无畏的革命英雄主义气概。

紧贴消防救援人员思想特点和行为方式做好思想政治教育。思想政治教育铸魂育人，必须准确把握时代脉搏和时代特点，采取有效的方法手段启发消防救援人员的思想政治觉悟。当前，思想政治教育既要高度重视新时代背景下成长起来的青年一代的思想特点、思维方式和娱乐方式对思想政治教育提出的要求，又要高度关注消防救援队伍转制之后，队伍成分结构发生的深刻变化，以及给思想政治教育带来的难题和痛点。干部就地转制后，队伍出口变窄、流动变慢、两地长期分居情况增多，如何提升工作事业心、责任感，保持强烈的进取意识成为思想政治教育新的关注点；消防救援人员当中，本地人员多、年龄跨度大、婚恋比例高、社会经历多，入队动机、价值取向、行为方式差异较大，都给思想政治教育提出了更高要求。当前，要在继承传统有益经验的基础上，与时俱进创新方法手段，以消防救援人员喜闻乐见、易于接受的方式开展教育，努力增强思想政治教育的时代性和感召力。要大力开展多向互动的教育，尊重消防救援人员的主体地位，综合运用启发式、研讨式、案例式、辨析式等方法，激发消防救援人员之间的良性互动，不断拓展教育内容的广度和消防救援人员参与的深度，在互动中实现思想互助、知识互补、疑难互解。采取显隐结合的教育形式，既坚持有组织、有系统、有立场、有观点地开展显性思想政治教育，又采取文化熏陶、任务砥砺、先进示范等春风化雨、润物无声的方式使消防救援人员在无意识中受到教育。

不断革新思想政治教育的理念、方法和手段。时代的高速发展使信息获取渠道纷繁驳杂，对消防救援人员的思想影响越来越深刻多样，思想困惑与观念冲突交织，需要思想政治教育加大对国家大政方针和战略部署的深度解析，切实提升消防救援人员的战略定力。职业的高度危险性和技能的高度专业性，必将对消防救援人员的综合素质和专业素养要求越来越高，压力、紧张、焦虑带来的心理问题越来越凸显，成为消防救援职业不可忽视的心理现象，需要思想政治教育坚持以人为本，教育引导与心理疏导齐头并进。经济增长方式的转型必然带来社会阶层的不断分化，消防救援人员对收入、地位的高度关注，对职业认同感和归宿感的强烈渴望，需要思想政治教育与消防文化精神的塑造、消防营区的打造、消防业余活动融合在一起，用心用情管理和教育，积极营造民主和谐的氛围，提升荣辱与共的责任感和荣誉感。信息化时代条件下，要努力适应“网生一代”信息接收、沟通交流方式的变化，不断提升信息媒介运用能力，摸索运用大数据搜集消防救援人员真实的网络行为，客观分析每名消防救援人员的网络行为特征、思想行为倾向、兴趣爱好特点等，实时精准推送具有个性化的学习内容，充分利用相关平台和App，及时高效地做好教育引导和心理疏导工作。

适应消防救援遂行任务要求，使教育始终服务战斗力生成。随着消防职能使命任务不断拓展，战斗力生成要求和标准不断提高，消防救援队伍处于战时状态的占比越来越大，消防救援人员战时状态下的思想和心理处于不断变化的过程，动态化特征越来越明显。思想政治教育必须准确把握这一特点规律，改变传统理念、思维和模式，灵活机动做好思想政治教育。坚持统放结合，做到统方向不统方式、统时间不统进度、统效果不统过程、统内容不统形式；坚持平战融合，设施建设要力求信息化、系统化、便携化，既便于平时开展教育，又便于执行作战任务。

适应政治工作科学化、法治化的要求，使教育更加科学规范。要强化教育的法治化，严格落实《国家综合性消防救援队伍思想政治教育大纲（试行）》，把规定的教育内容、方法、制度和要求抓好、抓到位。强化教育的科学化，深入细致了解消防救援人员思想行为特点，有针对性地开展小讨论、小说理、小讲评等短小灵活的活动，于细微处、细节里把观点道理讲到心窝里。要强化大教育理念，不断拓宽教育途径，延伸教育时空，坚持提高思想觉悟与引导行为自觉相结合，坚持课堂教育与实践培育相融合，把队伍、社会、家庭衔接起来，把平时战时、网上网下结合起来，形成多渠道、多形式、全领域的教育格局。

二、增强思想政治教育的感召力

习近平总书记指出，思想政治教育的力量在一个“真”字，即“用真理说服人，用真情感染人，用真实打动人”①。增强思想政治教育的感召力，是指通过说服、示范和人格魅力等非强制手段来影响消防救援人员，用真理的力量说服人，用真情的力量感染人，用真实的行为打动人，使思想政治教育真正成为培养人、塑造人的铸魂工程。

（一）用真理说服人

真理性是思想政治教育说服力的根本源泉。马克思指出：“理论一经掌握群众，也会变成物质力量。理论只要说服人，就能掌握群众，而理论只要彻底就能说服人。所谓彻底，就是抓住事物的根本，而人的根本就是人本身。”② 坚持用真理说服人，既是提高思想政治教育实效的重要途径，也是领导干部和政治干部的必备素质。习近平总书记在学校思想政治理论课教师座谈会上提出了“八个相统一”的重要要求，其中第一条就是，“要坚持政治性和学理性相统一，以透彻的学理分析回应学生，以彻底的思想理论说服学生，用真理的强大力量引导学生”，体现了对规律的尊重、对学理的遵循、对以理服人的倡导。只有依靠透彻地学理分析、彻底的思想理论，才能引导教育对象树立正确的理想信念，学会科学的思维方法，对事物有清醒透彻的认知和分析判断。

当前基层思想政治教育存在的问题主要是讲得不够彻底。不是消防救援人员对理论不感兴趣，而是教育者没有把理论讲透彻、讲鲜活。有的对党的创新理论、方针政策、重大部署等掌握得不系统不深入，讲起来只能照本宣科；有的在教育中重形式轻内容、重过程轻实效，只追求热热闹闹，不追求入脑入心；还有的关起门来讲理论，大道理讲不透，小道理讲不清，歪道理驳不倒。正是这些问题弱化了基层思想政治教育的实效性和感染力。

思想政治教育说理教育要重点围绕以下内容开展：

党的路线、方针、政策是中国特色社会主义发展规律的直接、深刻和生动反映，是基层思想政治教育理论武装的根本内容。必须坚持用马克思主义中国化的最新成果武装消防救援人员，以科学的理论回答解决思想认识问题，保持思想政治教育的先进性。步入新时代，我们党对共产党执政规律、社会主义建设规律、人类社会发展规律的认识和把握不断深入，党的十九届六中全会对百年建党和治国理政经验和规律进行了总结，提出了“两个确立”和“十个明确”的重要论断，开辟了中国特色社会主义理论和实践发展新境界，这为“用真理的力量说服人”提供了有力支撑。

① 习主席国防和军队建设重要论述读本（2016 年版）摘登［N］. 解放军报，2016－5－25（2）.

② 马克思恩格斯选集：第 1 卷［M］. 北京：人民出版社，1995：9.

党和国家对应急管理和消防救援工作的重要论述和指示，是消防救援队伍建设发展的方向、原则和思路，是必须深入研究和结合实际贯彻落实好的道理。“应急救援的主力军、国家队”定位揭示了消防救援队伍的地位作用和根本职责；“人民至上、生命至上”价值主旨诠释了队伍的核心价值观和公共服务功能；“四句话方针”规定了消防工作和队伍建设的内容、原则和标准，在具体讲授过程中，需要政治干部深入理解和透彻讲解党和国家对消防救援队伍的职能定位、使命任务、建设标准和管理模式，真正使消防救援人员深刻理解消防职业的特殊职能和光荣使命，真正树立起从事消防救援事业的责任感、使命感和荣誉感。

树立正确的世界观、人生观、价值观，教会消防救援人员立身处世做人的道理，是思想政治教育的重点。德不优者不能怀远。三观正才能德行正，德行俱足后一个人在为人处世、立身做人时才能真正立得住、行得正、走得远。基层思想政治教育必须围绕树立正确的三观，全方位培养、塑造消防救援人员，用正能量涵养精神、优化思想、提升境界、端正追求，使思想政治、道德品质和精神境界符合消防救援职业精神和价值标准。

基层思想政治教育说理教育要克服以下几个倾向：

切实克服教育回避敏感问题的倾向，把教育的重点放在帮助消防救援人员解疑释惑上。教育的过程，实际上是揭露矛盾、解开思想扣子的过程。但从一些基层单位的教育中发现，有的对消防救援人员关心的一些重大敏感问题，不敢从正面教育，而是采取绕弯子、兜圈子、回避矛盾的办法，虽然课上了，讨论了，时间落实了，但很难达到理想的教育效果。消防救援人员的思想扣子解不开，心里不服气，教育就没有说服力。因此，基层思想政治教育，一要发扬实事求是的作风，对理想信念教育中的深层次矛盾和问题，要敢于触及，敢于正视；二要采取辩证分析方法，对前进中的问题，既要看到不利的一面，讲清面对的问题是复杂的、多变的，更要看到有利的一面，面临的机遇和有利条件也是难得的，我们不必为其所困，应以长远的眼光、坚定的信念、科学的态度，正确对待，积极解决；三要拓宽求实求新的路子，摈弃上下一般粗、“一刀切”“一锅煮”的教育方式，采取灵活多样、因人施教的教育方式，更新观念，找准问题，分析透彻，有理有据，使广大消防救援人员易于理解和接受。

切实克服教育只讲小道理的倾向，把理想信念教育建立在科学理论武装的基础上。当前一些单位在开展教育中，教育者不善于从理论高度把道理讲透，是个普遍性问题。一些同志片面认为基层消防救援人员接受能力差，讲讲小道理就行了。有的认为理论水平的高低并不一定影响政治信念的坚定，甚至觉得过去许多革命前辈理论水平并不高，但仍然有坚定的政治信念；有的认为思想政治教育是一种政治要求，不善于从理论上加以分析，讲清道理；有的觉得思想政治教育的目的就是听话，将教育简单化，等等。因而在教育中多是讲些零散琐碎的小道理，再加上一些口号式的要求，使教育的效果大打折扣。事实上，开展思想政治教育，小道理不能不讲，但大道理更要讲深讲透。因为大道理是管小道理的，大道理没吃透，小道理也不可能入耳入脑。为此，重要的是提高教育者的理论水平。

当前，要真正把握习近平新时代中国特色社会主义思想的科学体系和精神实质，掌握其观察、分析和解决问题的立场、观点、方法，从而提高见微知著、透过现象看本质的能力。还要善于选择教育的切入点。马克思主义博大精深，要学懂弄通，可不是一件容易的事，有些理论观点看起来简单，实际上也包含着方方面面的理论和知识。这就要求讲道理必须紧紧抓住消防救援人员关注的难点、热点和疑点问题，旁征博引马克思主义的基本原理和理论，由近及远、由浅入深、由表及里，系统地、通俗易懂地回答消防救援人员思想上的疑虑和困惑。

切实克服教育空对空的倾向，把思想政治教育建立在见人见事的基础上。当前突出的问题是思想政治教育“空、大、玄、虚”。有的讲思想政治教育，言之无物，离实践远，联系现实生活实际分析问题不够；有的教育运用的事例离基层远，离消防救援人员的思想实际远，教育对象听得云里雾里，不知所云。这种不切实际的空对空教育，消防救援人员不愿听，不爱听，效果当然不好。因此，要提高教育的效果，就必须紧密联系思想实际分析问题。首先，要联系国际国内的重大现实问题讲道理。不少消防救援人员理想信念淡化，就是因为对一些重大现实问题没搞清楚导致的。比如，在市场经济条件下，人们的价值观念已经发生了很大变化，再讲牺牲、讲奉献还有没有普遍意义；各种改革使社会矛盾越来越复杂，改革开放这条路能不能继续走下去；当前贫富差距悬殊越来越大，共同富裕的理想能否实现；等等。对这些消防救援人员关心和关注的问题，就需要联系消防救援人员的实际生活，进行具体、深入、细致、入情入理的分析，澄清思想上的模糊认识，坚定正确的理想和信念。其次，要联系消防救援人员熟悉的具体人和具体事讲理想信念，联系生活中的“反面教材”讲理想信念。通过各种反面例证，教育消防救援人员清醒地看到，这些人严重影响和败坏了党的形象和声誉，实践理想信念，必须以“反面教材”为警示，时刻牢记党的宗旨，牢记广大人民的根本利益和全心全意为人民服务的宗旨，拒腐蚀、永不沾。最后，要联系理想与现实的差别讲道理。现实生活中不如人愿的地方很多，这就有一个如何看待理想和实际的差距问题。不能把理想与实际进行简单的对接，而要紧密联系消防救援人员关心和困惑的现实生活问题，把它上升到理论层面进行透彻分析，使消防救援人员既能对现实的具体问题形成正确的认识，又能从中悟出有普遍和长远意义的基本道理。

（二）用真情感染人

教育实质上是“用一片云去推动另一片云，用一棵树去摇动另一棵树，用一个灵魂去唤醒另一个灵魂”。思想政治教育是实在的、具体的工作，不是虚无缥缈、高深莫测的套路。教育者如果不融入基层消防救援人员之中、不深入一线，而是跟着感觉备课、孤芳自赏授课，自然抓不住“活思想”、解不开“心扣子”，更谈不上达到“三真”的效果。教育者要摘下刻板说教的“面具”，转变居高临下的视角，主动走下讲台、深入一线、亲近教育对象，更多地进行面对面引导、心贴心交流、实打实帮助。这就要求教育者要倾注真心真情，紧扣教育对象的一个思想疙瘩、一句牢骚话、一件烦心事开展教育，把解决思想问题与解决实际问题结合起来，多站在消防救援人员的立场考虑问题，用实实在在的解难帮困换取他们的真心，以实际问题的解决激发消防救援人员以队为家的质朴情感。

长期以来，思想政治教育的过程被看作是教育者向受教育者施加影响的单向传输过程。一方是理所当然的教育主体，而另一方仅仅被当作消极被动的教育客体，当作“录音机”和知识的“容器”。这种认识上的误区，导致教育主体地位的错位，把二者之间平等的主体关系变成了“主从”关系。与此相适应，部分教育工作者也常常以“师长”自居，把单向的传输和说教作为教育的主要方式。这必然会抑制消防救援人员参与教育过程、培养自我道德人格的积极性和主动性。结果在思想政治教育过程中出现了上课记笔记、检查考核背笔记、过后忘笔记的现象。这种猴子掰玉米式的教育，反映了思想政治教育的低效率。由此可见，受教育者丧失主体性和主动性，缺乏参与教育过程的内在需求和动力，是思想政治教育效果不佳的重要原因之一。用真情感染人必须端正对教育对象的态度。一方面，要尊重理解。思想政治教育的过程，实际上是教育者与被教育者互为主客体的过程，即主体客体化与客体主体化的双向互动的信息交流过程。网络时代，基层管理教育难度越来越大，消防救援人员思想活跃、复杂、多维、多元和隐蔽，只有通过尊重理解教育对象，真诚沟通、平等交流，才能使消防救援人员敞开心扉，达到相互了解、增进感情，不断教育引导、帮助解决思想问题的目的。消防救援人员的主体地位，在价值判断和选择上集中表现为强烈的自主意识。随着年龄、阅历和知识的增长以及经受的市场经济洗礼，其平等意识、民主意识和参与意识日益明显地确立，因此，思想政治教育应尊重消防救援人员的主体地位，使他们在没有束缚、没有压力的状态下接受教育，形成认知和实践的自主能力；必须着眼于激发和调动消防救援人员内在的动力和积极性，让他们在平等的交流中获得信息，在坦诚的讨论中得到启迪，在独立的思考中有所提高，在共同的参与中接受教育，使他们产生自主感和责任感，从而变被动为主动，自觉地进行完善自我的教育。另一方面，要关心帮助。要结合消防救援人员“合理的”“常想的”“难办的”，把思想政治教育做到实处。由于社会发展和物质生活条件的不断提高，物质利益对消防救援人员的思想影响越来越大，消防救援人员对自己的成长进步、个人利益等问题考虑得越来越多，现在的消防救援人员入队大部分都与物质利益有直接的联系，大多是为了自身职业发展和个人前途。经济决定一切，如果他们某方面的利益需要得不到满足，往往就会引发一系列的思想问题、心理问题，最终导致各种事故的发生。因此，思想政治教育必须要与物质利益的满足，与消防救援人员合理的需求、常常想的问题、难以办到的事情挂钩，才能做到有的放矢，才算把思想政治教育做到了实处。当然，在思想政治教育的过程中，我们要防止两种倾向：一种是过分地强调物质利益的决定作用，搞物质万能，这就会使思想政治教育陷入庸俗的格调，使队伍建设迷失方向；另一种是片面强调思想引导的能动作用，搞精神万能，这样思想政治教育就会失去载体，就会失去说服力，使思想政治工作成为“空口号”。在思想政治教育的过程中，我们要在运用物质利益原则的基础上，始终贯穿思想引导，切实把思想引导与利益驱动辩证统一起来。

（三）用真实打动人

教育者不仅是教育的组织实施者，本身也是受教育者，先塑造好自己再教育别人，才会得到消防救援人员的尊重与信任。政工干部进行思想政治教育不仅要靠真理的力量，也要靠人格的力量，而且更多的是靠人格的力量。“说一套、做一套”“人前人后不一致、台上台下不一样”的情况在一些政工干部身上存在着，思想政治教育常常只对人、不对己，使教育对象失去了对他们的尊敬和信任，一些单位还存在着处事不公、风气不正的问题，严重挫伤了消防救援人员的工作积极性和主动性。如果教育别人头头是道，自己却“超然事外”，其教育效果可想而知。以行动来宣传，是思想政治教育的魅力所在。教育者只有言行一致、表里如一，把真理力量和人格力量统一起来，把言传与身教结合起来，才能达到春风化雨的境界。“真实”还要求教育者学会去伪存真，讲真情实感的话、说真实可信的事，坚持形式服从内容、内容服从效果，少说“八股文”、少讲“四六句”，以消防救援人员认不认可、满不满意为检验标准，切实点准穴位、敲准鼓点，把“假大虚空”赶出教育领域，使教育焕发生机活力，彰显威信威力。

首先，坚持用事实说话。让消防救援人员在掌握科学的理论和分析方法的基础上，通过解剖现实中的客观社会现象而受到教育，从而增强政治认知能力和道德鉴别能力，达到有效教育的目的。要敢于正视现实社会中的热点问题和敏感问题，敢于承认近些年来人们对思想教育工作的信任感、认同感明显下降的现实，使思想政治教育贴近现实，把目光投向基层关注的重大现实问题，缩短与消防救援人员的心理距离。在对现实问题进行理论分析时，既要注意和党中央保持高度一致，引导消防救援人员从正面认识和理解问题，又要敢于讲真话，讲经过科学分析和缜密思考的观点，不要讲空话、大话、言不由衷的话。这样，教育对象才能为你充满真理的教育所折服，教育才能成为一种具有强大影响力和穿透力的教育。

其次，坚持科学管理。要最大限度发挥好“严”“法”“情”“理”之间相辅相成、互相促进的功能，推行严之有据、严之有序、严之有度的科学管理，在“约其行”“束其心”上做工作，在“塑其身”“铸其魂”上下功夫。要坚持以人为本，尊重消防救援人员的基本需求，培养他们的能力素质，发挥他们的能动作用，鼓励他们的参与意识，使其置身于管理者的角度审辨问题，重视他们的正当利益和合理需求，解决好消防救援人员的实际问题，努力营造理解人、关心人、塑造人的氛围，建立和谐互动的管理沟通关系，以育促管，管育渗透，实现管理教育工作的理性化、规范化和标准化。

最后，坚持以身作则。基层政工干部要正确认识责任，培养强烈的事业心和责任感，要深刻明白最有说服力的教育不是讲出来的，而是做出来的，平时的工作中要以身作则，关键时刻要冲在前面，敏感问题上要坚持原则，要敢于叫出“看我的、跟我上”的口号，在平时的工作、学习、生活中作出表率，切实树立起自身良好的形象，让消防救援人员真正信服你，才能使教育真正有说服力。

习题

1. 如何理解思想政治教育的地位和作用?
2. 思想政治教育的时代性主要体现在哪些方面?
3. 政治指导员如何提升思想政治教育的感召力?

第三章 消防基层经常性思想工作

经常性思想工作是针对消防救援人员现实思想随时进行的教育疏导工作。它与基层思想政治教育相互联系和补充，对于巩固、深化思想政治教育的效果，帮助消防救援人员正确理解和执行党的路线方针政策，形成正确的世界观和人生观，化解日常工作生活中的矛盾，稳定遇到突发情况和重大转折时的情绪，以及抵制各种错误思想的侵蚀和影响，防范各种不良倾向发生，培养消防救援人员永远做党和人民的忠诚卫士，都具有重要作用。

第一节 经常性思想工作的内涵和特点

经常性思想工作，是队伍基层经常性基础性工作的一个重要组成部分，是国家综合性消防救援队伍政治工作的一项重要内容。

一、经常性思想工作的内涵

所谓经常性思想工作是针对消防救援人员在日常工作和生活中的具体思想问题，随时随地地进行教育疏导工作。《国家综合性消防救援队伍基层建设纲要（试行）》指出："做好经常性思想工作。经常分析消防救援人员现实思想，对问题苗头科学预判、及时发现、准确掌握、正确处理。坚持以表扬为主，用真理说服人、用真情感染人、用真实打动人。尊重消防救援人员合法权益和合理需求，坚持经常性思想工作、心理工作和排忧解难'三结合'，主动帮助解决实际困难和问题。健全思想、心理、安全、网络等工作骨干队伍，培养'理论辅导员、宣传报道员、心理疏导员、安全督导员、网络管理员'，提高知情、说理、疏导、解难能力。开展群众性谈心和'三互'（互学、互帮、互教）、'三帮一带'（帮思想进步、帮技能提高、帮身心健康、带优良作风）活动，做好个别人员的滚动排查和教育转化工作。"

我们学习经常性思想工作，首先要对思想政治工作的内涵有所了解。思想政治工作，就是融政策激励、思想灌输、条令规范、榜样引导、管理养成、环境熏陶、福利调节等作用为一体，汇集社会、家庭、队伍合力，实行综合治理，获得综合思想效能的工作。它是保证消防救援人员实现对党忠诚、纪律严明、赴汤蹈火、竭诚为民总要求的根本途径，是保证党对消防救援队伍绝对领导，保证队伍高度集中统一，保证消防救援人员永远做党和人民忠诚卫士的需要，是把队伍建设成为锻炼人、培养人、教育人的大熔炉、大学校的任务要求。经常性思想工作，就是针对消防救援人员的各种现实思想问题，随时随地进行的教育疏导工作。它的基本任务是着重解决消防救援人员在日常生活中出现的各种现实思想问题和带倾向性问题，帮助消防救援人员懂得怎样学习、怎样生活、怎样工作、怎样做人，提高识别和抵制资产阶级腐朽思想的能力，防止和克服各种不良倾向，树立正确的世界观、人生观和价值观。

二、经常性思想工作的特点

经常性思想工作是国家综合性消防救援队伍思想工作的重要组成部分，是基层政治工作最普遍、最现实、最具体的有效手段。但从实际情况看，经常性思想工作又最容易缩水、打折扣。经常性思想工作应具备以下特点。

（一）针对性

经常性思想工作侧重一人一事、一事一议，所采取的形式、方法、内容等因人而异、因事而异，没有一个人人适用的“万能灵药”，也没有一个事事能用的“普遍套路”，对一个人、一件事有效的，不一定对另一个人、另一件事同样有效。把握经常性思想工作的针对性，就要具体问题具体分析，注意一把钥匙开一把锁，防止眉毛胡子一把抓。

（二）随机性

人的思想受到很多因素影响，经常处于动态变化之中，可能因为领导的一句批评、队友的一句玩笑、家人的一句抱怨等，就会出现大幅波动。经常性思想工作也相应呈现这种随机性，随时随地可能需要开展，没有特别精确的规律。把握经常性思想工作的随机性，就要经常同所属人员谈心交流，实时掌握消防救援人员思想动态和真实想法，防止教育找不到点、把不准脉。

（三）多样性

经常性思想工作的针对性和随机性，决定其方法手段的多样性。谈心交心、个别教育、日常学习，是经常性思想工作；依托各类会议和集会等谈形势、讲道理、提要求，是经常性思想工作；消防救援人员之间交流思想、探讨问题，也是经常性思想工作。把握经常性思想工作的多样性，就要坚持不拘一格、效果为上，凡是可以促进消防救援人员思想有益转化的办法都可以尝试，防止把经常性思想工作机械化、简单化、套路化。

（四）时效性

许多违纪违法问题和事故案件实际上早有征兆，往往是因为没有及时介入和化解，才导致小问题演变成大问题。经常性思想工作贴近消防救援人员、贴近实际，是预防违纪违法问题和事故案件极为重要的一个环节，也具备以最快速度直达一线、灵活处置矛盾问题的先天优势。把握经常性思想工作的时效性，就要及时回应消防救援人员关切的需要在规定时限内解决的问题，按时解决并第一时间回复有关人员，绝不能一味“先等一下”“看看再说”，防止事态失控恶化。

（五）群众性

经常性思想工作既要求各基层党组织、领导干部和思想骨干来抓来做，也需要全体同志人人参与、人人来做。领导同事、亲朋好友三言两语暖心的话、三两分钟真诚的交流，就可能使长期郁结的心情豁然开朗，在面临困境时做出更加理智的选择。把握经常性思想工作的群众性，就要相信群众、依靠群众，坚持走群众路线，把本单位建设成为人人为我、我为人人的团结和谐的集体，防止事不关己、高高挂起。

（六）反复性

对于一些顽固复杂的问题，经常性思想工作往往难以一蹴而就、立竿见影，需要反复做工作，甚至可能持续较长时间，才能达到逐步转化当事人思想的目的，任何只追求眼前效益而不顾最终成效的做法都是不可取的。把握经常性思想工作的反复性，就要有滴水穿石的耐心、润物无声的细腻，坚持步步为营、久久为功，防止运动式、突击式的倾向。

（七）融合性

经常性思想工作不是孤立的专项任务，它渗透到基层各项建设和工作之中，同经常性管理工作、经常性心理工作等紧密联系，你中有我，我中有你，密不可分。把握经常性思想工作的融合性，就要坚持多管齐下，综合施策，把思想工作和其他工作紧密结合、融会贯通起来，防止一味就事论事，搞纸上谈兵。

经常性思想工作是队伍的一项优良传统，做好此项工作关键是要因地制宜抓好落实，以制度规定刚性落实，保证经常性思想工作实效。

第二节　经常性思想工作的方针和原则

经常性思想工作是队伍基层思想工作的一个重要内容，主要包括经常性思想教育、一人一事思想工作和个别人转化工作，是队伍政治工作的优良传统，渗透于队伍遂行防火灭火、应急救援、行政管理、训练工作和日常生活之中，具有很强的及时性、针对性和群众性。

一、经常性思想工作的方针

在队伍大量的基层经常性思想工作实践中，创造积累了一系列宝贵的工作经验，形成了经常性思想工作的方针。这些方针反映了经常性思想工作的特点规律，是新形势下做好基层经常性思想工作的重要遵循。

经常性思想工作必须贯彻疏导方针。疏导方针包括疏通和引导两个方面。疏通，就是充分发扬民主，创造条件，广开言路，帮助消防救援人员疏通思想、理顺情绪、化解矛盾；引导，就是通过有针对性地摆事实、讲道理来进行说服教育，循循善诱，因势利导，积极把消防救援人员的思想和行为引导到正确轨道上来。疏通和引导是辩证统一的。疏通是引导的前提，是为了正确的引导；引导是疏通的目的，是对疏通的深化。只有在疏通中引导，在引导中疏通，有疏有导，疏导结合，经常性思想工作才能收到良好效果。

（一）贯彻疏导方针的必要性

首先，贯彻疏导方针符合人们思想形成和发展变化的基本规律。人们的各种思想认识问题都是客观世界在头脑中的反映。由于消防救援人员的认知水平、思想觉悟和思维方式存在差异，同样的客观现实在消防救援人员头脑中产生的思想反映也有差异，可能产生各种各样的思想问题。这些思想问题一旦形成，就成了不以教育者主观意志为转移的客观存在，具有相对独立性，单纯靠压、靠堵、靠任何外在的强制性力量都无法从根本上消除它，只能用说理的方法引导其通过自身的矛盾运动来解决；就必然通过一定言行表现出来，具有可传递性，只能靠说服教育和积极创造条件，让消防救援人员通过正当途径和方式把思想表达出来，从而掌握他们的思想脉搏，有针对性地加以教育引导，达到有效解决思想问题的目的。

其次，贯彻疏导方针符合正确处理人民内部矛盾的基本要求。毛泽东指出："凡属于思想性质的问题，凡属于人民内部的争论问题，只能用民主的方法去解决，只能用讨论的方法、批评的方法、说服教育的方法去解决，而不能用强制的、压服的方法去解决。"①经常性思想工作的对象主要是广大消防救援人员，解决的是属于人民内部性质的各种思想矛盾，只有坚持积极化解、正面疏导，才能从根本上解决思想问题，有效防止矛盾激化、复杂化。

最后，贯彻疏导方针符合尊重消防救援人员主体地位的基本理念。经常性思想工作的主体和对象是基层消防救援人员，只有发动消防救援人员一起来做，充分尊重消防救援人员的人格尊严、思维独立和正确意见，通过民主的方法使消防救援人员自己认识真理、自己教育自己，才能充分调动广大消防救援人员的积极性、主动性、创造性，使他们辨明是非利害，深化认识、改变观念，自觉克服和纠正各种思想认识问题。

（二）正确贯彻疏导方针应处理好三个关系

一是处理好与开展积极思想斗争的关系。疏导不是不要积极的思想斗争。开展积极的思想斗争，就是要通过弄清事实、澄清是非、晓以利害，严肃批评错误思想和不良倾向，扶正祛邪，指明正确的思想和行为方向；就是要注意发现和调动消防救援人员自身内在的积极因素，引导其自觉主动地用积极因素去克服消极因素，用正确思想去克服错误思想。因此，正确地开展批评和积极的思想斗争，实际上就是一种引导，只有把疏导同开展积极的思想斗争有机统一起来，才是全面正确地贯彻疏导方针。

二是处理好与严格执行法规制度的关系。贯彻疏导方针与严格执行法规制度并不矛盾。法规制度对某些不良行为具有限制、堵塞和防范作用，可以有力抵御西方敌对势力在意识形态领域的渗透和破坏，有效阻断腐朽思想文化在队伍传播的渠道，这本身就是约束和引导消防救援人员的思想沿着正确方向发展变化的一种措施。严厉惩处违法违纪行为，

① 毛泽东文集：第7卷［M］. 北京：人民出版社，1999：209.

能够产生一定的警示效应，最大限度地避免将违法违纪的思想演化为违法违纪行为，这本身就是利用反面教材的作用对消防救援人员进行教育引导。因此只有把坚持教育疏导与严格执行法规制度有机结合起来，才能让消防救援人员真正从思想上认清违法乱纪行为的危害。

三是处理好与进行理论灌输的关系。贯彻疏导方针与进行理论灌输在本质上是一致的。只有通过理论灌输，帮助消防救援人员掌握科学的立场、观点和方法，提高辨明是非、善恶、美丑的能力，才能使消防救援人员的思想和行为保持正确的方向；通过疏导启发，努力把消防救援人员自身具有的正确见解和创造性思想火花诱发出来，并及时分析和予以肯定，引导其升华到科学的理性认识层次，从而达到帮助消防救援人员提高思想觉悟和认识能力的目的。因此，贯彻疏导方针必须把加强科学理论灌输作为着力点，在帮助消防救援人员树立正确的世界观、提高思维能力上下功夫。

二、经常性思想工作的原则

经常性思想工作的原则，是开展经常性思想工作的准绳，它反映了经常性思想工作的内在规律，是贯彻疏导方针、开展经常性思想工作的基本遵循。

（一）坚持思想教育、人文关怀、心理疏导相结合

经常性思想工作说到底是做人的工作，而人是有思想、有感情、有需求的，渴望人文关怀，需要尊重、理解和关心。所谓尊重，就是要平等待人，尊重每个消防救援人员的人格和权利；所谓理解，就是要理解每个消防救援人员的具体处境和个性，承认他们不同的性格、爱好和兴趣；所谓关心，就是要知道消防救援人员的所思、所想、所需，满腔热情地为他们排忧解难。因此，只有把思想教育人文关怀、心理疏导有机结合起来，才能与消防救援人员形成思想、情感和心理上的共鸣，经常性思想工作也才能取得最佳效益。贯彻这一原则，首先，要端正对消防救援人员的根本态度。自觉树立以人为本的观念，充分尊重消防救援人员的主体地位和人格尊严，满足消防救援人员合理的物质要求、文化需求和精神追求，建设完善充实的物质生活条件，营造健康愉快的感情生活空间。其次，要维护消防救援人员的心理健康。经常了解消防救援人员的情绪反应和性格特征，全面掌握消防救援人员心理状况，善于发现心理问题和困惑，注重搞好心理教育和心理训练，及时开展心理咨询和疏导，帮助消防救援人员提高心理认知水平和自我调控能力。最后，要关注消防救援人员的成长进步。不仅要关心他们的工作、训练和生活，还要关心他们的学习、兴趣、爱好与成才；不仅要关心他们当前工作的完成，更要关心他们综合素质的全面提高和今后的发展，促进消防救援人员自我价值的实现。

（二）坚持解决思想问题与解决实际问题相结合

思想问题是消防救援人员个体认知水平、思想觉悟和思维方式方法的综合反映，实际问题是消防救援人员在完成作战、训练等任务和日常生活中，遇到的各种现实矛盾和问题。实践表明，消防救援人员的思想问题和实际问题往往相互影响、相互渗透，特别是随

着社会环境、家庭环境、队伍环境不断变化和消防员成分的多样化、复杂化，消防救援人员思想活动的独立性、选择性、多变性、差异性显著增强，社会经济因素以及人们对实际利益的关注已经成为影响和制约消防救援人员思想的重要方面，消防救援人员中出现的思想问题大多是由利益因素和实际问题引起的。因此，经常性思想工作要做到有力、有效，就必须把解决思想问题与解决实际问题有机结合起来。贯彻这一原则，一方面，要深入调查、弄清问题。在做工作之前，必须调查分析工作对象思想问题是实际问题引发的还是认识问题导致的，切实找准问题的症结所在。另一方面，要区别情况、正确解决。思想问题是在感性认识的基础上，通过思维而产生的理性认识偏差，解决办法要靠理性说服和教育引导，使消防救援人员提高思想觉悟和认识水平。对于因实际问题而产生的思想问题，要把消防救援人员放在心上，满腔热忱地解决实际困难，增强消防救援人员获得感和归属感，以促进思想问题的解决。实际工作中还要注重防止两种倾向，既要防止和克服用解决思想问题掩盖或回避解决实际问题的倾向，又要防止和克服用解决实际问题代替解决思想问题的倾向。

（三）坚持言教与身教相结合

言教，就是用科学真理去教育启迪广大消防救援人员，达到以理服人；身教，是指教育者要为人表率，以自己的模范行为和人格力量去带动和感染广大消防救援人员。带兵很重要的就是带风气，要树起好形象，立起好样子。消防救援人员不仅看你怎么说，而更看你怎么做，决不能当“两面人”、做“两面事”，要把真理力量和人格力量统一起来。言教与身教相结合，说到底就是言行一致，不仅说的要让消防救援人员信服，而且做的要让消防救援人员佩服。贯彻这一原则，一方面，要善于用说服教育的方法晓之以理，努力提高思想理论水平，提高语言表达能力，掌握说理方法艺术，以真诚的态度、恳切的交谈、深刻的道理打动消防救援人员，让人心悦诚服。另一方面，要真正为消防救援人员树立起良好的形象，凡是要求别人做到的自己首先做到，凡是要求别人不做的自己坚决不做。在实践中，切实增强自己的人格力量，提升自己的人格形象，立起德高行正的样子。只有这样，说话才有力量，讲理才能服人。

（四）坚持经常性思想工作与经常性管理工作相结合

坚持经常性思想工作与经常性管理工作，都是做人的工作。经常性思想工作是通过说服教育提高消防救援人员的思想觉悟，重在启发自觉；经常性管理工作是通过行政手段规范消防救援人员行为，重在纪律和制度约束。这两项工作紧密相连、相辅相成，相互依存、相互促进。管理之中有思想教育，思想工作之中也有管理工作。只有把二者有机结合，才能形成合力，提高经常性思想工作的整体效益。贯彻这一原则，一是要在组织领导上形成合力，党支部要把两项工作融为一体，统一计划、统一部署、统一抓好落实，检查分析经常性思想工作要看经常性管理工作做得如何，检查分析经常性管理工作也要看经常性思想工作保证得怎样，“一班人”要有“一盘棋”的思想，相互协调、密切配合、协力抓好两个经常性工作。二是要在具体工作中注重结合渗透，始终把“两个经常”紧密结合在一起，并自觉渗透到以战备训练为中心的各项工作中，充分发挥经常性思想工作的教育疏导作用和经常性管理工作的约束规范作用。三是解决问题时要注重双管齐下，对单位出现的各种问题，要注意从两个方面进行综合治理，坚持一手抓管理、一手抓思想工作，两手都要硬、不搞单打一。

（五）坚持干部骨干带头与大家一起来做相结合

经常性思想工作具有广泛的群众性，人人参与、大家来做是其最鲜明的特征，既需要干部骨干自觉发挥主观能动性，也需要号召广大群众自觉参与其中。只有这样，才能充分调动两个积极性，形成上下齐抓共管、消防救援人员共同来做的生动局面，才能更加深入、持久、及时、有效，最大限度地提高经常性思想工作的质量水平。贯彻这一原则，一方面，干部骨干要主动做、经常抓。经常性思想工作贵在经常，难在持久。经常深入群众，善于发现问题，及时解决问题，做到抓常抓细抓长，实现时间全天候、人员全覆盖。另一方面，要发动群众共同参与。个人的力量是有限的，群众的力量是无穷的。广泛发动消防救援人员在日常生活和完成工作任务中积极开展思想互助，交心通气、坦诚相待，互相帮助、共同提高。

第三节 经常性思想工作的制度和要求

经常性思想工作的各项制度，是队伍实践经验的科学总结，具有一定的规范性和强制性。经常性思想工作贵在经常，也难在经常，只有落实好这些制度，才能使经常性思想工作减少随意性，形成一种正常、稳定的工作秩序，做到常态化。因此，为保证经常性思想工作落到实处，必须建立健全和认真坚持各项基本制度。

一、经常性思想工作的制度

（一）思想汇报制度

利用党团组织生活会、班务会等，定期组织消防救援人员汇报思想、工作和生活情况。遇有特殊情况及时组织汇报。重视抓好长期单独在外人员思想汇报，每月不少于一次。汇报思想工作时，应当面指出存在的问题，对事对人进行表扬与批评。

（二）思想情况分析制度

支队级单位每季度，大队、中队（站）每月进行一次思想情况分析，重点分析需要关注和解决的倾向性问题及个别人思想情况，并向上级作出报告。遇有形势变化、任务转换、人员变动、执行重大任务等情况，应及时搞好思想调查分析。

（三）谈心制度

指挥员与战斗员之间、上下级之间要经常开展谈心活动，交流思想，增进感情，密切关系。谈心可随时进行，通常情况下，支队领导每半年同大队、中队（站）主官至少谈一次心，大队领导每季度同所属分队以上干部至少谈一次心，中队（站）干部骨干要经常与各级消防员谈心交心。在此基础上，还应建立班长谈心汇报制度和与心理医生交谈制度。首先，班长作为一班之长，在平日的工作生活是与本班消防救援人员贴得最近、生活联系最紧的人。班长应该及时了解本班人员思想情况，知道人员的脾气性格，制定符合个人的心理疏导方案。在平日的生活中多多观察本班成员，一旦发现有突然吃饭吃不下、在班里睡觉经常辗转反侧难以入眠的消防救援人员，班长应该及时上报队站主官，并引导消防救援人员把心事说出来，制订解决方案，让消防救援人员确切地感受到组织的关怀。执行与心理医生进行沟通制度。有些消防救援人员心里有事不敢或者不愿意与战友、领导说，为了防止出现心理问题就需要心理医生介入，在陌生人面前更能吐露心声，在专业的心理疏导工作下更能治愈消防救援人员心理问题。因此，当消防救援人员遇有工作失误、家庭变故，以及与队友发生矛盾等情况，应及时谈心。谈心要平等交流、推心置腹、讲究方法，并注意保护隐私。

（四）思想工作骨干培训制度

中队（站）要建立和保持一支政治素质好、模范作用强、具有一定沟通能力的思想工作骨干队伍，一般由党小组长和党员发展对象组成。大队或支队每半年组织一次思想工作骨干培训，中队（站）结合日常工作搞好经常性培训帮带。中队（站）党支部分析思想形势，可吸收思想工作骨干参加。

（五）检查讲评制度

大队、中队（站）每月结合按纲建队形势分析进行检查讲评；支队结合年终、半年工作考评、考察帮建，对经常性思想工作情况进行检查讲评；各级要结合落实“四句话方针”要求，培养对党忠诚、纪律严明、赴汤蹈火、竭诚为民的新时代消防人。消防救援人员的活动要经常分析检查，促进经常性思想工作落实。

二、经常性思想工作的要求

经常性思想工作在实施过程中，一般包括思想情况的科学预判、思想情况的及时发现、思想情况的准确掌握和思想问题的正确处理四项要求。

（一）科学预判

科学预判就是在一件事发生前预判事情的发展走势，将问题隐患排查完毕，这是做好经常性思想工作的必要手段。想要预判准，想的、看的、思考的就一定要比别人多，要清楚地把握每个人的思想动态，工作、生活、家庭、情感等各方面的异常，这些都可能是内心矛盾的显露，基层干部应做思想工作的有心人，通过观察这些细微的变化，及时发现思想问题的苗头，及时预判。首先，根据人员近期的精神面貌和工作状态进行预判，是否存在萎靡不振和精神恍惚；其次，定期检查手机内容，是否存在借贷赌博的软件；最后，跟进了解是否存在消防救援人员之间借款的情况，根据所在班班长或者周边队友及时进行了解，做到把问题扼杀在摇篮里，做到灭早灭小。

（二）及时发现

及时发现就是当思想问题还处于萌芽状态或刚刚出现时，就能及时了解、掌握它。这是做好经常性思想工作的前提。由于人的思想具有内隐性的特点，有了思想问题，虽然总会通过言谈举止所表露，但并非都能迅速、直接、鲜明地表现出来。因此，要及时发现，必须从以下三个方面下功夫：一是用心熟悉基本情况。要通过查阅档案、个别交谈、询问同乡好友等多种渠道，深入调查了解，对所属人员的基本情况做到了如指掌。要熟知个人简历、家庭情况、爱好特长、性格气质、身体状况、生活习惯、婚恋情况和人际关系等。二是留心观察细微变化。消防救援人员的思想变化都有端倪可察，有征兆可寻。他们的言谈举止、饮食睡眠、习惯爱好、着装仪表、脾气情绪、工作表现等方面的异常，都可能是内心矛盾的显露。基层干部应做部属的知心人、思想工作的有心人，通过观察这些细微变化，及时发现思想问题的苗头。三是潜心摸索内在规律。思想活动与变化是有规律可循的。形势的发展、重大政策的实施、任务的转换、环境的变化、家庭的变故、个人境况的改变及期望的受挫等，都会给消防救援人员的思想带来影响，引起某些变化。不同成分背景、不同家庭、不同岗位、不同年度入队的消防救援人员，其关注点往往不一样，引发的思想问题也不同。对这些情况，要勤了解、勤思考、勤研究、勤总结，在实践中不断积累经验，依据消防救援人员思想活动与变化的一般规律，努力把握其具体的内在规律，从而对消防救援人员的现实思想问题，做到早预测、早发现，把工作做在前头，把问题解决在萌芽之中。

（三）准确掌握

准确掌握就是对已经发现的问题，进一步弄清其性质、程度及产生的原因。这是做好经常性思想工作的关键。我们发现和了解到的情况，大多是消防救援人员外在的言行表现，如果没有科学的分析，只停留在对表面现象的认识上，就不能把握其内在的思想实质，甚至会作出错误的判断。要做到准确掌握，科学分析判断，应从三个方面来把握。首先，要对问题的性质进行分析和认定，着重分清是实际问题还是思想问题，是心理问题还是觉悟问题，是认识问题还是意识问题，是无意差错还是故意所为。其次，要对思想问题的程度及可能产生的影响进行量的分析和认定。最后，要对思想问题产生的原因进行分析和判断，以便“对症下药”，有针对性地解决问题。对思想问题的性质、程度和原因进行分析研究，必须遵循唯物辩证法的科学方法。要以客观事实为依据，力戒主观随意性；要进行全面分析，力戒片面性；要善于透过现象看本质，防止表面性；要善于分清主次，抓住关键。

（四）正确处理

正确处理是在准确掌握、确实弄清的基础上，恰如其分地加以处理，使思想问题得以消除。这是及时发现、准确掌握的目的，是做好经常性思想工作的落脚点。要正确处理问题，首先，必须端正对工作对象的根本态度。这就要求思想工作者必须把自己摆到与工作对象平等的位置上，从帮助人的良好愿望出发，一片诚心，满腔热情。其次，要讲究方法，耐心细致地摆事实、讲道理，循循善诱，因势利导；因人而异，因事而异，具体问题具体对待，切实做到“一把钥匙开一把锁”。再次，要坚持经常性思想工作的原则性、战斗性，敢于坚持真理、纠正错误，对消极错误的思想情绪不迎合迁就。最后，在经常性思想工作中，解决实际问题要严格按政策规定办事，坚持原则，一视同仁，不分亲疏，防止用感情代替政策、用人情代替党性。

科学预判、及时发现、准确掌握、正确处理这四个主要环节都很重要，每个环节都要认真细致做好工作。科学预判和及时发现是前提，强调一个“早”字；准确掌握是关键，强调一个“准”字；正确处理是落脚点，强调一个“稳”字。

第四节　经常性思想工作的方式方法

开展经常性思想工作，要根据不同对象、不同问题、不同时机，从实际效果出发，采取灵活多样的方式方法。由于经常性思想工作和思想政治教育都属于思想工作范畴，在形式和方法上有许多相同和相通的地方，在政治教育的形式方法中已经论述过的，这里不再重复论述。结合消防政治工作的优良传统，总结改革转隶前后创造的新鲜经验，基层经常性思想工作主要有以下形式和方法。

一、经常性思想工作的基本方法

（一）随机教育

随机教育是指在执行各项重大安保任务和日常生活中利用当时当地特定的环境和气氛，开展简短有力的宣传鼓动，采取一事一议、表扬先进等灵活多样的形式，因势利导地进行的教育。随机教育，重在随机，贵在及时，要善于抓住各种有利时机和场合及时进行。要针对一些好人好事和不良倾向，就事论理，帮助消防救援人员从眼前的、身边的点点滴滴小事中，分清好坏是非，领悟如何处世、怎样做人的真谛。无论是政治干部，还是行政、后勤、技术干部，都应有随机教育的意识，同时还要把思想骨干组织起来，形成人人抓思想、随时随地搞教育的生动局面。运用随机教育的方法，应注意以下几点：一是找准问题，增强针对性。要留心观察消防救援人员的思想变化，善于以小见大。比如起床看动作、吃饭看饭量、训练看精神、干活看劲头等，把准消防救援人员思想脉搏，有针对性地做好工作。二是就事论理，增强实效性。要抓住消防救援人员在工作、学习、生活和战备训练中表现出的某些言行，随时随地进行疏导，晓以利害，以事明理。三是抓住时机，增强及时性。人的思想是一个动态和发展变化的过程，常常因情况变化而变化。比如形势变化、政策调整、任务转换、个人理想前途受挫、家庭遇到实际困难等，都会引发现实思想问题。必须善于捕捉这些时机，主动地进行思想教育，及时化解矛盾，这样才能避免问题越积越多，及时妥善做好工作。

（二）个别谈心

个别谈心集了解情况、灌输道理和密切感情于一体，是基层干部特别是政治干部必须努力掌握的一门艺术。搞好个别谈心，需要注意以下几点：一是要心诚。谈心是一种平等的思想交流，只有以真诚的态度去以心换心，才能谈得拢、谈得开、谈得深，谈出效果来。谈心如果没有真诚的态度，不是对交谈对象坦诚相待，而是搞虚情假意，不仅收不到好效果，而且还会引起交谈对象的反感情绪和逆反心理，带来长时间的负面效应。二是要及时。个别谈心贵在及时，不能放“马后炮”。在消防救援人员最需要引导、帮助和理解的时候，如岗位轮换、家人病故、婚恋受挫、患病伤残、同志间发生矛盾等情况下都要及时谈心，疏通思想。三是要讲究艺术。根据不同的对象、不同的问题，选择不同的时机，采取不同的方式方法和语言艺术。例如，对情绪比较平和，听得进别人意见的，可立即交谈；对情绪比较激动，火气正旺的，可作“冷处理”，待其情绪平稳下来再谈。再如，对有一般性错误缺点的，可开门见山，严肃地指出问题；对因家庭、工作、生活中遇到的困难和矛盾，一时情绪低落的，可采取拉家常方式，边聊边询问，耐心开导；对性格开朗的，可以多用坦率的语言，直话直说；对性格内向、虚荣心强的，就要用婉转的语言，循循善诱。当然，谈心的形式不能再局限于以前的模式，方法也要多变。随着时代的发展，消防救援人员思想上的问题在不断地变化更新，我们的方法也要与时俱进，根据现在多发的问题，比如网恋、借贷、赌博等，针对各项要有相应的发现处理措施。

（三）“三互”活动

“三互”活动就是消防救援人员之间开展互学、互帮、互教活动。它是对班、分队和党团小组等组织功能的补充，是思想骨干开展工作的拓展和延伸，是群众性自我教育、自我管理的有效形式。要充分认识开展以思想互助为主要内容的群众性互学、互帮、互教活动的重大意义，坚持把“三互”活动作为加强经常性思想工作的有效抓手。一是全员参与，科学编组。开展“三互”活动要求本单位所有人员全部参加，特别是针对学习集训、休假住院、执行任务等特殊情况和辖区各个小型消防站分散的特点，把各类人员纳入活动范围。编组要求：每组3～4人，原则上不打乱班、分队建制，按照地域分开、新老结合、强弱搭配和性格互补的要求，科学编配小组成员。二是结合渗透，紧贴实际。开展“三互”活动必须结合渗透到基层经常性工作任务中去，不搞“单打一”和“两张皮”，使“三互”活动植根于基层工作的基本实践，贯穿到每天工作生活的全过程，特别是在消防救援人员容易发生问题的重点时机，要把问题想在先，把工作做在前。三是制度完善，活动经常。开展“三互”活动必须健全制度，才能纳入制度化轨道，保证活动经常。建立培训制度，解决不懂不会和提高活动质量问题；建立谈心制度，准确把握小组成员的现实思想；建立汇报制度，“三互”小组长每周向班长汇报一次本小组成员的思想和开展活动情况，班长每半月向分队长汇报一次本班开展活动情况，分队长及时向中队（站）领导和党支部汇报；建立讲评制度，中队（站）每月对开展“三互”活动情况进行一次分析讲评，及时总结典型，推广经验，表彰先进。

开展好互学、互帮、互教活动，还要做到端正思想。现在很多人都是想着比上不足，比下有余就行，要转变心态，积极参与各项任务，努力学习各项技能。还有就是要有钻研的精神，遇到困难要勇敢面对，中队（站）是个集体，要学会集思广益，人多力量大。再一个就是虚心学习，不要骄傲自满，学无止境，天外有天，人外有人，要把我们的长处发挥出去，做好传帮带。

（四）表扬批评

表扬是对正确的思想和行为的一种肯定、支持和宣扬。正确运用表扬的方法，一是要把握方向，注重思想性。通过表扬一个人或一件事，达到弘扬正气，鼓舞士气，调动积极因素的目的，形成一种健康向上的导向。二是要实事求是，不掺假，不拔高，注重事实，掌握分寸。三是重事迹，不分亲疏，不搞平衡照顾。那种“有赏大家分，表扬大家沾”的做法必须防止和克服。四是要掌握时机。如在执行重要任务前进行表扬，可以起到动员的作用；执行任务中遇到困难时进行表扬，可以激励消防救援人员战胜困难和完成任务的决心。批评是对错误的思想和行为的否定、抑制。运用批评的方法，要把握四点：一是要弄清事实。当事者是不是错了，错在什么地方，该不该批评，批评到什么程度，完全取决于事实本身。捕风捉影的批评、添油加醋的批评和主观臆断的批评，都会适得其反，甚至激化矛盾。二是要与人为善。批评的目的是分清是非，团结帮助同志，不能简单粗暴，更不能挟私报复，故意整人。三是要注意场合，把握分寸。批评要根据问题的性质、影响范围以及被批评者的个性特点，选择适当时机、场合和方式。四是要做好善后工作。启发被批评者自觉进行自我批评，自己教育自己，增强克服缺点、改正错误的信心和勇气，防止背上思想包袱。

（五）寓教于乐

寓教于乐就是把思想教育寓于消防救援人员喜闻乐见的文化娱乐活动之中，通过各种文学艺术形象和其他娱乐性活动，达到《国家综合性消防救援队伍基层建设纲要（试行）》提出的“队列集会有歌声，周末假日有活动，重大节日有晚会，每月体育有比赛”的要求，在潜移默化中理解真理，接受教育，陶冶情操，激励斗志。与说理性教育互为补充，相得益彰。运用寓教于乐的方法，关键是正确认识和处理教与乐的关系。既要注意把正确的、健康的思想内容渗透到各种娱乐活动中去，又要防止把一切形象化教育和娱乐活动，都贴上政治的标签，硬塞进生硬的口号式的说教。只要对消防救援人员的身心有益，能使大家得到正常的休息和娱乐，增进了解和友谊，增长知识，开阔视野，调节情绪的活动，都应予以支持和组织。这样做了，就能使消防救援人员在紧张的工作之余，得到情趣高尚的精神享受，并以此来抵制和反对那些不健康的和低级趣味的东西，起到潜移默化的教育作用。运用寓教于乐的方法，重点是加强指导，帮助消防救援人员提高鉴赏能力。为此，应有计划地对消防救援人员进行美学常识教育，帮助大家了解什么是美，什么是丑，怎样鉴别美与丑。要及时为消防救援人员提供优秀的精神食粮和良好的活动环境，开展丰富多彩的、有益身心健康的活动。对那些不健康或淫秽的东西，要进行坚决的抵制和批判。基层中队（站）应结合自身情况，在干好日常工作的前提下，要多多开展文体活动，且要丰富种类，提高消防救援人员的业余生活质量。同时可以融入中国传统文化，组建兴趣小组、社团等，每周统一组织开展。需要注意的是，开展活动不能太过于做硬性要求，要结合阶段工作量和工作安排情况及每个中队（站）的不同工作量、任务量情况适时适度安排。例如，有的中队（站）一年出警量达1000～2000次之多，在任务繁重执行长时间作战任务后，应以休息为主，活动为辅，即使有节假日，也是同样不能任消防救援人员处于疲劳状态下开展活动，若陷入疲劳应付状态，反而会适得其反。

（六）心理疏导

心理疏导从思想政治工作角度来讲，它体现的是科学发展和以人为本的精神理念。心理疏导的过程，就是不断消除内心不和谐的因素，有效增加内心和谐，最大限度创造和谐心理的过程。“疏导”不仅建立在对对象的尊重上，而且贴近对象的实际需求。基层消防救援人员产生的一些不良情绪，如激愤、冲动、烦恼、委屈等情绪，既是思想问题，又可能有心理原因。要消除这些不良情绪，既要进行思想教育，又要注重人文关怀，搞好心理服务工作。这里主要指通过心理疏导来消除不良情绪，增进消防救援人员身心健康。心理疏导的方法有很多，主要有以下几种：一是宣泄疏导法。就是创造一定条件，让受到挫折的消防救援人员把压抑的不良情绪排泄释放出来，达到心理平衡。比如，由中队（站）领导亲自出面，或发动骨干，或委托受挫消防救援人员的知心朋友及时找其谈心、聊天，让其把心中的烦恼、委曲、怨气都倾诉出来。还有就是利用中队（站）的“消防员心灵驿站”的相对独立空间，让受挫消防救援人员自己宣泄和释放等，因为只有让其把不良情绪发泄出来，恢复理智，思想教育才能产生效用。二是转移注意法。人的一定情绪的存在和保持与注意有关。当消防救援人员产生某种不良情绪时，其注意力必定会集中于某一诱发事物。如果能设法让其把关注的焦点转移到另外的事物上来，就可以使其不良情绪得以淡化，并逐步消除。比如，动员和引导当事者参加其喜爱的文娱活动，或交给一项重要、紧急的工作任务，从而创设一种更热烈、更具感染力和吸引力的情景将其注意力转移过来，使其暂时忘却烦恼，逐步消除不良情绪。三是心理补偿法。一个人在某一方面受到挫折而产生不良情绪，如果能在其他方面得到一些补偿，其受挫心理就可以趋于平衡，从而消除不良情绪。比如，当消防救援人员患病时，能及时去探视、安慰，就可以减轻其痛苦；当消防救援人员家庭或个人遭到不幸时，领导和队友们的关心、支持，就可以使其感到特别的温暖和极大的安慰。这些不同形式的补偿，都有利于消防救援人员受挫后保持心理稳定，消除不良情绪。在开展此项工作时，需要请内部专业老师或者外部咨询师、专家。因为在同一个集体中，很多同志对身边人不好意思讲一些话，基层指挥员是不能很好地开展此项工作的，也不能达到预期效果。

二、经常性思想工作的具体方法

（一）初级消防员的思想工作

初级消防员是基层建设力量的基础，他们的成分比较复杂，有的是社会青年，有的是退役士兵，有的是刚刚毕业或者在家待业的大学生等，最初入队动机相较转隶前入伍服兵役相差甚远，其中有相当部分只是把消防工作当成稳定收入的“普通工作”。他们大多数思想比较单纯，学习和工作热情较高，要求进步的欲望较强烈。在日常工作中，有过服役经历的消防员在日常工作和战斗过程中适应能力较强，但部分无服役经历的，自觉性差，服从性较弱，有的甚至暴露出“人品问题”，把正常工作中量化扣分当作是刻意报复，对表扬和批评往往很敏感，情绪容易波动。他们刚来队伍，生活环境和担负的任务都发生了很大变化，需要及时做好思想工作，为其健康成长创造良好的开端。

1. 夯实思想基础

消防员初入队，就要围绕实现由社会青年到合格消防救援人员的转变，重点着眼一人一事这个基础性工作。一人一事的思想工作不到位、不及时，对于初级消防员就可能留下思想疙瘩，埋下问题隐患。要看到，多少“没想到”的感叹，源于平时“不愿想”；多少“难捉摸”的抱怨，源于平时“不琢磨”。只有未雨绸缪地把一人一事的思想工作做深做细、做透，才能及早根除一切不利于内部和谐、队伍稳定的思想隐患。也只有这样，才能从思想上、政治上、组织上确保国家综合性消防救援队伍始终成为党绝对领导下的人民队伍，确保有效履行防范化解重大安全风险、应对处置各类灾害事故的职责使命。

2. 时常关心关爱

初级消防员普遍年纪较轻，独立生活能力相对较弱，要从衣食住行等各方面尽可能为他们创造好的条件。搞好伙食尤为关键，要讲究营养科学安全配餐。组织好课余和节假日的活动，活跃精神文化生活。发动干部、消防士同初级消防员交朋友，开展思想、生活互助，耐心教，热心帮，悉心带，使他们逐步养成集体生活的习惯。对体质弱、患病或反应较慢的新消防员，要给予必要的照顾和较多的具体帮助。对初级消防员的正当生活需求，应尽力给予满足。批评新消防员缺点和错误时，应语言诚恳、入情入理，不讽刺挖苦，不简单粗暴，保护他们的自尊心。对少数沾染了不良习气或有过失的初级消防员，应主动热情地接近他们，派专人重点帮助。

3. 坚持表扬为主

可通过查阅初级消防员档案和个别谈话等途径，挑选和确定初级消防员思想工作骨干，并组织他们进行必要的学习，要求他们在学习、训练、工作和遵守纪律等方面起模范带头作用。注意发现每位初级消防员的特长和优势，尽可能地为其展示和发挥创造条件。根据初级消防员上进心强的特点，广泛开展各种评比竞赛活动，大力表扬初级消防员中的好人好事，形成一种比学赶帮争上游的局面。还可组织新消防员中各方面表现比较突出的同志现身说法，最大限度地调动初级消防员中的一切积极因素，促使他们健康成长。

在初级消防员考学和决定走留问题上，一定要廉洁自律，坚持公道正派。着眼队伍建设需要，采取有效措施，坚决杜绝各种不正之风。对于队伍走留需要和安排与本人意愿不一致时，要耐心细致地做好思想工作，力求达到走者愉快，留者安心。

4. 注重说服劝导

说服劝导是对那些因认知偏差而导致情绪困扰或行为异常的人，进行开导、启发、规劝，帮助其纠正错误认知，恢复理性思考，进而促使情绪和行为改变的心理疏导方法。对于初级消防员来讲，影响说服劝导效果的因素主要来自以下四个方面：一是说服劝导的内容和技巧；二是说服劝导对象的个性特点和接受说服劝导时的心理状态；三是说服劝导者与说服劝导对象之间的关系；四是进行说服劝导时的环境。说服劝导时场地的选择、两人所处的位置等，也会影响说服劝导的效果。说服劝导的技巧有很多，主要有一面说理与两面说理；理性引导与情绪感染；“登门槛”与“下台阶”；认同策略与威信效应等。

（二）中级消防员思想工作

中级消防员是基层建设的中坚力量。通过日常训练和岗位实践，中级消防员对中队（站）日常各项工作已经熟悉，思想比较成熟，独立思考和分析鉴别问题的能力有了一定的提高。遇事爱发表议论，敢提不同意见。随着岗位工作时间延长，相互间在成长进步上会拉开距离，比如，有的入了党，有的立了功，有的还成为优秀班长骨干等。同时，个人的实际问题也会逐渐增多，思想上考虑的问题也比较复杂，在选取消防士（长）等问题上显得尤为突出。做好中级消防员的思想工作，要从以下四个方面努力。

1. 理想信念培育

树立远大的革命理想，筑牢信念之基，是中级消防员成长进步的精神支柱。有了崇高的理想信念，才能志存高远，心地宽广，跳出个人的小圈子，摆脱种种忧虑和烦恼，始终沿着正确的方向扬帆远航。培育坚定的理想信念，才能更好地在种种诱惑和压力面前，矢志不渝，不改初衷，始终保持革命气节和奉献精神。中级消防员是基层建设的中坚力量，应该有远大的追求和抱负，做对党忠诚、政治绝对合格的新时代消防员。要加强道德修养，树立正确的人生观、价值观和高尚的思想道德情操，正确对待名利得失，勇于牺牲奉献。要把爱队习武作为自己的执着追求，做到干一行、爱一行、专一行，积极为队伍基层做贡献。

2. 经常谈心谈话

谈心谈话是经常性思想工作的主要方法，中级消防员的选改和晋升都有比例限制，竞争非常激烈，同时还要面对走留、工作岗位调换、家庭实际困难等，每到这一时期，中级消防员思想波动大，问题较集中，思想工作更艰巨，所以要广泛开展谈心谈话，摸清每名中级消防员选改、走留的态度和原因，有什么实际困难，对组织上有什么要求等。在摸清情况后，对普遍性的思想认识问题，要早下“毛毛雨”、早打“预防针”，同时，把工作做在前面。尤其要做好选改晋升工作中“该选不愿留、想留选不上”消防员的思想工作。教育引导他们跳出个人利益的小圈子，自觉服从政策规定和队伍建设需要。

3. 关怀帮扶全程

全程全方位无死角的关怀帮扶对做好中级消防员思想工作有重大意义。首先，要尊重和信任他们，充分发挥他们的骨干作用。开展以老带新活动，组织有专长的老消防员担任战备训练、理论学习的教员或辅导员等。其次，要设身处地地为中级消防员着想，对他们的实际问题主动帮助解决，尽可能地解除其后顾之忧。家庭经济困难特别是有亲人得大病（病故）或者当年受大灾的应给予一定的补助。还有就是做到跟踪问效。解决实际困难，包括解开思想疙瘩，不可能立竿见影，要广泛发动包括干部和思想骨干在内的消防救援人员对其时时关注，处处关心，常常关爱，有始有终，形成生动团结的大好局面。

4. 奖励惩戒相结合

鼓励中级消防员保持荣誉发扬成绩。及时宣扬中级消防员的先进事迹，对那些苦练本领、爱队如家、为基层建设做出突出贡献的同志，要给予精神或物质奖励。对思想后进、工作拖拉的消防员在积极做好思想工作的同时，也要给予适当的惩戒。比如，在退出队伍教育过程中，要搞好形势政策教育、国家综合性消防救援队伍传统教育、遵纪守法教育等。教育要贴近中级消防员的思想实际，既要运用多种形式营造气氛，更要重视做好一人一事的思想工作，力求把退出队伍教育搞得生动、扎实，富有成效。思想上高度重视走留，行动上能够正确对待走留，也是对基层全面建设做贡献，应及时给予褒奖。对个别无理取闹或故意给领导出难题的，一定要坚持原则，严肃处理。

（三）高级消防员思想工作

高级消防员是基层全面建设的中流砥柱。他们经过严格的中队（站）生活锻炼和各种艰难险重救援任务的考验，思想基础好，且都有一技之长，甚至还是岗位多面手，具有一定的管理能力和独立工作能力。但随着中队（站）工作时间的延长，尤其是按照纪律部队管理的要求，除了固定节假日休息，剩下就是全天候战备，由此个人身体问题、家庭问题等就显现出来。比如，长期超负荷训练和灭火救援烙下各种伤病，父母双亲年龄大了需要赡养，子女到了谈婚论嫁的年龄等问题会越来越突出，思想问题也可能会越来越复杂。做好高级消防员的思想工作将成为基层经常性思想工作的一项重要任务。

1. 牺牲奉献筑心

高级消防员作为扎根一线的消防人，用默默奉献与坚守，为安全守护、为生命逆行。在防灾、减灾、救灾一线，他们未雨绸缪、精准预测，用专业和科技力量将灾害损失降到最低；在消防救援一线，他们身先士卒、赴汤蹈火，置个人生死于度外，救群众于水火之中……他们用实际行动，生动展现了新时代消防人甘于牺牲奉献、勇于担当作为、善于开拓创新的时代风采和精神风貌。要教育他们矢志不渝地树立献身消防救援事业、热爱本职、立足岗位建功立业的思想，把个人成才的目标引导到实现队伍现代化建设、提高队伍战斗力的大目标上来。

2. 换位思考引导

换位思考，是设身处地地为他人着想，即想人所想、理解至上的一种处理人际关系的思考方式。人与人之间要互相理解、信任，并且要学会换位思考，这是人与人之间交往、交流和谈话的基础，互相宽容、理解，多站在别人的角度上思考。谈话的过程，也是一个从心理对立到心理相容的过程，从心理相异到心理趋同的过程。要想被谈话人听得进去，配合组织开展谈心谈话活动，搞对立是不行的。高级消防员留队工作时间较长，现实问题多，实际困难多。从组织层面与其交心谈话时，首先要换个角度、换个位置，站在对方的处境和立场上思考问题，然后再与他进行对话。让被谈话人清楚组织是为他好，并没有彻底否定他的过去，还关心着他的现在与将来。过去的成绩当然可以适当予以肯定，现在的表现也要视情加以鼓励，对于将来的出路，我们也必须予以指明，以让被谈话人作出正确的选择。对此，我们要引导，要帮助其选择未来的路。当然对其错误，也必须毫不含糊地指出，并依规依纪依法予以释明。但无论是肯定还是否定，都要掌握在被谈话人此时可以接受的范围之内，把握好一个度，循序渐进，从而促使其正确看待问题和所面对的困难。

3. 尊严尊重启发

人对尊严尊重的需要是人的较高层次的社会性需求的一部分，是社会中的人对自我评价和社会尊重的渴望。满足尊重的需要会导致快乐、自信和力量，相反则产生悲伤、自卑和无能的消极感觉。经常性思想工作的首要任务是启发人的自觉性，而人的自觉性是以其合理的需要得到满足为基础的。进入新时代，社会的不断进步、物质生活的丰富和人的素质的提高，人们对精神的需要越来越强烈。思想政治工作的方法、原则在逐渐改进和完善，内容和形式在不断丰富和创新，基层干部采用以诚待人、以理服人、以情动人和平等、民主的方法，懂得教育人首先要理解人、尊重人，并把尊重人作为思想政治工作的基本原则贯彻到实际工作中。我们要切实尊重、信任、支持和启发高级消防员认真履行职责，大胆开展工作。注意听取他们对中队（站）建设的意见，采纳其合理化建议，重视帮助他们解决工作中的实际困难。

4. 形象自律示范

高级消防员的形象，在一定程度上影响到一个单位的风气，影响到队伍士气。高级消防员必须要始终做到严以自律，以身作则，率先垂范，树立起自身的良好形象，做好中、初级消防员的榜样。牢记全心全意为人民服务，加强纪律作风建设，恪守爱岗敬业道德，为基层中队（站）全面建设做出应有的贡献。首先，要堂堂正正做人，勤勤恳恳做事，在名利面前站得稳、想得透、看得淡，在生活中耐得住寂寞、抗得住诱惑、管得住小节，培养健康的生活情趣，树立高尚的精神追求。其次，要树立队荣我荣、队耻我耻的思想，要有强烈的事业心、责任感，切实做到在其位，谋其事，尽其责。切实把主要精力投入到本职工作岗位上，把智慧汗水贡献在工作岗位上，以自身的实际行动，树立起勤政形象。再一个就是基层干部对待高级消防员要公正、公心、公信，树立公道正派的形象。要建立健全公平竞争机制，营造“能者上、平者让、庸者下”的选人用人环境。落实奖罚分明的奖惩激励机制，营造争先创优的浓厚氛围。

（四）政府专职消防员思想工作

政府专职消防员是国家综合性消防救援队伍救援力量的有效补充。大多数政府专职消防员入队前有从事其他行业的经历，有一定的社会生活经验，如从事过务工、商贩、安保、驾驶员等，入队主要动机是寻求一份稳定的工作，对消防救援队伍的性质宗旨认识不够，思想觉悟和政治站位不高，虽然大多数队员能够履行职责，但是消防救援职业荣誉感普遍缺乏。同时，专职队员普遍认同消防救援队伍是正式的国家队和主力军，相比较而言，无论是职业荣誉感，还是各项福利待遇，都有一定的区别和差距，这是政府专职消防员思想认识上普遍存在的现实因素，较大程度地影响到政府专职消防员的工作积极性和队伍日常管理。所以，做好政府专职消防员的思想工作至关重要。

1. 增强自觉奉献意识

首先从提高政府专职消防员的思想认识着手，让他们真正地认识到“合同制消防”职业的特殊性，引导他们树立正确的职业素质、职业道德，把他们真正地带进我们的队伍中来。在日常管理教育过程中，加强对他们进行宗旨意识、职业道德教育，多开展交心、谈心活动，通过身边的人和事引导其树立正确的世界观、人生观，使其牢固树立全心全意为人民服务的信念。对队员当中存在的各种思想进行分析，及时掌握队员需要什么，要做什么，正视并解决在他们思想上存在的问题，树立民主意识，加强队员与队员之间的沟通、队员与干部之间的沟通，尤其是与消防救援人员之间的沟通，增进团结，互敬互助。认真组织政府专职消防员学习《中华人民共和国消防法》、有关劳动合同等法律法规以及队伍条令条例和各项管理规章制度，确保每名专职消防员严格遵守一日生活制度，坚决做到服从管理、听从指挥。

2. 突显组织人文关怀

根据条令条例及相关法律法规制定政府专职消防员管理规定，建立健全值班执勤、学习训练、一日生活、岗位考核等规章制度。同时对专职消防员的外出休假等一系列福利待遇做出详尽的规定，通过建立休假人员管理群、家属群等方式，做好人员休假跟踪管理。中队（站）和家属结成对子，做到经常通气，有困难及时了解，有情况最先知道。

3. 提升示范引领作用

在日常工作中，善于观察，发现人才，重点培养骨干力量，把那些不怕苦、不怕累，工作积极性高，条令意识较强者提拔为班长或副班长使用，充分发挥专职消防员班长骨干的模范带头作用。进一步带动专职队员的工作积极性，以点带面，以个体带动整个队伍的建设。对在日常生活、工作、训练、灭火救援中，做到以身作则，冲锋在前，政治思想好、业务能力表现突出的队员，评为“岗位能手”或评选为标兵，并让他们在各种集会期间或者训练间隙“现身说法”，从而有效调动其他消防救援人员的工作积极性和主动性；年终工作总结中，应与消防救援人员一样，组织评选“优秀政府专职消防员”，并对其给予一定的物质奖励，进一步激发他们的内在活力。

4. 明确光荣神圣使命

政府专职消防员这份职业能够得到社会公众的认同和理解至关重要，这一点也是他们心里的一个“疙瘩”。消防有关部门要积极向地方党委、政府汇报和协调，争取把政府专职消防员队伍作为一支职业化的专业队伍来建设，加强社会宣传，使社会各界对这支队伍有直观、感性的认识。对在工作中有突出贡献的专职消防员，可由消防支队报请地方政府授予“杰出青年”等荣誉称号，提高其政治荣誉感，增强社会公众认可程度；应该摒弃把专职消防员当作“临时工”的看法，要把他们当作消防队伍大家庭中一员来对待；逐渐完善推出政治待遇一致、教育培养一致的办法；充分尊重专职消防员的想法和感受，使其感受到组织的关心和浓厚的队伍氛围，培养其主动回报社会的意识，不断增强从业的光荣感和责任感。

（五）重点关爱人员思想工作

认真做好重点关爱人员的思想工作，是经常性思想工作的重点和难点。这里所说的重点关爱人员，通常是指那些思想基础差、自控能力弱、有潜在心理问题，遇到实际问题不能正确对待和处理，或有违法犯罪迹象、有现实危险，在一个时期内需要重点防范和教育转化的人员。因此，重点关爱人员的范围比较宽泛，既包括工作训练上表现不好的后进者，也包括工作积极肯干但存在不稳定苗头者；既包括思想上、心理上有问题的，也包括身体上、家庭中有问题的。这类人员的思想工作如果做不好，就会成为影响队伍基层稳定的因素，甚至酿成案件事故。做重点关爱人员的思想工作，必须注意以下几点。

1. 正确看待

对这类人员应该用什么样的态度去看待他们？首先要客观地看。对待重点关爱人员身上存在的缺点和问题要实事求是地进行分析，绝不能把实际问题当成思想问题，把现实思想问题都看成是思想素质问题。其次要全面地看。从重点关爱人员的实际表现看，他们既有缺点和弱点，也有长处和进步的基础。这就要求我们在现实生活中，要以尊重和信任的态度，全面辩证地看待他们。既要看到他们存在的问题，又要看到其自身存在着解决问题的积极因素；既要看到他们的缺点和弱点，也要看到他们的优点和长处；既要看到问题产生的主观原因，也要看到问题产生的客观原因。最后要发展地看。既要看到其现实思想问题的严重性，又要看到其可变性和可塑性，帮助他们坚定解决问题的信心。不能以自己的好恶为标准去衡量和评价重点关爱人员。

2. 体贴帮助

重点关爱人员特别需要理解、同情和帮助，因此在实际工作中，对他们的实际问题要正视、要同情，要满腔热情地帮助解决；对他们的心情要理解、要体谅，设身处地地为他们着想。对他们思想认识的误区和性格上的弱点，既不能嫌弃、歧视，也不能迁就、任其发展。要摸清思想问题的症结，对症下药，耐心细致地讲清道理，帮助他们走出认识误区，解开思想疙瘩，理顺思想情绪，提高思想觉悟，克服性格上的弱点。同时，工作者在和他们建立起相互信任的感情时，必须树立“三心”。一是信心。就是对那些屡经帮助但改进不大，虽有进步但又时常出现反复的消防救援人员，千万不能冷眼相看或认为“不可救药”。二是关心。就是在工作中，一定要热情诚恳地去关心和帮助他们。三是耐心。就是工作中不能急于求成和要求过高。对他们思想出现的反复，要做到冷静分析，不厌其烦。通过认真分析他们思想出现反复的原因，有针对性地去做工作，促其思想稳定健康地发展。

3. 优化环境

要注意从多方面创造一个有利于重点关爱人员思想转化的良好环境和氛围。教育广大消防救援人员对有实际困难的重点关爱人员给予满腔热情的关怀和帮助；对个人进步受挫的要给予热情的鼓励，不讽刺挖苦；对于有心理缺陷的不歧视、不耻笑，要主动接近，帮助矫正。领导干部在处理消防救援人员切身利益的问题上，一定要坚持“一碗水端平”，不能分亲疏厚薄，不能歧视嫌弃。对他们某些害怕别人知道的难言之隐，要给予保密，防止扩散，严格限制在一定范围内解决。平时，要多为他们创造转化的条件和时机，如调换单位、改换工作，发挥其长处，让其参加各项竞赛活动等，营造一个人人关心他们，个个乐于与他们交朋友的良好氛围。但对于重点关爱人员的错误思想、消极情绪，要不迎合、不纵容，积极施加正面影响。

4. 典型警示

典型的教育作用非常重要。正面典型作为时代的代表和楷模，可以作为重点关爱人员立身做人的样板，起到指导、鞭策、激励的作用；反面典型作为时代的落伍者、淘汰者，可以起到“危险路标”的作用，警示、告诫和教育重点关爱人员“此路不通”，如果非要“闯红灯”，就会受到处罚和制裁。长期以来，消防队伍作为同老百姓贴得最近、联系最紧的队伍，有警必出、闻警即动，奋战在人民群众最需要的地方，特别是在重大灾害事故面前，队员不畏艰险、冲锋在前，做出了突出的贡献。改革转制后，队伍作为应急救援的主力军和国家队，承担着防范化解重大安全风险、应对处置各类灾害事故的重要职责，过程中涌现出诸多先进典型和英雄集体，比如，入选“感动中国2019年度人物”四川木里森林扑火勇士事迹，还有在执行庐江县连和村抗洪抢险救灾任务中壮烈牺牲的庐江县消防救援大队党委书记、政治教导员陈陆同志等。反面的典型也不少，尤其是各单位出现的案件和事故都是很好的反面教材。因此，我们必须重视典型教育对转化重点关爱人员所起的特殊作用。要组织消防救援人员参观荣誉室或请先进典型作报告，使消防救援人员受到鼓舞和感染；参观法制教育室或观看事故案件警示录像片，使他们从中受到震动。这种反差教育、典型警示，能在重点关爱人员思想上打下深刻烙印，起到很好的教育效果。

习题

1. 经常性思想工作的内涵和特点有哪些？
2. 经常性思想工作的制度和要求有哪些？
3. 怎样有针对性地做好各种不同对象的思想工作？

第四章　消防基层心理工作

消防基层心理工作是基层政治工作的重要组成部分，加强消防队伍基层的心理工作，符合新时代消防队伍发展建设的需要，具有重要的作用和意义。随着积极心理学的兴起，在基层开展心理学知识普及工作，建立健全心理健康档案，关注消防救援人员心理中的积极方面，能够培养消防救援人员良好的心理素质，帮助他们抵御不良因素的冲击，保持消防救援人员的心理健康和人格健全，促进消防救援人员的全面发展。随时做好基层消防救援人员的心理筛查工作，针对个别消防救援人员出现的心理问题及时做好心理调适和咨询、转诊工作，保持队伍的战斗力，为顺利完成党和人民赋予的光荣使命打下坚实的基础。

第一节　心理工作概述

新时代对消防救援队伍提出了新的要求，健康的心理、健全的人格能够帮助消防救援人员立身做人，适应队伍的工作和生活，促进队伍的科学发展，为完成消防救援队伍自身的社会角色和专业角色打下良好的基础。

一、心理工作的内涵和特点

（一）心理工作的内涵

消防基层心理工作是在消防队伍的基层运用心理学的科学原理和方法化解基层消防救援人员的心理问题和思想问题，以维护消防救援人员的心理健康为出发点，以促进消防救援人员的全面发展为落脚点，保持队伍战斗力为目的的综合性工作。基层心理工作既关注心理健康的消防救援人员的全面发展，也关注心理出现问题的消防救援人员的恢复和调适；既针对个体开展，也注重团队的建设、发挥团队的作用，有着丰富的内涵。

（二）心理工作的特点

基层心理工作有自己独特的工作内容和工作对象，具有综合性、应用性、灵活性、复杂性等特点。

1. 综合性

基层心理工作以消防救援人员心理现象为主要工作内容，涉及生理心理学、发展心理学、医学心理学、社会心理学等学科在基层消防队伍的具体应用。具体来说，心理学的感知觉理论、记忆理论、情绪理论、个性理论等为基层心理工作奠定了理论基础；生理学，尤其是神经科学为探究消防救援人员的心理现象提供了客观的指标；社会学理论为消防救援人际互动及高效团队建设提供了指引；管理学与心理学的有机结合能更好地为加强消防救援队伍建设服务；语言学、咨询心理学的相关理论和技术为消防救援人员身心健康提供保障，同时计算机技术的应用在基层心理训练过程中具有不可替代的重要作用。基层心理工作是在心理学基础上，综合运用各学科的理论和知识来指导具体实践的一项综合性工作。

2. 应用性

基层心理工作是以心理学知识为基础，综合其他学科的理论和知识来揭示基层消防救援人员心理现象的规律和特点，指导基层心理工作的具体实践，是心理学及其他学科在基层消防救援队伍日常生活、管理与任务中的实际运用。基层心理工作以保障基层消防救援队伍的心理健康为出发点，以提升基层消防救援队伍的战斗力为目的，有着很强的应用性。

3. 灵活性

基层心理工作的开展可以在固定的场所进行，也可结合任务一道伺机进行，其工作场所较为灵活。心理工作的对象既可以是针对个体的，也可以用团体的形式进行，参与的人数较为灵活。开展心理工作可由受训的专业人员进行，也可由中队（站）的领导和骨干择机进行，方式方法较为灵活多样。

4. 复杂性

基层心理工作主要以消防救援人员的心理现象为工作的对象，其影响因素较为多样化。既有来自于队伍内部的影响，也有来自于队伍以外的其他因素影响。心理的形成有现实的原因，也和消防救援人员所在的原生家庭、早期童年经历等因素密切相关。多样的影响因素也让基层的心理工作变得较为复杂。

（三）心理工作与思想工作的联系和区别

1. 心理工作与思想工作的联系

心理工作和思想工作都是基层政治工作的有机组成部分，二者工作的内容有众多重叠之处，很多时候难以进行准确的区分。无论是心理工作还是思想工作，都以基层消防救援人员为工作的对象，以提升基层消防队伍的战斗力为目的，有着共同的目标。二者可以根据不同的问题进行灵活的使用，相互间能够起到较好的促进作用。思想工作可以为心理工作提供方向的指引，心理工作可以为思想工作提供方法的支持。

2. 心理工作与思想工作的区别

首先在问题判别标准上有区别。思想问题判别主要以官方价值标准（主流意识形态标准，其价值指向统治阶级利益）和公序良俗标准（百姓道德标准，其价值指向日常生活秩序）为依据。心理问题判别主要以各种心理因素结构是否残缺或者“情感”“意志”调节功能是否正常发挥和世俗化、大众化的判断标准。其次是思想工作和心理工作的主要内容也有所区别。思想工作的主要内容主要涉及伦理、政治、法律、宗教问题以及文化问题等内容，伦理问题是其主要内容，如树立正确的是非、善恶、美丑、利害观念等，与个人的社会角色有很大的关系，具有较强的社会性。心理工作的主要内容针对心理结构或者功能出现异常情况，如感性—理性、表—里、客观我—主观我、情绪情感等不适的调整，其工作的核心主要指向个人的心理过程和个性心理特征。最后是应对方法上有所区别。心理工作拥有疏导、调适、共情、移情等专业的心理技巧和方法；思想工作着重强调价值引领的作用，通过价值引领改变人员的消极和错误观念。

二、基层心理工作的基本原则

基层心理工作以科学的理论为指南，着眼于贯彻以人为本的要求，形成预防、咨询和治疗等工作机制，完善消防救援人员心理调适训练等配套措施，畅通心理健康服务渠道，发挥心理工作骨干的作用。加强心理工作理论研究，构建重视保护消防救援人员心理健康的浓厚氛围和工作格局，提高消防救援人员心理健康意识和心理健康水平，不断增强消防队伍的凝聚力、创造力、战斗力，确保队伍高度稳定，促进各项任务的圆满完成。

1. 坚持心理工作与思想工作相结合

既要帮助消防救援人员提高心理素质，又要帮助消防救援人员培养积极向上的人生态度。通过思想工作培养消防救援人员积极健康的人生态度，能够让消防救援人员在面对心理危机时更好地进行应对，避免出现心理障碍；通过心理工作提升消防救援人员的心理素质，能够帮助消防救援人员更加从容地应对工作和生活，易于培养良好的人生态度。思想工作可以为心理工作提供方向上的指导，心理工作可以为思想工作提供方法上的支持，二者相互渗透，能够起到事半功倍的效果。

2. 坚持普及教育与个别疏导相结合

既要开展面向全体消防救援人员的心理健康教育，又要做好个别人的心理疏导、咨询和治疗工作。心理知识的普及方法可以灵活多样，小型的讲座、读书分享会、团体训练都是行之有效的方法。它能够让基层的消防救援人员掌握基本的心理学知识，理解和应对日常工作和生活中出现的心理现象和心理问题，在队伍内部建立起良好的社会支持系统，其对于整个消防队伍能力素质的提升具有非常重要的作用。在普及心理学知识的基础上，对于可能出现的各类心理障碍或者精神类疾病，要能够及时地进行辨别，依据问题的严重程度针对性地开展心理疏导、咨询和治疗工作。基层消防队伍要评估自身开展心理工作的实力，正确地选择应对方法，灵活地借助消防队伍内部和地方的优势资源。

3. 坚持心理教育与心理训练相结合

既要通过课堂教学普及心理健康知识，又要组织消防救援人员参加心理行为训练和健康向上的文体活动。心理决定行为，行为反作用于心理。知识普及、态度改变是提升消防救援人员的心理品质的有益途径，良好的心理品质能够激发消防救援人员正确的行为，有助于消防救援人员积极工作，健康生活。基层消防队伍可借助队伍内部或其他场所合理的开展心理行为训练和各类健康的文体活动，通过外在的行为训练和文体活动促进消防救援人员心理的成长，培育良好的心理品质。建立起心理和行为的良性循环，促进队伍战斗力的提升。

4. 坚持解决心理问题与解决实际问题相结合

既要通过教育疏导解决消防救援人员的心理问题，又要通过帮助解决消防救援人员的实际问题促进心理健康。心理问题的产生存在着众多的现实诱因，借用中医标本兼治的理念将解决心理问题与解决实际问题相结合。教育疏导能够缓解消防救援人员的心理症状，解决的是心理问题的“标”；中队（站）干部和骨干充分发挥自身的主观能动性千方百计地帮助消防救援人员解决工作、生活中遇到的实际问题，解决的是心理问题的“本”。标本兼治、双管齐下才能取得理想的效果，才能高效解决消防救援人员所面临的心理问题。

5. 坚持发挥骨干作用与发挥专业人员作用相结合

既要依靠队伍内部心理工作骨干解决一般性心理问题，又要依托心理工作专业人员解决重大疑难心理问题。中队（站）人员众多，面临的工作、生活事件较为庞杂，消防救援人员所面临的一般性心理问题涉及种类繁多、数量巨大，应充分调动中队（站）骨干的积极性，主动投身到心理工作中来，“灭早、灭小、灭初期”，运用灭火救援的理念将一般的心理问题解决在萌芽状态。“好钢用在刀刃上”，中队（站）所拥有的专业心理工作人员较少，当消防救援人员出现重大疑难心理问题时，应充分发挥他们的专业优势，及时地进行辨识和应对，确保消防救援人员的心理问题得到及时有效的解决。

6. 坚持队伍主导与家庭、社会共育相结合

既要充分发挥队伍在心理工作中的主阵地作用，又要充分发挥家庭与社会的共育共帮共教作用。基层消防救援人员的社会角色众多，有同事、父亲、丈夫、儿子等。消防救援人员心理问题的产生与各种社会角色间均有着紧密的联系，多重社会角色决定了心理问题产生的复杂性，同时也为心理问题的解决提供了多种途径。作为消防救援人员的工作单位，中队（站）在消防救援人员的工作和日常生活中应当承担起主阵地的作用，关心关怀每一名消防救援人员的成长，营造良好的工作氛围和人际环境，提供必要的社会支持，尊重和帮助消防救援人员的合理需求。同时，每名消防救援人员也是社会和家庭的一分子，社会、家庭在消防救援人员的工作和生活中都有着至关重要的作用，良好的社会环境、和睦的家庭氛围对于消防救援人员健康心理的塑造都不可或缺。必要时，队伍、家庭、社会三方应开展良性的互动，互相弥补，形成合力，共同促进消防救援人员的成长。

三、科学开展心理工作

（一）突出重点，注重提高消防救援人员自控能力

要把心理工作的重点放在普及心理科学知识，提高消防救援人员自我调适控制能力上。坚持预防为主的方针，采取教育疏导的方法，努力塑造消防救援人员健全的人格，逐

步培养消防救援人员良好的心理素质，增强心理承受和应对能力。

（二）科学筛查，准确掌握消防救援人员心理健康状况

开展心理筛查，应当采用符合消防救援人员特点的科学量表和调查问卷，按照标准程序组织实施。筛查结果应当结合消防救援人员的日常言行和思想变化情况进行分析判断，作为分析心理、开展心理工作的参考。心理健康档案要科学准确地记录消防救援人员接受心理教育、训练、筛查、咨询等情况，为进一步开展心理咨询与矫治提供参考。

（三）尊重消防救援人员，保护个人隐私

要充分尊重消防救援人员隐私，对筛查结果和消防救援人员倾诉的问题要严格保密，不得随意公开、扩散。发现个别消防救援人员有严重心理问题时，要向所在单位主要领导报告，并控制知悉范围。需要作为案例讲解、剖析或用于开展心理教育的，必须事先征得本人同意，并隐去能辨认个人隐私的相关信息。

（四）妥善处理，防止问题激化

对筛查发现有严重心理问题的人员，不得招录、调入。对存在心理问题的消防救援人员，要在思想上关心、生活上爱护、工作上帮助，使他们更好地调适心理，减轻压力，努力营造安定和谐的营区环境。对有严重心理问题或患有心理疾患不适宜继续在队伍工作的消防救援人员，要按照有关政策规定做好退出工作。

（五）创新手段，充分运用心理健康信息网络

中队（站）应发挥心理健康网站在心理咨询、日常保健和问题矫治方面的主阵地作用，以局、总队开设的心理工作网站以及消防支队政工网开设的心理工作网页（专栏）为平台，充分利用知识问答、语音视频、在线咨询、留言板等形式为消防救援人员开展远程心理教育，解除消防救援人员的疑惑，帮助广大消防救援人员了解心理科学常识，掌握心理自我调适方法，提高心理工作的针对性和实效性。

第二节　心理工作的主要内容

普及心理学知识、进行科学的职业生涯规划、培塑优秀心理品质、打造高效的团队能够提升基层队伍心理危机应对的能力，减少心理问题的发生，对于调动基层队伍的潜力、提升战斗力有着重要的作用。

一、普及心理学知识

在基层开展心理工作，应把普及心理学知识作为一个经常性的工作，以普及心理学知识为抓手开展心理健康教育。把心理健康教育作为思想政治教育的重要补充，帮助消防救援人员掌握心理自我调适方法，加强自我控制能力。

（一）拟定心理健康教育计划

中队（站）党支部应将普及心理学知识作为心理健康教育的重点纳入年度工作计划

中，结合基层的其他工作进行全面统筹。制订的计划应该涵盖学习内容和学习方式，学习内容主要包括普通心理学、发展心理学等常识性的心理学知识，也应结合消防的实际适当地加入消防救援心理学等方面的内容；学习方式主要采取个人自学、基层干部和心理工作骨干辅导讲课、专家解难答疑等方式。在制订计划之前，中队（站）要充分了解消防救援人员的心理变化特点和现实心理状况，不能千篇一律，应根据工作任务的情况灵活制定。

（二）多途径普及心理学知识

常用的心理学普及方法有三种。一是小型讲座。中队（站）可结合自身的实际情况，利用周边的资源开展心理方面的讲座。讲座的授课人可为支队级领导或机关干事、中队（站）的干部，也可为地方心理学的专业人士。讲座时可组织授课人员针对个别消防员的困惑和疑问进行答疑，提升学习的效果。二是利用在线资源进行学习。中队（站）工作任务繁重，消防救援人员的时间较为零散，组织者可以见缝插针，积极主动向消防救援人员进行学习内容的推送，利用碎片化时间进行学习。有条件的中队（站）可以上报支队，由支队统筹将包括心理学知识普及等在内的相关工作进行外包，由地方专业的机构进行组织。三是调动消防救援人员积极性主动自学。中队（站）领导应通过合理的引导激发消防救援人员学习心理学的兴趣，积极争取经费支持购买心理学的相关书籍，让大家参与到学习中来，变被动接受为主动学习，变局限学习为发散学习，提升学习的效果。部分对心理学知识确有兴趣的消防救援人员，中队（站）应积极协调，在时间和经费上予以支持，帮助其参加专业培训和学习，努力获得相关资质，壮大基层心理工作的队伍规模，提升基层心理工作的专业性。

心理学知识普及的主要内容包括：一是引导基层消防救援人员科学认识自己的感知觉、记忆、想象、思维等认识过程，提升消防救援人员工作和生活的科学性和有效性；二是引导基层消防救援人员科学的认识自己和他人的情绪，掌握情绪宣泄的基本途径，学会情绪调节的基本方法，做自己情绪的主人；三是普及人格发展的基本知识，引导基层消防救援人员完善和发展健康的人格；四是引导基层消防救援人员进行科学的自我探索，发现自己的优长，寻找自己的不足，积极地悦纳自己、优化自己；五是引导消防救援人员树立全新的健康观，基本能够客观地辨识、评价自己和他人的心理状态；六是引导基层消防救援人员认识人际交往中的各种现象和误区，学习简单的人际交往的技巧，建立良好的社会支持系统；七是引导基层消防救援人员树立正确的婚恋观和性心理，避免婚恋问题庸俗化；八是普及集体和集体心理知识，引导基层消防救援人员快速地融入集体之中，营造良好的集体氛围和工作环境。

（三）普及心理科学知识的几个注意事项

一是明确心理知识的学习应围绕以提升队伍战斗力为核心的各项中心工作进行，不可越俎代庖，影响中心工作；二是心理学知识的学习要结合中队（站）的实际情况选择学习内容，不贪多不求全，提升学习的效果；三是心理学知识的学习可以结合业务工作和训练进行，或结合其他政治工作开展，避免因学习加重基层消防救援人员的工作负担；四是应注重差异化学习，结合每名消防员的实际情况做到学深悟透，效果为上。

二、职业生涯规划

职业生涯规划是个人发展与组织发展相结合，通过对职业生涯的主客观因素分析、总结和测定，确定一个人的奋斗目标，并为实现这一目标而预先进行生涯系统安排的过程。消防救援人员职业生涯规划在消防救援队伍既是一个新鲜事物，也是一个老生常谈的话题。老生常谈在于每一个消防救援人员进入队伍后都渴望在消防救援队伍中成长进步，实现职业梦想；新鲜在于消防救援人员未能将自己的目标具体化，未能将长远目标进行拆解，未能按照长远目标不断提升自己的能力，甚至未能认清自己的“初心使命”。

（一）自我探索与职业生涯的结合

知仁者智，自知者明。从古至今探索自我、认清自我一直是人们热衷的话题，其在消防救援人员的生涯规划中显得尤为重要。当消防救援人员面临着各种各样的选择而举棋不定时，需要引导消防救援人员放下“外在”的选项，转而思考“内在”的需要。比如：“无论从事什么样的工作，你渴望什么样的生活？”“无论和谁结婚，你渴望什么样的婚姻？”“无论你选哪条路，你最终的目的地是哪里？”利用此类跨越目标的问话，帮助消防救援人员聚焦内在需要，积极地自我探索，明确职业生涯的目标。

（二）人格与职业生涯的结合

个体的成长离不开遗传和环境两大因素的影响，如何看待自己的本性，又如何在个人需要和他人需要之间获得平衡是人格发展的重要内容。了解自己的人格发展过程，清楚自己的性格特点，让消防救援人员能更好地理解自我、接纳自我。了解他人的性格特点，让消防救援人员能够更好地趋利避害，从容地适应环境。了解人格特征的途径较多，既可借助专业的量表进行测量，也可以访谈的形式由中队（站）干部或骨干进行评价。

（三）兴趣与职业生涯的结合

兴趣对于每一名消防救援人员而言，既是个体持续投入的动力，也是其积极创新的源泉。能力与兴趣的交集能够造就消防救援人员个体的核心竞争力，试想一下，能够从事喜欢而又擅长的事情，对于消防救援人员而言，必然能够做到事半功倍且乐此不疲。所以，发现消防救援人员的自我兴趣、发展自我能力是职业生涯规划非常重要的一环。

（四）价值观与职业生涯的结合

价值观是消防救援人员在做选择和判断时最为看重的原则、标准和品质，当需要对众多的选项进行分析和比较时，厘清自己的价值观就变得尤为重要。价值观的形成又不可避免地受到环境的影响，区别哪些是“我”的需要，哪些是我认同了“重要他人”的需要，从而帮助消防救援人员完成从“依赖”到“独立”的觉醒。认清到底是为了自己的目标而坚定选择，还是为了取悦他人而盲目迎合，完成消防救援人员人格发展的挑战。帮助消防救援人员在理想自我与现实自我间寻求平衡，促进消防救援人员在个体与组织之间做到能动适应。

三、培塑优秀心理品质

优秀心理品质有两个方面的含义：一是个别差异，即人与人之间所具有不同水平的心理品质；二是培养标准，即要求人们的心理所应当达到的水平。几乎每一种心理现象都具有一定的品质，如记忆的敏捷性、持久性、准确性、备用性，思维的灵活性、深刻性、独立性、批判性，情感的倾向性、多样性、固定性、功效性，意志的自觉性、果断性、坚持性、自制性，等等。心理品质的优劣最能表现出人的心理素质的水平。在基层消防队伍中发现优秀消防救援人员身上共同存在的良好的心理品质，在队伍中有意识地进行培养，这一途径对于大力培养基层骨干，提升队伍战斗力有效且可行。

（一）发现优秀心理品质

积极心理学兴起后曾提出六大美德二十四项积极心理品质，分别是：

智慧和知识：创造力、好奇心、开放思想、热爱学习、有视野（洞察力）；

勇气：真诚、勇敢、坚持、热情；

仁慈与爱：友善、爱、社会智能；

正义：公平、领导力、团队精神；

修养与节制：宽容、谦虚、谨慎、自律；

心灵的超越：审美、感恩、希望、幽默、信仰。

此二十四项积极心理品质带有普遍性，中队（站）的干部要做管理的有心人，结合消防队伍的实际，在中队（站）的日常工作中要善于发现优秀消防救援人员所具有的良好心理品质。借助量表等客观工具进行系统的归纳，为中队（站）骨干的培养提供心理学的支撑。

（二）针对不同的心理品质设置培养策略

发现优秀心理品质的目的是提升基层消防队伍的战斗力，这就需要在工作中针对不同的心理品质设置差异化的培养策略。如鼓励用非传统的方式考虑问题和做事；赞赏消防救援人员的机灵、灵敏、足智多谋，善于举一反三、触类旁通；鼓励消防救援人员对事物有自己的独特见解，一旦有了目标，就会使用创新并适当的行动来达到该目标；鼓励消防救援人员做事不受陈规束缚，能灵活运用知识和经验，能够想出新思路、新方法；鼓励消防救援人员从事发明、创造、创新活动等；通过以上策略来培养消防救援人员的创造力。不同的心理品质在制定策略上应有所区别，基层消防队伍要结合自身的实际情况进行制定，忌出现盲目跟风、华而不实等问题。

（三）心理行为训练

心理决定行为，行为塑造心理。心理行为训练有着训练规模大、易于组织、成效明显等优点，基层消防队伍要积极利用各种心理行为训练设施来培塑消防救援人员的优秀心理品质。总队级单位和有条件的支队应在训练基地建立心理行为训练设施，组织所辖中队（站）消防救援人员利用心理行为训练组合器械实施训练，抓好教练员、安全操作员培训；基层中队要因地制宜，就地取材，结合队列、业务训练，利用简便器材实施训练；围绕培养战斗作风、锤炼心理品质、保持高昂士气、强化集体意识，把心理行为训练纳入训练大纲和训练计划，作为新消防员训练、岗位轮训和晋职培训的一项重要内容。开展心理游戏活动，通过心理训练帮助消防救援人员缓解紧张心情，增强团结协作意识，及时调整心理状态。

四、铸造高效消防救援团队

团队在当今社会中的作用日益凸显。消防救援团队的建设作为提高工作效率、促进消防改革的重要途径，越来越引起各级消防救援队伍的重视。在消防救援队伍建设过程中，如何高效、成功地建设一批成功的救援团队，是队伍建设的一个重要任务。团队建设在消防救援队伍已经具备了一定的基础，进一步搞好救援团队建设是可行也是必需的。

（一）牢固树立消防救援职业精神

优秀的消防救援团队需要消防职业精神的引领。树立消防救援职业精神必须注意以下几个方面。

1. 发挥典型示范作用

消防救援队伍涌现出来的英模、标兵等身上所体现出的职业精神是非常典型的。他们的英雄事迹、献身精神等影响着团队的精神追求，他们身上表现出的优秀品质正是社会和消防救援队伍对救援人员的希望，对团队起着目标引领作用，对优秀救援团队的形成起着重大作用。因此，在中队（站）要有意识地发现身边存在的各类优秀人员和先进事迹，用重点树立一些模范、标兵等各类先进典型的方式来建设救援团队，通过这些具体的、鲜活的、具有强烈时代气息的个人、团队榜样，引导基层优质团队的健康成长。

2. 强化消防救援人员的职业使命感

强化消防救援人员的职业使命感，应该从以下三个方面入手：第一，具备条件的地方，可建立消防救援人员俱乐部、图书室、阅览室、团队文化娱乐活动中心、荣誉陈列室、英模纪念墙等设施和场地，使消防救援人员感受到职业的神圣性，增加对其的认可和价值感；第二，借助地方的有益资源，举办与消防救援人员相关的文艺表演、演讲比赛、知识竞赛、歌咏比赛，以及美术、书法、摄影作品展览和艺术展览等各种形式、各种层次的文艺活动，使消防救援人员从中得到美的享受、情操的陶冶、人生的启迪、精神的升华；第三，基层消防队伍积极主动作为，在网络、电台、电视台、报刊等传媒机构建设消防人员宣传基地，常态化地对消防救援工作进行客观的报道宣传，通过有益的宣传使救援工作得到更多群众的理解、认可和接纳。

（二）确保良好的团队环境

个体所处的环境，会影响他们的各种行为。良好的环境是优秀高效的救援团队形成的基础。广义上来讲，可以把环境分为物质环境和精神环境。物质环境可以对消防救援人员产生感召式的影响。环境氛围会对消防救援人员产生潜移默化的促动，既让消防救援人员倍感亲切、和谐，又能够规范消防救援人员行为、陶冶情操。物质环境之外，还有一个更重要的环境，那就是精神环境。高效优秀的救援团队必然有着良好的精神环境或者说是和谐的心理氛围。首先，中队（站）的领导应该尊重每一个成员，发现每一个成员的优势，真心地欣赏自己的成员。其次，在没有保密、紧急等特殊原因时，尽可能地采取民主式领导方式，听取大家的意见，调动中队人员的积极性。最后，当中队（站）中出现矛盾时，要注意及时沟通，引导大家把目标指向外部。通过种种努力，最终形成每个中队（站）成员都能从中感受到温暖、认可、信任和鼓励的和谐基层氛围。

（三）合理安排团队成员构成

高效团队的成员构成需要遵循管理学和心理学的相关规律。例如，要遵循成员的异质性规律。成员具有一定的异质性可以使团队成员之间形成互补和合力，降低犯错误的概率，实现团队价值最大化。每名消防救援人员都有自己的长处，救援团队的管理者要善于发现每个人的长处，并把他们安排到合适的位置。

一个高效的救援团队至少应该包括3种不同类型的技能。第一，需要具有技术专长的消防救援人员；第二，需要具有决策技能，能够发现问题、提出解决问题的建议，并权衡这些建议，然后作出有效选择的指挥员；第三，团队需要若干善于聆听、反馈、解决冲突及具有其他沟通技能的消防救援人员。如果一个救援团队缺乏某一类成员，就不能正常运转，或者不能充分地发挥其绩效潜能。必要时，中队（站）可以召开专门的会议进行研讨和决策，根据个人特点和不同岗位需要来安排每个人员的职位。

（四）努力提升团队凝聚力

一是强调整体性。让救援团队的每一个成员明确，团队的成功必须依靠所有成员的共同努力，一定要目标一致、共同战斗，避免单打独斗和个人英雄主义。二是多进行集体奖励。使成员感受到集体的荣誉，从而增强凝聚力。如果过多使用个人奖励，可能会导致团队内部的过度竞争，不利于团队凝聚力的形成。三是提高集体效能感。集体效能感，是指一个团队的成员对于他们的团队能够完成某项任务的共同信心。高度的集体效能感，是优秀救援团队的共同特征。研究表明，集体效能感越高，团队取得的成绩越好。四是控制团队规模。科学设置团队的规模可以有效提高团队的凝聚力和战斗力。救援团队规模一般控制在2～16人最好。规模过大，容易产生内部派别；规模过小，则难以形成合力。另外，不同的分工、不同的任务可能需要不同的团队规模，要根据具体情况而定。基层队伍在进行人员编组的时候应充分考虑各方面因素进行编配，最大程度地发挥团队的效力。五是进行团队心理训练。救援团队的凝聚力可以通过团队心理训练来增强。国外消防队伍很早就开始进行团队心理训练，国内目前也有很多地方进行了各种各样的团队心理训练的尝试。虽然形式各异，但都有一个共同点，就是通过团队共同克服困难、完成任务的过程，让团队成员体验到合作的力量和技巧，增强团队的凝聚力。

第三节　心理工作的方式方法

心理健康筛查、组织心理调适、有针对性地进行心理咨询和治疗是帮助基层消防救援人员摆脱心理问题的有效途径，能够避免非战斗性的减员，保持队伍的战斗力。

一、心理健康筛查

健康心理是中队（站）战斗力生成的重要保证，中队（站）应结合自身工作的实际，组织开展消防救援人员心理健康状况筛查。定期对所属人员进行心理健康筛查能够及时发现消防救援人员的异常心理，维护消防救援人员的心理健康，最大限度地减少非战斗性减员，保持队伍的战斗力。

（一）选择信效度较高的心理量表和问卷

当前心理健康筛查所能够选用的问卷虽然较多，但其大部分都不是针对消防队伍消防救援人员进行编制的。基层消防队伍在选取问卷时应兼顾消防救援人员的特点，对相应的参考值进行适当的调整，提升心理量表和问卷的信效度。常用的问卷有：SCL－90 项自觉症状评定量表、艾森克人格问卷（EPQ）、自杀态度调查问卷、自评抑郁量表、焦虑自评量表、Beck 抑郁量表等。心理健康筛查时，调查者应根据调查内容灵活选用单个量表或量表组合。

（二）建立健全心理健康筛查制度

在中队（站）建立健全定期筛查和随机筛查制度，及时了解基层消防救援人员的心理状况，为心理工作的开展提供依据和指导。针对执行任务、人员流动、重要阶段、敏感时期等，中队（站）应结合工作实际对消防救援人员进行定期筛查。对新入伍消防员的心理筛查，通常在入队后一个月内进行；对选取士官人员、拟进入重点岗位、拟调入消防队伍等人员的心理筛查，一般在面试、预考或考察前进行；对执行重大灭火救援任务的消防救援人员，在任务完成后适时组织心理筛查。心理筛查工作应由经过专门培训的专业人员组织实施，筛查前应进行集中统一的培训，并规范筛查的流程和指导语。

（三）建立心理健康档案

中队（站）所有消防救援人员在进入消防队伍后应按规定建立心理健康档案。受各种因素影响未建立心理健康档案的，应及时进行补测，然后完善心理健康档案。每次筛查完成后，应迅速整理出测试结果，同时对受测者的心理健康档案进行及时更新。心理健康档案一经建立应由专门的人员进行管理，防止档案的损毁和丢失。

二、心理调适

心理调适对于基层队伍中心理问题症状较轻者摆脱心理困扰，心理健康人员发展自我、保持健康心理状态均有着良好的效果。

（一）活动调适法

活动调适法是指通过从事有趣的活动，以达到调节情绪，促进身心健康的一类方法。它包括读书、写作、绘画、雕塑、体育运动、听音乐、歌唱、舞蹈、劳动等多种活动方式。活动调适法尤其适用于消防救援队伍，它寓心理调节于娱乐之中，不仅易为人接受，而且易于操作，可以广泛运用于一般性的心理不平衡和轻微的心理障碍。

活动调适法的实质在于用活动的过程来充实精神世界，用活动中获得的愉悦来驱散不良的负性情绪，用活动的内容来促进对问题的领悟和认知的提高。因此，活动调适法绝不只是形式上的“玩”而已，而应随时把握利用活动中所提供的有利机遇、信息去发现问题，改变错误的认知，调适不良的情绪，纠正不适应的行为，提高自信心。

（二）合理宣泄法

合理宣泄就是利用或创造某种条件、情境，以合理的方式把压抑的情绪倾诉和表达出来，以减轻或消除心理压力，稳定思想情绪。

合理宣泄的主要方式有倾诉、书写、运动、哭泣。

1. 倾诉

心里有什么问题和积怨，可以找同乡、其他消防救援人员、领导尽情地倾诉出来。倾诉对象一般是最亲近、最信赖、最理解自己的人，否则就不能无所顾忌地畅所欲言。在倾诉的过程中，消防救援人员因情绪激动、过度悲伤等因素，可能会出现说话唠唠叨叨，词不达意，说过头话，甚至发牢骚等情况，被倾诉的对象对此要给予理解、同情和安慰，并适时予以正确引导。

2. 书写

用写信、写文作诗或写日记等方式，使那些因各种原因而不能直接对人表露的情绪得到排解。比如写日记，自己对自己“说”，想“说”什么就“说”什么，没有任何心理压力，许多不良情绪在字里行间就能够化解。

3. 运动

有了消极情绪，闷坐在房子里可能“剪不断，理还乱”，到室外去打打球、跑跑步或爬爬山，呼吸一下新鲜空气，让怒气和痛苦随汗水一起流淌，心情就会开朗起来。室外的美景带给消防救援人员的不仅仅是感官的享受，还能促进他们心胸开阔。

4. 哭泣

中国有一句老话，叫“男儿有泪不轻弹”，似乎男子汉是不应该哭泣的。其实，从身心健康这个角度来讲，“泪往肚里流”是不可取的。流泪也是一种宣泄，无论是偷偷流泪还是号啕大哭，都能将消极情绪排泄出来，令不愉快的情绪得到缓解，减轻心理压力。

（三）身心放松法

放松训练是缓解和消除紧张、烦闷、焦虑、恐惧等情绪失调，以及头痛失眠等生理状态的有效方法。

1. 一般身心放松法

常用的身体放松的方法有做操、散步、游泳、洗热水澡；常用的精神放松的方法有听音乐、看漫画、静坐等。是否需要放松，何时需要放松，可以通过自我观察身体和精神状态来确定。从身体方面，可以观察饮食是否正常，睡眠是否充足，有无适当运动等；从精神方面，可以观察处事是否镇定，是否容易分心，是否心平气和等。如果观察后的判断是否定的，就需要进行放松训练。

2. 想象性放松

在指导消防救援人员做想象性放松之前，应先让他们放松地坐好、闭上双眼，然后给予言语性指导，帮助他们自行想象。常用的指示语是："我静静地俯卧在海滩上，周围没有其他的人，我感受到了阳光温暖的照射，触到了身下海滩上的沙子，我全身感到无比的舒适，微风带来一丝丝海腥味，海涛声……"在给出上述指示语时，要注意语气、语调的运用，节奏要逐渐变慢，配合对方的呼吸。

3. 精神放松练习法

就是通过引导消防救援人员把注意力集中在不同的感觉上，达到放松的目的。比如，可以指导他们把注意力集中在视觉上：静心地看着一支笔、一朵花、一点烛光或任何一件柔和美好的东西，细心观察它的细微之处；集中在听觉上：聆听轻松欢快的音乐，细细体味，或闭目倾听周围的声音；集中在触觉上：触摸自己的手指，按按掌心，敲敲关节，轻抚额头或面颊；集中在嗅觉上：找一朵鲜花，集中注意力，微微吸它散发的芳香等。

4. 渐进性肌肉放松法

在对消防救援人员进行渐进性肌肉放松训练时，要注意选择不受干扰、温度适宜、光线柔和的房间或室外，让他们坐姿舒适。然后引导他们想象最令自己松弛和愉快的情景，并在一旁用言语指导和暗示。指导语是："坐好，尽可能使自己舒适，并使你自己放松；现在，首先握紧右手拳头，并把右拳逐渐握紧，在你这样做时，你要体会紧张的感觉，继续握紧拳头，并体会右手和右臂的紧张；现在，放松，让你的右手指放松，看看你此时的感觉如何；现在，你自己试试全部再放松一遍；再来一遍，把右拳握起来，保持握紧，再次体会紧张的感觉；现在，放松，把你的手指伸开，你再次注意体会其中的不同；现在，你左手重复这样做。"同样的方法用于放松左手与左臂，接着放松面部肌肉，颈、肩和上背部，然后胸、胃和下背部，再放松臂、股和小腿，最后身体完全放松。在对他人进行一到二次指导后，消防救援人员也可以进行自我肌肉放松。

5. 深呼吸放松法

当在某些特殊的场合感到紧张，而此时已无时间和场地来慢慢练习上述的放松方法时，可以教给消防救援人员最简便的深呼吸放松法。这和日常生活中人们自我镇定的方法相似。具体做法是让他们站定，双肩下垂，闭上双眼，然后慢慢地做深呼吸。可配合他们的呼吸节奏给予如下指示语："一呼……一吸……一呼……一吸"，或"深深地吸进来，慢慢地呼出去；深深地吸进来，慢慢地呼出去……"。消防救援人员掌握这种方法以后，也可自行练习。

三、心理咨询与治疗

(一) 结合实际灵活开展工作

基层队伍能够从事心理咨询和心理治疗的专业人员较少，针对这一实际情况，各基层单位需要结合自身实际情况灵活地开展心理咨询和治疗工作。有专业人员的需做好早期的辨别、诊断和咨询、治疗工作。缺乏专业人员的中队（站）可由支队以上单位组织专业人员通过门诊、巡诊、电话、网络、书信等方式为消防救援人员提供心理咨询服务，中队（站）力争做到能辨识、早报告。对于发现的心理问题或异常心理人员，视情况实施心理干预，情况严重的及时送专业机构治疗。

(二) 建立重大应急事件心理预防与干预机制

凡消防救援人员在应急救援、消防监督执法中受到伤害、经历恐怖灾难现场或参加重大任务执勤保卫，以及遭遇工作重大挫折或婚姻家庭发生重大变故等，所在单位应当及时安排专业人员进行必要的心理辅导与矫治，缓解消防救援人员心理压力，防止形成心理疾患。对有严重心理问题或患有心理疾患的消防救援人员，要加强教育管理，防止因心理问题发生事故案件。

(三) 做好心理工作队伍的建设工作

为了做好心理咨询和心理治疗工作，基层消防队伍要做好心理工作队伍的梯次建设工作。一是提升专业人员的数量和水平。多渠道增加基层队伍的专业人员数量，可进行招录，也可选拔人员进行系统的培养。同时对现有人员定期组织系统培训和体验，提高他们的专业水平。二是做好中队（站）干部和骨干队伍的培训工作。主要培训他们基本的心理调适技能和心理问题、异常心理的辨识技能，及时发现基层队伍中可能存在的心理方面的隐患，做到早发现、早介入，避免消防救援人员的心理问题严重化及可能引发的安全隐患。

习题

1. 基层心理工作的内涵是什么？
2. 心理工作的基本原则是什么？
3. 如何做好职业生涯规划？
4. 放松训练的方法有哪些？

第五章 消防基层宣传文化工作

消防基层宣传文化工作，是以党的创新理论为指导，对消防基层宣传文化工作的本质、功能和实践要求等根本问题的总体回答。充分了解这些内容，对我们科学认识消防基层宣传文化工作，自觉锻炼宣传文化工作能力，进而在未来第一任职岗位上创造性地做好宣传文化工作，具有十分重要的意义。

第一节 基层宣传工作

消防宣传，是指以口头、文字和形象化手段，利用各种媒介传播消防安全理念、普及消防法律法规和消防安全知识，以引导公众提高消防安全意识并进一步掌握消防常识为目的的社会行为的总称。同时，它还包含着塑造消防救援队伍良好形象、正确引导消防舆论、推进消防文化建设和发展等职能。消防宣传是一项重要的业务工作，具有基础性、先导性、战略性、长期性、公益性等明显特征，是增强全民消防安全素质、预防和减少火灾事故、有效维护社会平安和谐的治本方略之一。

一、宣传工作的任务

（一）推动消防安全责任制落实

消防救援工作是一项复杂的系统工程，仅仅靠消防救援队伍唱“独角戏”，是难以实现工作目标和任务的。通过坚强有力的消防宣传工作，可以使各级政府、各部门、各单位和广大群众了解消防、重视消防、参与消防，认识到做好消防救援工作是每个机关、团体、企业、事业单位乃至每个公民义不容辞的责任，从而自觉增强消防责任主体意识，依法履行消防安全责任，有效提高全社会的整体火灾防控水平。

（二）提升全民消防安全素质

分析近年来导致火灾发生的原因，违反安全操作规程和违章用火、用电、用气引起的火灾占七成以上；从火灾伤亡情况看，有很多人是因不懂火灾自救逃生常识而丧生或受伤。通过坚持不懈地开展消防宣传，大力普及消防法律法规和消防科学知识，可以使公众更好地掌握火灾防范措施和疏散逃生技能，继而改善社会公众对火灾的认知，改正消防不良行为。即使遇到紧急情况，也能正确应对，免受火灾伤害。

（三）提升消防安全管理水平

通过加强消防宣传工作，能够让各级政府、各部门、各单位了解消防法律法规，建立和完善各项消防规章制度，明确各部门、各岗位的消防安全责任，并通过开展全员消防安全培训，使人们掌握日常安全知识，不断提高“四个能力”——检查消除火灾隐患能力，切实做到“消防安全自查、火灾隐患自除”；组织扑救初起火灾能力，切实做到“火情发现早、小火灭得了”；组织人员疏散逃生能力，切实做到“能火场逃生自救、会引导人员疏散”；消防宣传培训能力，切实做到“消防设施标识化、消防常识普及化”。

（四）正确引导消防安全舆论

在消防宣传工作中，通过对严格遵守消防法律法规、履行消防安全职责、热心消防公益事业、为维护消防安全做出贡献的集体和个人的事迹进行宣传，可以促进社会形成重视消防安全的良好风尚；对不遵守消防法律法规、轻视消防安全、火灾隐患久拖不改或酿成重大财产损失或人员伤亡的案例进行报道，可以使人们思想上受到警示和震动，促进社会单位和广大群众加强自我管理、自我约束，减少消防违法违规违章行为，降低引发火灾的人为因素。

（五）树立消防救援队伍良好形象

消防宣传工作是树立消防救援先进典型、加强思想政治工作、推进队伍正规化建设管理的重要手段，具有鼓舞士气、凝聚人心、陶冶情操、活跃队伍文化的功能。通过广泛宣传消防救援中的先进事迹，有利于增进全社会对消防工作的认识和理解，树立和展示消防救援队伍的良好形象，提高社会各界对消防工作的支持力度。

二、宣传工作的内容

（一）宣传的内容

消防宣传的内容，应当针对宣传教育的不同对象有所侧重，使消防宣传具有较强的针对性。消防宣传的内容主要包括消防救援工作方针、政策，消防救援法律法规、消防技术标准，消防安全常识、技能，重大消防事件及工作动态，工作经验和先进典型。

1. 消防救援工作方针、政策

党和国家有关消防救援工作的方针、政策及重大决策部署，各级党委、政府领导关于消防救援工作的批示、讲话和指示精神，社会化消防救援工作以及政府落实消防责任制等情况，是关系到消防事业发展全局和社会安定、人民群众生命财产安全的大事，是消防救援工作应遵循的重要依据，必须进行宣传普及。

2. 消防救援法律法规、消防技术标准

按照制定机关的不同和效力等级的高低，消防救援法律法规可以依次分为消防救援法律、消防救援行政法规、地方性消防救援法规、部门和地方消防救援规章四个层次。

消防技术标准是国务院有关部委或地方人民政府有关部门依据《中华人民共和国标准化法》规定的程序单独或联合制定颁布的，规定社会生产、生活中保障消防安全的技术要求和安全极限的各类技术规范和标准的总和。消防技术标准包括工程建筑消防技术标准、消防产品技术标准等。

3. 消防安全常识、技能

宣传普及消防安全常识，教育群众掌握与生产、生活工作密切相关的消防知识，如物质燃烧知识、电气防火知识、建筑防火知识、易燃易爆物品防火防爆知识、家庭防火知识、灭火基本知识，以及消防器材的使用知识和技能，生产经营领域的消防安全技能知识。特别是公众聚集场所消防安全知识、初期火灾扑救知识、疏散逃生知识等，是消防宣传的重点。

4. 重大消防事件及工作动态

重大消防事件和消防活动对社会的影响比较大，一般比较引人注目。一是对重要消防活动的宣传，如国务院、应急管理部和各级地方政府召开的重要消防会议、重大消防工作部署等；二是对消防专项行动的报道，如重大火灾隐患专项整治、“三合一”场所消防整治、消防产品“打假”行动等；三是消防工作动态、阶段性火灾情况、火灾形势分析报告等。重大消防事件和消防活动的时效性、新闻性较强，需要及时宣传报道。

5. 工作经验和先进典型

运用先进典型鼓舞士气、指导工作，是推动事业不断发展的重要途径和有效方法。宣传消防救援领域建设经验以及先进典型，对于树立消防救援队伍良好形象，推动队伍建设和消防工作发展具有重大意义，也是消防宣传工作的重要内容。一是突出宣传消防工作和队伍建设所取得的成绩，增进全社会对消防工作的了解，提高党委政府和人民群众对消防工作和队伍建设的支持力度。二是及时宣传重大灭火、抢险救援行动，展现消防救援队伍“对党忠诚，纪律严明，赴汤蹈火，竭诚为民”的精神风貌。三是大力宣传消防救援队伍在灭火救援、抢险救灾等工作中涌现出的典型人物，讴歌广大消防员英勇顽强、无私奉献的精神。

（二）消防宣传的形式

消防宣传的形式应以贴近生活、贴近群众、贴近实际为宗旨，以让党和政府满意、人民群众满意为基本原则，做到喜闻乐见、因地制宜，能够吸引公众广泛参与，便于公众学习、体验、掌握。

消防宣传采用的形式，通常分为社会化消防宣传和媒体消防宣传。社会化消防宣传是消防宣传工作中最基本、最普遍的形式，具有主体的广泛性、对象的针对性、内容的实效性、形式的灵活性等特点，包括主题宣传、活动宣传、季节宣传、阵地宣传、文艺宣传等。媒体消防宣传是人们获取消防信息的重要渠道，具有传播速度快、覆盖范围广、内容生动形象、社会影响力强等特点，包括报纸、广播、电视等传统媒体消防宣传和消防互联网站、政务微博、政务微信、客户端等新媒体消防宣传。

三、消防宣传活动的方法

（一）培养宣传活动骨干

在基层组织有经验、有特长的消防救援人员专门负责消防宣传活动的组织，将活动列入工作日程，定期或不定期对社会进行各种形式的宣传。这些骨干既要能组织自己基层的消防宣传活动，又要能按需要与上级相关防火工作的开展相结合，起到承上启下的作用。

（二）根据不同地区的消防特点进行宣传

由于各个地区人口状况、经济状况、地理状况、气候状况、发展状况等的不同，不同区域、不同类型消防救援工作也有各自的特点，比如有些基层单位多处理农村火灾，有些多处理高层建筑火灾，有些多处理化工火灾，有些多处理车祸，等等，所以消防宣传工作也要结合区域特点，有针对性地进行宣传。

（三）消防宣传活动的种类

（1）举办以防火、灭火或反映消防活动为题材的文艺演出，宣传消防知识，在民间公开表演，使防火、灭火知识深入人心。

（2）定期或不定期进行消防演练，可以组织群众到消防队内观看，也可以针对不同人群到民间进行演练，增强宣传效果。

（3）做展板、宣传栏、宣传橱窗、墙画和壁画等，吸引群众参观、观赏，以简单明了、易于理解、便于记忆的方式宣传消防知识。

（4）与当地广播电视电台、报社等部门合作，开办消防栏目，同时做好消防基层新闻的采编工作。

第二节　基层文化工作

消防基层文化工作是消防政治工作的重要组成部分，是以各种群体性文化活动为主要内容，通过不断满足和提升广大消防救援人员的精神文化需求，适应和促进消防基层建设全面发展的组织领导实践。本节分别从消防基层文化工作的本质、内容、特点和组织实施等方面加以阐述。

一、消防基层文化工作的本质

消防基层文化工作的主要任务是巩固和发展思想文化阵地，提高消防员的文化素质、身体素质和道德素质，通过开展文化体育活动和科学文化教育，培养能承担应急救援主力军和国家队的消防救援人员。基层文化工作主要是开展丰富多彩的文体活动，进行科学文化教育，把基层消防救援人员培养成为国家应急救援事业所需人才。消防基层文化工作的本质，涵盖了基层文化工作在消防救援队伍政治工作中的地位，消防基层文化工作的任务、性质和内容等丰富内涵，需要我们认真地理解和掌握。

（一）消防基层文化工作是消防政治工作的重要组成部分

把消防基层文化工作定位于消防政治工作的重要组成部分，这是消防救援队伍经过长期的发展实践，对基层文化工作重要地位的科学界定，体现了消防救援队伍对文化工作与政治工作的共同性，以及文化工作特殊性的科学认识。

消防的政治工作，是党在消防救援队伍中的思想工作和组织工作。消防基层文化工作是组织教育工作的一个重要方面，同样担负着通过有效的组织教育，宣传文化，使消防救援队伍的性质、宗旨、党的科学理论化为广大消防员的坚定信念，从而为增强消防救援队伍战斗力提供思想保证、精神动力和智力支持。

但同样是教育人、提升人的使命，基层文化工作却有自己独特的手段和方式。与思想政治教育“寓教于理”的特点相比，基层文化工作的特点是“寓教于乐”，它是把深刻的思想意蕴寓于广大消防员喜闻乐见的文化活动之中，通过形象生动的审美实践、潜移默化的情感升华、悄然无痕的心理调控，在消防救援人员精神文化需求不断满足、全面素质不断提升的过程中，实现政治工作的服务保证作用。从这个意义上讲，文化工作是生动的政治工作。一般来说，人们思想观念的发展变化，既离不开抽象的、理性的方式，也离不开形象的、感性的方式，二者互为补充、相辅相成。因此，消防基层文化工作作为消防政治工作的重要组成部分，既是对文化工作特性功能的深刻认识，也是对人的思想发展规律的科学把握。

（二）建设先进文化是消防基层文化工作的本质要求

消防基层文化工作是以组织各种群体性文化活动为主要内容，它的直接功能是满足和提升广大消防员的精神文化需求，最终目的是适应和促进消防救援队伍基层建设的全面发展。消防基层文化工作之所以具有这样的功能，是由其精神文化属性决定的。所谓精神文化，主要是指人类在精神领域的活动实践及其成果。基层文化工作所特有的以形象生动的手段形式，使消防救援人员在精神愉悦的体验满足中，悄然推动着其对社会人生的价值、理想、善恶、美丑等感受认知的发展，正好体现了精神文化属性功能的鲜明特点。文化有先进、落后之分，不同的文化对人的思想行为将产生不同的作用力。党的十九大报告明确了文化建设在中国特色社会主义新时代的基本定位。

消防救援队伍是党领导下执行应急救援的主力军和国家队，其本质的先进性要求其文化的先进性。首先，消防救援队伍紧紧围绕履行“保卫国家安全，维护社会稳定，保障人民群众安居乐业”的神圣使命，全面践行“训词精神”就是其文化先进性的根本体现；其次，队伍使命宗旨的先进性，要求必须用人类创造的最先进的文化来武装消防员的头脑，这样才能为履行神圣使命提供坚实的思想基础和可靠保证；第三，消防救援队伍的先进性本质，还要求必须善于不断地发现和运用先进的方法来科学有效地推进消防基层文化建设的创新发展。就消防基层文化工作来说，就是要努力发挥文化活动作为先进文化生动载体的独特功能，通过各种消防救援人员喜闻乐见的文化活动，发挥先进文化在消防救援人员成长、队伍建设中的引领、推动和保证作用。

（三）突出的组织领导是基层文化工作的核心内容

在消防基层文化工作本质的表述中，把基层文化工作的性质界定为“组织领导活动”，这是对基层文化工作本质认识上的一个飞跃。长期以来，由于基层文化活动是基层文化工作的主要内容，文化工作大多围绕着文化活动而展开，因此，文化工作和文化活动两个概念常常被混淆。这种混淆往往导致基层文化工作从理论到实践都有以活动技能替代组织领导能力培养的倾向。因此，对基层文化工作与基层文化活动的科学区分，就具有根本的理论与实践意义。

首先，二者的实践主体不同。基层文化工作的实践主体是少数从事和开展基层文化工作的政治工作者和基层带队人。而文化活动的实践主体是广大基层消防救援人员，文化活动正是通过广大消防救援人员的参与才形成的。其次，二者的实践内容不同。基层文化工作是包括开展基层文化活动在内的多种组织领导工作，如拟定各种文化工作的计划、措施，活动过程中的各种协调、组织等。而基层文化活动的内容是各种基层群众性文体活动类型、样式的总和，如文艺活动、体育活动、网络文化活动等。最后，二者的实践目的不同。消防基层文化工作作为消防政治工作的重要组成部分，其任务是通过满足消防救援人员的精神文化需求，促进人员综合素质的全面提高，进而实现党对消防救援队伍的绝对领导和提升战斗力的根本目的。而基层文化活动，从文化工作的角度讲，是实现根本目的的途径和手段。从参与活动的广大消防救援人员来讲，其根本目的是满足自身的精神文化需求。

正是这种科学的区分，推进了我们对基层文化工作“组织领导”性质的科学认识，也推进了消防基层文化工作这门学科建设的发展。

第一，组织领导的性质强化了对文化工作在消防思想政治建设中职能使命的意识。任何组织领导，都是有目的的实践行为。对组织领导意识的强化，有助于改变和避免单纯侧重于技能所带来的为活动而活动、以活动为目的等倾向，可以更科学有效地发挥文化活动作为途径、载体、手段，在推动消防思想政治建设中的重要而独特的功能。

第二，组织领导的性质推动了消防基层文化工作实践重点、方法的优化。文化工作内容丰富，形式多样，有着鲜明的创新特色，具体的技能更是不断变换和无法穷尽的。从组织领导的思维入手，就是强调和突出了以组织方法统领贯穿、整合丰富技能知识的实践方法，有助于较好地处理具体活动技能与一般活动方法的关系、文化工作与文化活动的关系，更加符合消防基层文化工作的实践需要。

第三，组织领导的性质有助于促进实践者知识视野的科学拓展。侧重于活动技能，知识围绕具体技能而展开。而侧重于组织领导，知识必然要围绕着活动的总体规律，围绕着人与活动的关系，围绕着活动与政治工作、中心任务要求等更广阔的知识领域展开，这种知识构建从根本上体现了文化工作作为政治工作重要组成部分的本质要求，有助于科学推动实践者文化工作素质能力的全面发展。

综上所述，消防基层文化工作的本质，是对基层文化工作在消防政治工作中的独特地位、内在的先进性要求，以及组织领导特征的集中概括，把握这些要点，就抓住了消防基层文化工作的根本。

二、消防基层文化工作的内容

消防基层文化工作的内容，是根据基层文化工作的性质、职能和基本任务确定的，是开展基层文化工作的依据和要求。消防基层文化工作的主要内容包括统筹规划工作、基层俱乐部建设、文化环境建设、开展文化活动、培养活动骨干和实施科学管理。

（一）统筹规划工作

在推进队伍先进文化建设这个总要求下，基层文化工作担负着完成上级部署的各项具体任务，配合消防救援队伍执勤训练、灭火救援等中心任务开展工作，贯彻落实各项法规政策，按照各种标准要求搞好本单位的文化组织、设施、人才、活动等建设任务。这些任务要求有的明确具体，有的原则概括。这就要求善于从消防救援队伍点多、线长、面广的特点出发，从遂行任务的复杂性入手，遵循文化活动的自身规律特点，科学地统筹规划好工作。如通过年度工作计划，对年度文化建设的目标，较大型的文化建设和活动安排等做出规划；通过月、季度的工作计划，将年度总目标具体细化，转化为具体的工作安排；通过工作预案，对特殊任务中的文化工作做出谋划。如经常性勤务条件下的文化工作预案、任务中的文化工作预案等。总之，通过科学的统筹规划，最大限度地发挥好基层文化工作在消防救援队伍建设中的作用功能。

（二）基层俱乐部建设

基层俱乐部是组织开展基层文化活动的重要机构和场所，是开展基层文化工作的重要依托。俱乐部建设主要包括俱乐部的组织建设、各类活动的队组建设、俱乐部设施器材建设、文化装备管理以及俱乐部的各项制度建设。随着消防救援队伍现代化进程的快速发展，俱乐部建设无论在硬件软件、内容要求上都带来了全新的变化。如文化器材列入装备、文化活动的网络化发展、俱乐部建设水平不断提升等。如何充分发挥好俱乐部作为“娱乐身心的场所，增长知识的课堂，传习技艺的中心，美化心灵的园地”的重要功能，是新时代抓好俱乐部建设的新课题、新挑战。

（三）文化环境建设

搞好文化环境建设，是环境育人在文化工作中的具体体现。文化环境建设主要是指消防队伍所驻营区内的环境建设美化中所体现出来的文化特点、文化功能。如因地制宜的文化长廊、亭台、绿化设计；各种新颖的户外运动设施，如攀岩，室外健身器械等；各种雕塑、碑刻、灯箱、标牌等。文化环境不仅是重要的育人条件，而且文化环境建设的全过程也是对广大消防员的智力、体能、审美、理想等精神情趣、精神追求全方位的立体熏陶过程。因此，作为消防救援队伍基层干部，只有不断提高自己政治、历史、文化、审美等多方面的素养，才能科学地发挥好文化环境建设在促进消防救援人员身心发展中的长远性、综合性、人文性功能，营造出有效培育党和人民忠诚卫士的浓厚氛围。

（四）开展文化活动

如前所述，组织开展多种丰富多样的文化活动，是基层文化工作的主要内容。《国家综合性消防救援队伍基层建设纲要（试行）》明确规定："队列集会有歌声，周末假日有活动，重大节日有晚会，每月体育有比赛"的"四句话"要求，是对基层经常性活动开展的规范性要求。总的来说，消防基层文化活动涉及文艺、体育、网络等消防员休闲娱乐、励志成才的方方面面，内容极为丰富，而且随着科技、文化的发展，新的活动形式又不断地被创造出来。文化活动的这种丰富性，既要求我们不断地学习具体文化活动的知识、技能，又要求我们掌握组织开展多种文化活动的规律性方法，这是我们组织和开展好文化活动的基础和保证。

（五）培养活动骨干

要搞好消防基层文化建设，推动各项活动向高水平发展。文化活动骨干是重要的人才条件。因此，文化骨干队伍建设，历来是消防基层文化工作的重要内容。骨干队伍建设主要包括精心选拔、大胆使用、及时培养和择优保留几个方面。精心选拔，就是对新消防员的各种文体特长作深入认真的了解，选拔和发现骨干苗子；大胆使用，就是在活动中敢于压担子、给任务，使之在实践中增长才干、发挥作用；及时培养，是通过参加上级举办的各类培训班，新老骨干间的结对子、传帮带，以及创造其他学习条件等，不断为骨干的学习提高创造条件；择优保留，则是尽可能地根据消防救援队伍人才建设的体制机制规定，对优秀骨干加以保留。总之，骨干队伍建设要求不仅要有爱才之心，还要有识才的慧眼、用才的魄力，以及从文化建设长远和全局发展培养人才的胸怀。

（六）实施科学管理

随着新时期文化设施器材作为文化装备成为消防救援队伍救援训练与装备管理的重要内容，消防基层文化工作在活动组织、制度建设、工作理念等方面都获得了长足的发展，科学有效的管理在基层文化工作法规化、制度化、经常化发展进程中的意义越来越凸显出来。注重科学有效的组织管理，是基层文化建设的多种资源要素得以有效整合，多种规划要求得以系统落实，多彩的文化活动得以有序开展，多样的活动功能得以有效发挥的前提和保证。

三、消防基层文化工作的特点

消防基层文化工作的特点是消防基层文化工作在实践中的特殊展现形式，是文化工作内在规律与外在特色的综合体现。深刻认识这些特点，对我们在工作中抓住规律、把握重点、有效发挥文化工作效能，具有重要意义。

（一）多样的技能性

文化工作以组织丰富多样的文化活动为主要内容，而无论是文艺、体育类活动，还是近年来飞速发展的网络活动，其鲜明的共同特点之一，即都具有突出的技能性，都需要特定的专业知识和技术技巧。如开展网络文化活动离不开多媒体技术，组织文艺晚会要懂编排表演，举办各种体育活动又需要一定的竞赛及裁判的知识技能等。因此，把握文化工作的这一突出特点，注重学习、掌握和了解多样文体技能，是做好文化工作的前提。掌握和了解的技能越多，开展起工作来才越能游刃有余。

（二）突出的组织性

如前所述，组织领导实践是基层文化工作的本质特征。基层干部作为基层文化工作的实践者，他的工作职责就是要把消防救援人员组织起来，使他们参与到丰富多彩的文化活动中来，因此组织性是文化工作的一个突出特点。活动的形式是否使消防员喜闻乐见，活动的效果是否体现了寓教于乐，活动的内容是否紧密配合了中心任务，活动的过程是否协调有序等，总之，整个的工作过程都体现了突出的组织性特点。因此，深刻把握这一特点，注重培养锻炼自己文化工作的组织能力，在未来基层干部更好地履行职责、按纲建队、做基层文化工作的明白人和实干家的实践中具有重要的意义。

（三）鲜明的创新性

一般来说，创新性是基层带队干部从事任何工作都应有的思维与实践品质，但这种创新常常体现为一个逐渐积累的、不断发展的过程。比如说，创新救援训练方法，改革思想政治教育形式等。但是文化工作则不同，它的每一次实践都需要创新。排晚会要有新节目，出板报要有新设计，搞活动要有新花样，拉歌赛歌更要有新形式。可以说，文化工作无时无刻都要求创新，而且也只有在创新中，文化工作才能求得发展，才能别开生面。因此，只有努力把握文化工作的创新性特点，自觉培养创新思维，提高创新能力，才能不断满足广大消防救援人员日益增长的精神文化需求，才能不断增强文化工作的吸引力、感召力和生命力。

（四）广泛的联系性

广泛的联系性，是指基层文化工作在与队伍内部和外部紧密多样的沟通合作中所形成的实践特点。在队伍内部，这种联系主要表现在上级的领导和指导、各方面的支持以及消防救援人员的共同参与。在外部，这种联系主要表现在与地方单位的紧密协作，这是消防基层文化工作最具消防救援队伍特色的一点。在具体的工作实践中，常常通过诸如共建联欢的活动形式、团结合作的表现内容，以及根据本单位文化工作的发展目标、活动规划、人才结构、器材状况，注意吸纳和利用地方文化建设的新鲜经验和资源优势等方面体现出来。

四、消防基层文化活动的组织实施

作为基层政治工作中重要的一部分，文化工作的开展影响着其他各项工作的完成，了解和掌握各类文化工作的组织实施方法，并在基层中很好地运用，对消防员完成其他各项工作，做到劳逸结合，救援素质与其他综合素质共同发展有很大作用。

（一）歌咏活动的组织实施

1. 选歌

基层中队演唱歌曲，一定要有队伍的特点和青年的特点。

第一，要多选择那些短小精悍、曲调流畅、有队伍特点、消防救援人员易记易唱的队伍题材歌曲。这些歌曲具有健康明快、主题明显、节奏性强等特点，容易发挥消防救援人员热爱队伍、热爱集体、团结一致的思想感情和精神饱满、整齐划一、歌声嘹亮的风格。选这类歌曲的目的在于时刻牢记我们队伍的优良传统，随时保持我们的优良作风。

第二，适当选择一些消防救援人员喜闻乐见的歌曲，群众中广泛流传的、感情健康的抒情歌曲，以及优秀的外国歌曲。这些歌曲流行性、时代性很强，在一段时间内可以深入人心。消防员和常人一样，情感也是丰富的，生活也是多姿多彩的，兴趣爱好也是广泛的，既需要有雄壮有力的歌曲来抒发豪情壮志，也需要有健康优美、轻松活泼的抒情歌曲来抒发自己的情感。选这类歌曲有利于发挥一些年轻消防救援人员的特长，展示他们的才艺，并使基层队伍更贴近社会、贴近生活。

2. 教歌

教歌前，教歌员要反复熟悉所要教唱的歌曲，要先唱会，并准确理解歌词，唱准曲调，掌握音调、速度、力度、情感等。教歌可按以下五个步骤进行：

第一，介绍歌曲。把要教唱歌曲的曲名、内容、主题思想、风格和演唱形式等讲解清楚，使大家理解歌词含义，明白学唱的意义。

第二，示范演唱。教唱者要把全曲完整地唱一两遍，示范演唱时要准确地把握歌曲的思想情感、风格特点等，并充分地表达出来，这样有利于学唱者进行模唱。

第三，分句分段教唱。可以先学歌曲，也可以先学歌词，依据不同歌曲的不同特点，选择合适的方法。

第四，练习难点。一首歌曲中总有某些难点或学唱者不易把握的部分，教歌前应将其划分出来，做到心中有数，在教的过程中反复练习。

第五，复习巩固。教会一首新歌后，要经常利用集合、队列、饭前等机会反复练唱，进行复习巩固，待大家唱熟记牢后，才可再学新歌。

3. 指挥唱歌

指挥必须根据音乐作品的内容和风格，以手势、身体动作和面部表情指出节拍、速度、力度、音色，以及音乐情绪等各种表演要素，引导全体演唱者将音乐作品的内容正确地表达出来。指挥者应当对指挥的基本知识有一定了解，并对歌曲有较强的把握能力。

4. 拉歌和赛歌

拉歌和赛歌是基层歌咏活动的重要内容，是消防员在集会时进行的一种有组织的演唱形式，具有歌声嘹亮、整齐划一、即兴性强的特点。要搞好拉歌和赛歌，必须注意平时的练习和积累，对已有的拉歌、赛歌套路的呼应方式、指挥的动作含义，以及灵活处理也要做到人人心中有数。

5. 其他歌咏活动

基层的其他歌咏活动可以根据不同单位的实际情况，组织歌咏比赛、卡拉 OK 比赛和合唱比赛等。这些比赛形式具有很强的艺术性和竞争性，是推动和展现队伍歌咏活动开展水平的一种重要方式。定期或不定期地进行比赛活动，对促进基层歌咏活动的发展、提高具有很重要的作用。

（二）影视活动的组织实施

1. 重在组织指导

在社会高速发展的今天，电影、电视节目花样纷呈，内容繁多，涵盖了整个社会的方方面面，这样，对组织的形式做出安排，对观看的节目内容进行筛选就格外重要。电影一般统一组织观看，没有特殊情况，要求人员到齐，队列严整，秩序井然。看电视要根据基层工作计划和电视节目预报做出安排，除按规定收看电视新闻外，还要组织收看一些有教育意义的节目，同时安排一些娱乐性强的节目，遇有消防救援人员特别喜爱的大型体育比赛、文艺晚会等，也可以作一些临时性安排。既要防止管得太严，不能满足多数消防救援人员的收看需要，也要防止放任自流，影响正常工作和作息。

2. 开展评论活动

对有教育启发作用、影响较大的电影电视节目，要组织开展好评论活动。我们看电影、电视不能只停留在“观看”的水平上，应当向“观赏、鉴别和评论”的方向发展，充分利用影视作品的社会功能和价值，发挥其在基层文化工作中的作用，引导消防救援人员树立良好的审美意识和正确的是非观、人生观、世界观。

3. 确立专人负责

对于放映电影、电视的器材，如电视机、投影仪、VCD、DVD 播放机、电脑、音响设备及其开关、调试等都要指定责任心强的人员具体负责，以确保运行的安全、有效。

（三）文艺晚会的组织实施

1. 主题

文艺晚会的主题可以是国家重大节假日、特殊纪念日或者表现某一重大事件，不管是哪一类，其主题都要健康向上、有意义、有价值，使消防救援人员能从中得到启发、进步与提高并得到健康的享受。

2. 节目

文艺晚会是综合性很强的文化活动，所以节目要形式多样、丰富多彩，还可进行大胆创新，内容则要体现广大消防救援人员和群众的意愿，营造团结和谐的气氛。

3. 编排

文艺晚会的编排是一项分工复杂、对个人责任心和能力都要求很高的工作。一般来说，要求分工明确，责任落实到个人，同时还应该注意协调好编排节目和日常工作的矛盾，统筹安排，做到工作娱乐两不误。

4. 晚会

开晚会时，可以邀请消防救援人员家属、地方有关人员或专业团体单位的指导和支持，以提高晚会质量、增进交流、吸取经验。

（四）体育活动的组织实施

1. 群众性体育活动

一般包括田径运动、球类运动和棋牌类活动。适当地将各种运动项目交叉安排，或成立各类活动小组，让消防救援人员根据自己的专长、爱好以自愿的方式参加，同时也要注意培养消防员多方面的兴趣，比如成立培训班、组织趣味比赛等吸引消防救援人员广泛参与体育活动，避免发展空间缩小。

2. 专业技能训练

一般包括登高训练，绳索救助训练等，由于消防救援队伍的特殊性，专业训练还包括了各种消防业务在内的技能运动，种类繁多。消防专业运动是消防救援人员在火场上战斗的根本基础，所以也是基层日常训练的组成部分，占有重要地位。在消防基层，可以定期或不定期地单独组织消防技能比赛，督促消防救援人员的训练。

3. 体育竞技比赛

体育竞技比赛一般包括联赛、选拔赛、对抗赛、通讯赛、邀请赛和友谊赛等类型。根据基层工作安排和平时的体育活动情况，可以组织各类竞技比赛，既检验了消防救援人员平时的训练效果，还可以增强集体荣誉感，提高值勤战备能力，使其真正体会到体育运动的重要性。

（五）读书活动的组织实施

第一，开展群众性读书活动。定期组织消防救援人员阅读指定书籍，或适时推荐一些书籍，由消防救援人员自由安排阅读。另外还可以采用一些辅助手段帮助和吸引消防救援人员进行读书活动，如举行讨论会，对读书的心得体会和存在的各种问题进行交流、探讨；还可以安排读书知识竞赛，既丰富了知识，又增加了趣味性。

第二，总结和评论活动。对读书后的心得做总结，对书籍进行评论，是读书活动的一项重要内容。一方面主观上总结自己对作品的理解以及各种心得体会；另一方面客观上从书籍艺术性、思想性等方面进行深入研究、探讨并进行评论。二者结合，既增加了读书活动的收获，也提高了审美、认知能力。

第三，开展读书演讲活动。这项活动融读书、总结、评论和演讲于一体，综合性很强。开展这项活动，要注意平时多督促消防员积累，做好辅导工作，还可以请相关专家进行讲座、座谈等，拓宽消防救援人员的视野，营造良好的读书氛围。

（六）墙报、黑板报的组织实施

1. 明确办报任务

墙报、黑板报的主要作用是宣传党的路线、方针、政策和重大政治活动；配合队伍中心工作，进行宣传鼓动；交流总结经验，表扬好人好事；介绍科学文化知识，传送队伍和社会信息；刊登娱乐活动项目，引导生活；结合基层建设，美化警营环境。

2. 严格办报要求

墙报、黑板报的要求是观点正确，内容充实；形式新颖，便于阅读；图文并茂，简洁美观；时效性强，更新及时。

3. 墙报、黑板报编排设计

版面的编排设计，一般要注意重点突出，主次分明；标题醒目，错落有致；字迹清秀，书写整齐；色彩明快，协调鲜明；版式新颖，插图适量。

习题

1. 如何组织实施消防宣传活动？
2. 消防基层文化活动有哪些主要内容？

第六章　消防基层群团组织

群团组织，是“群众性团体组织”的简称。消防基层群团组织主要是指国家综合性消防救援队伍大队、中队及其相当的队、站、室、所、库等基层单位的群团组织，主要包括基层共青团组织、消防救援人员委员会和基层工会。

第一节　基层共青团组织

基层共青团组织包括在国家综合性消防救援队伍基层根据需要设立的基层委员会、总支部委员会、支部委员会。基层共青团组织应根据《中国共产主义青年团章程》和国家综合性消防救援队伍的有关规定，在本单位党组织的领导和首长的指导下，围绕中心任务，开展适合青年特点的教育和活动，充分发挥完成任务的生力军突击队作用和联系广大青年的桥梁作用。

一、基层共青团组织的性质地位

基层团组织工作是共青团在队伍基层组织的相关业务工作，是队伍基层政治工作的重要组成部分。做好基层团组织工作，有利于团结教育队伍青年，充分发挥共青团的生力军和突击队作用。中国共产主义青年团在国家综合性消防救援队伍中的组织，是中国共产党领导的国家综合性消防救援队伍中先进青年的群团组织，是广大青年在实践中学习中国特色社会主义和共产主义的学校，是党的助手和后备军。这明确了包括基层共青团组织在内的队伍团组织的性质地位。

（1）基层共青团组织是先进青年群众组织。基层共青团组织既有先进性又有群众性。先进性主要体现在理想信念先进上，能够走在时代前列、走在青年前列。群众性主要表现为群众基础广泛，凡是承认团的章程，愿意参加团的组织并在其中积极工作、执行团的决议和按期交纳团费的青年消防救援人员，都可以申请加入团组织；与青年群众联系密切，活动内容和工作方式能有效吸引青年，能把大多数青年紧紧凝聚在党的周围。

（2）基层共青团组织是广大青年消防救援人员在实践中学习中国特色社会主义和共产主义的学校。这个学校把培养中国特色社会主义事业建设者和接班人作为根本任务，运用业务实践来锻炼青年消防救援人员，使他们在实践中受教育、长才干，自觉做共产主义远大理想和中国特色社会主义共同理想的坚定信仰者和忠实实践者。

（3）基层共青团组织是党的助手和后备军。基层共青团组织在本单位党组织的领导下进行工作，把围绕单位工作中心、服务基层建设大局作为工作主线，辅助党组织做好基层各项工作在本单位青年消防救援人员中的贯彻落实。基层共青团组织通过对队伍中青年消防救援人员的培养教育，提高他们的思想政治觉悟，推荐优秀青年入党，为党组织的建设和发展输送新鲜血液。

二、基层共青团组织的设置

共青团在国家综合性消防救援队伍基层设立团的基层组织。团的基层组织，根据工作需要和团员人数，经上级团的委员会批准，分别设立团的基层委员会、总支部委员会、支部委员会。在基层委员会、总支部下建立支部。如果工作需要，在基层委员会下也可以建立总支部。

团支部是团的基础组织，是团组织开展工作的基本单元，也是团的全部工作和战斗力的基础，担负直接教育团员、管理团员、监督团员和组织青年、宣传青年、凝聚青年、服务青年的职责。凡有团员 3 人以上的独立单位，都应当设立团支部。没有条件设立团支部的单位，其团员可以编入附近单位的团支部。设立团支部应经共青团委员会批准。

1. 团支部的组成

团支部由支部团员大会、团支部委员会、团小组和团员组成。支部团员大会是团支部的领导机关。团支部委员会是支部团员大会闭会期间的领导机关。团支部委员会贯彻执行支部团员大会决议，处理团的日常工作。团支部委员会由支部团员大会差额选举产生，一般由 5 ~ 7 人组成，每届任期 3 年。团支部委员会设书记、副书记和组织委员、学习宣传委员、文娱体育委员。书记一般由是党员的干部、消防员担任。团支部书记应当是党支部委员。团支部委员和书记、副书记的人选，必须经过党支部委员会同意，报上一级团组织批准。不足 7 名团员的团支部不设立支部委员会，设立书记、副书记或者只设立书记。团小组一般按班划分，也可两个班成立一个团小组，小组长由团小组推选产生。团员是团支部组成的基本要素，团员必须履行团章规定的各项义务，享有团章赋予的各项权利。

2. 共青团支部书记和各委员的分工

（1）团支部书记主持团支部的日常工作，根据上级团组织和党支部的指示，结合团支部的实际情况，确定并主持召开团支部委员会讨论工作；检查支部团员大会和团支部委员会决议的执行情况，代表团支部委员会向团员大会和上级团组织报告工作；主动与团支部委员保持密切联系，交流情况，研究工作；向党支部和本单位首长请示报告工作；组织培训团小组长。

（2）团支部副书记协助书记工作；书记出缺时，代理书记工作。

（3）组织委员负责掌握团支部的组织情况，办理发展团员和对团员的奖惩工作，收缴团费，办理超龄团员的离团手续，督促检查团小组过好组织生活。

（4）学习宣传委员负责了解团员和青年的思想、学习情况，组织团课教育和团员、青年的学习，开展宣传鼓动工作。

（5）文娱体育委员负责组织团员和青年开展健康有益的活动。

3. 团支部的基本任务

中队（站）的共青团工作要以党的理论和路线方针政策为依据，围绕队伍中心任务，服务队伍建设大局，基本任务内容随着队伍使命任务发展而变化。新时代消防救援事业处于新的历史方位，与之相适应的队伍共青团工作的基本任务是坚持用习近平新时代中国特色社会主义思想、习近平重要训词精神武装团员、青年，动员组织团员、青年积极献身消防救援事业，培养对党忠诚、纪律严明、赴汤蹈火、竭诚为民的新时代消防救援人员，为党输送新鲜血液，充分发挥党的助手作用、完成任务的突击作用和联系广大青年的桥梁作用。团支部要在基层单位贯彻落实新时代队伍共青团工作的基本任务。

三、基层共青团的组织生活制度

团支部等基层团组织，应当严格执行团的组织生活制度，经常、认真、严肃地开展批评和自我批评，按照增强政治性、时代性、原则性、战斗性的要求，加强和规范团内政治生活，不断推进组织生活内容和方式创新。

1. 学习制度

团组织应当深入实施青年大学习行动，采取集中学习、定期轮训、理论宣讲、实践活动、在线培训等方式，推动团员学习培训常态化、制度化，增强吸引力、感染力。团员每年参加集中学习培训一般不少于 4 次。

2. 会议制度

团支部应当定期召开支部大会、支部委员会、团小组会。支部大会又称支部团员大会，是指由团的支部委员会召集的支部全体团员参加的会议，是团支部的议事决策机构。支部大会一般每季度召开一次，根据工作需要可随时召开。支部委员会是团支部日常工作的领导机构，由支部大会选举产生，在支部工作中发挥核心作用。支部委员会一般每月召开一次，根据工作需要可随时召开。团小组是团支部的组成部分，不是团的一级组织，主要落实团支部工作要求，完成团支部安排的任务。团小组会由团小组组长负责召集并主持，可根据工作需要随时召开。

3. 团员教育评议制度

团员教育评议采用学习教育、自我评价和组织评议相结合的方式，对团员的表现和作用发挥情况作出综合评价，并通过评优和处理等方式，达到激励团员、整顿队伍、纯洁组织的目的。团员教育评议一般与年度团籍注册、团员先进性评价、团的荣誉激励等工作统筹开展，每年进行 1 次，一般在年底结合团员先进性评价工作一并开展。

4. 团员年度团籍注册制度

团员年度团籍注册是对团员团籍的连续认定，是团组织掌握和了解团员履行义务、参加活动情况的重要途径，是团员管理的关键环节。团员年度团籍注册一般应当在每年 1 月份，以团支部为单位开展。团员年度团籍注册应结合团员教育评议工作进行，根据团员评议结果，给予注册、暂缓注册或不予注册。

5. 团课制度

团课是团组织对团员进行系统教育，提高团员思想理论水平和政治素质的重要途径，是教育引导团员在本职岗位和社会生活中发挥模范带头作用的重要载体，是团组织的一项经常性重要工作。基层团组织每个季度应安排上一次团课。入团积极分子被确定为发展对象之前参加集中团课学习应不少于 8 学时。

6. 团日制度

团支部结合重点工作一般每月开展 1 次主题团日。主题团日开展前，团支部应当认真研究确定主题和内容；开展后，应当抓好议定事项的组织落实。

7. 组织生活会制度

团支部每年至少召开 1 次组织生活会，组织生活会一般以团支部团员大会、团支部委员会会议或者团小组会形式召开。专职、挂职团干部应当编入一个团的支部，并参加所在团支部或者团小组的组织生活。

8. 报告工作制度

团支部每半年或者按工作阶段，向上级团组织、党支部和支部团员大会报告履行职责、自身建设情况和其他有关事项。

四、基层共青团组织活动的主要内容和程序

基层共青团组织开展活动应当紧紧围绕基层队伍中心任务，适应青年消防救援人员特点，创新内容和形式，引导团员、青年在活动中经受锻炼、增长才干、发挥作用，重点开展好以下活动。

（1）学习成才活动。以学政治、学业务、学科技、学文化为主要内容，注重培养团员、青年执着的信念、优良的品德、丰富的知识、过硬的本领，做到爱国、励志、求真、力行。

（2）实战训练活动。牢固树立战斗力标准，瞄准救援实际、紧贴消防实践，以胜任本职工作、熟练掌握装备为主题，激励团员、青年争当训练尖子、技术骨干、操作能手，在队伍建设和执行任务中建功立业。

（3）学习英雄模范活动。运用英雄模范和先进典型的生动事迹，引导团员、青年在本职岗位上争先创优、健康成长。

（4）互学互帮互教活动。着眼团员、青年成长和发展的需求，建立互助小组，明确互助内容，健全互助制度，营造团结互助、共同进步的环境。

（5）基层文化活动。着眼打造强队文化，坚持队伍文化特色，创新文化育人的形式方法，开展丰富多彩、健康有益的文体活动，陶冶团员、青年情操，提高文明素养。

（6）社会公益活动。组织团员、青年参加文明创建、环境保护、支教助残等服务群众、服务社会的活动。

组织开展团的活动的主要程序如下：

一是根据上级指示和中队（站）实际，提出活动设想，确定活动主题，组织大型或重要活动应向本单位党支部和首长请示报告；

二是广泛征求团员、青年意见，制订活动实施方案；

三是部署任务，明确分工和要求，协调做好活动所需的场所、物资、器材等准备工作；

四是进行思想动员，精心组织实施，搞好督促检查；

五是及时总结讲评活动情况，并向党支部和上级团组织报告。

五、遂行任务中的团组织工作

国家综合性消防救援队伍承担防范化解重大安全风险、应对处置各类灾害事故的重要职责。基层共青团组织应当根据党组织、政治机关的指示，紧紧围绕任务中不同阶段任务，适应任务环境变化，培育团员、青年的战斗精神，灵活开展遂行任务中的团组织工作。

遂行任务中的团组织工作内容有三个。一是做好遂行团务工作。紧跟任务进程和工作实际，及时召开团的会议，分析团员、青年临战思想状况，跟进做好思想工作；根据任务编成和人员岗位调整情况，适时建立健全团的组织，配齐团的骨干，开展火线入团；发动团员、青年进行互帮互助，开展遂行任务文化活动，收集总结团员青年先进事迹。二是协助党支部做好遂行任务工作。配合开展政治动员和宣传鼓动，不断激发团员、青年的战斗热情；结合遂行任务，配合党支部开展立功创模、火线入党等活动；引导团员正确对待荣誉，配合党支部搞好战评工作。三是完成战时上级赋予的其他任务。

遂行任务中的团组织工作要求有三个。一是聚焦完成遂行任务。遂行任务团组织的一切工作都要围绕完成遂行任务开展，要找准团主旨工作在任务中的切入点、结合点和着力点，广泛组织动员团员、青年在完成遂行任务中发挥生力军和突击队作用。二是始终在党支部和本单位首长领导下开展工作，团组织拟制订的活动计划要以党支部和本单位首长的作战意图为依据，组织活动前要向党支部和本单位首长请示，实施活动要依据党支部和本单位首长的指示，活动完成后要向党支部和本单位首长汇报。三是紧贴作战进程中团员、青年实际，准确把握遂行任务环境下团员、青年思想观念、心理特征和行为方式的变化特点，因地制宜地灵活组织开展团支部活动，有针对性地解决团员、青年在遂行任务期间面临的思想困惑和心理压力，激发其顽强的战斗精神。

第二节　消防救援人员委员会

在国家综合性消防救援队伍基层单位设立消防救援人员委员会，是队伍基层政治工作的一项重要制度。新时代，做好消防救援人员委员会工作，对于激发基层人员的积极性、创造性，健全和发展基层民主生活，密切内部关系和丰富基层的物质文化生活，都具有十分重要的意义。

一、消防救援人员委员会的性质地位

消防救援人员委员会是消防救援基层单位实行政治民主、经济民主、战训民主，保障消防救援人员行使民主权利、开展群众性活动的组织。通过消防救援人员委员会，群众享有对本单位战备训练、教育管理、后勤保障、装备管理等工作的建议权，对消防士（长）选取和晋级、优秀班长考学和保送入学、技术员选拔培养、表彰奖励等涉及消防救援人员切身利益事项提出人选的推荐权，对消防救援人员履行职责、遵纪守法的监督权，对单位集体利益、消防救援人员正当权益的维护权等民主权利。

消防救援人员委员会是党支部加强本单位建设、团结带领消防救援人员完成各项任务的助手。它在基层建设和完成任务中发挥参谋作用，为本单位的党支部首长筹划工作提供建设性的意见；在维护政策、法规制度和消防救援人员合法权益以及基层风气建设中发挥监督作用，以保障消防救援人员的民主权利和正当权益不受侵犯；在密切消防救援人员关系和队伍与其他单位关系中发挥桥梁作用，既及时地把群众的意见反映给领导，又准确地把领导的决定传达给群众，能有效起到缓解矛盾、协调关系的作用。

二、消防救援人员委员会的设置

消防救援队伍中队（站）及与其相当单位设立消防救援人员委员会，在党支部的领导和中队（站）主官的指导下进行工作。消防员人数较多的机关部门、独立执行任务的临时单位，根据需要也可以设立消防救援人员委员会。设立消防救援人员委员会必须经支队级单位政治机关批准。

消防救援人员委员会的组成。消防救援人员委员会每届任期 1 年，单位编制员额 40 人以上的一般由 7 人组成，不足 40 人的由 5 人组成，每个排（分队）应当有委员 1 人。消防救援人员委员会推选主任、副主任各 1 人。主任一般由本单位行政副职领导担任，副主任和委员由政治业务素质好、思想作风正、群众威信高、热心为群众服务的消防员、学员和干部担任。消防救援人员委员会设立政治民主组、经济民主组、战训民主组、文娱体育组和群众工作组，各组长由委员或副主任兼任，组员一般为 3 人，由适合在该组工作的消防救援人员担任。40 人以下的单位，组可适当合并，组员可相应减少。

三、消防救援人员委员会的主要任务

消防救援人员委员会要围绕本单位中心任务，尊重消防救援人员主体地位和首创精神，适应基层消防救援人员的特点做好工作。

发动消防救援人员出主意想办法，提出加强和改进工作的建议；表扬好人好事，批评和揭发违法乱纪行为；反映消防救援人员和学院对干部的意见和要求，协助解决消防救援人员之间的矛盾；对优秀消防救援人员考学、选拔培养技术消防救援人员、提升正副班长、选取下一级消防救援人员、毕业学员分配进行推荐；对消防救援人员立功受奖进行评议。

发动消防救援人员积极参加以训练为中心的各项工作，为完成任务献计献策；发动消防救援人员开展战训民主，研究战术技术，开展战评活动。

经常了解和反映消防救援人员对伙食及其他物质文化生活的意见，研究改善的办法；监督经费开支，定期检查和公布账目，防止贪污盗窃、铺张浪费和侵占群众利益。

组织消防救援人员开展群众性文化体育活动。

协调本单位首长组织消防救援人员开展拥政爱民活动，维护群众纪律，发动消防救援人员为人民群众做好事。

四、消防救援人员委员会的工作制度

消防救援人员委员会实行集体领导，重要活动经集体讨论决定，必要时提交消防救援人员委员会大会集体讨论决定。

1. 学习制度

消防救援人员委员会每季度集中学习一次，由主任或者副主任组织，委员和组员参加，主要学习领会党的创新理论和有关法规、上级指示和队伍民主传统等。

2. 会议制度

消防救援人员委员会会议每月至少召开一次，本单位首长可以列席会议，主要研究制定和落实工作计划，安排阶段性工作，部署开展民主活动，消防救援人员委员会各组的会议从各自的职责出发，根据需要召开，消防救援人员委员会会议应当作记录。

3. 报告工作制度

消防救援人员委员会通常每半年向消防救援人员大会报告一次工作，报告重点是履行职责、自身建设的情况，并听取消防救援人员的批评和建议。

4. 请示报告制度

消防救援人员委员会每月向党支部报告一次工作，遇有重要问题和情况，应当随时请示报告，各组应当及时向消防救援人员委员会请示报告工作。消防救援人员委员会组织全体消防救援人员参加的活动，应当报本单位正职首长批准。

五、消防救援人员委员会的民主活动

1. 民主议事

消防救援人员委员会组织消防救援人员对涉及本单位建设和工作的相关事项进行民主议事，主要包括：贯彻落实《国家综合性消防救援队伍基层建设纲要（试行）》的年度工作计划，完成战备训练任务的措施，开展教育整顿和训练竞赛等活动的方案，完成有关行动任务的具体计划等。消防救援人员委员会组织民主议事，应当根据党支部的要求，提前公布议题，以适当方式征求消防救援人员的意见和建议后，召开消防救援人员委员会会议集体讨论，并及时将议事结果报党支部。

2. 民主推荐

对涉及消防救援人员切身利益的相关事项，党支部决定由消防救援人员委员会推荐人选的，消防救援人员委员会应当组织消防救援人员进行民主推荐，主要包括：消防士（长）的选取与晋级，优秀班长骨干考学和保送入学，骨干配备，技术培训，表彰奖励，毕业学员分配，困难人员救济以及其他需要民主推荐的事项。消防救援人员委员会组织民主推荐，应当根据党支部的要求，提前公布拟向党支部推荐的人选名额、标准、条件和其他需要公开的情况。推荐人选一般先由班、排（分队）提名，再召开消防救援人员大会以无记名投票方式差额推选产生。应选人数在 10 人以上的，推荐人选数应当多于应选人数的 30%；应选人数不足 10 人的，推荐人选数应当多于应选人数的 40%；应选人数为 1 人的，推荐人选数为 2 人。

3. 民主评议

消防救援人员委员会根据党支部的决定和要求，组织消防救援人员对指定人员的思想、工作、作风、能力、模范作用等方面进行评议。民主评议的对象主要包括本单位首长，消防救援人员委员会主任、副主任和党支部认为需要民主评议的人员等。消防救援人员委员会组织民主评议，应当根据党支部的要求，采取动员教育、评议对象述职、民主测评等方法进行。评议结果应当以适当形式、在适当范围内公布。

4. 民主监督

消防救援人员委员会应当按照有关条令条例的规定和党支部的要求，组织消防救援人员进行民主监督，内容主要包括干部履职尽责和廉洁自律等情况、干部骨干文明带队情况、消防救援人员遵纪守法情况；涉及消防救援人员切身利益问题的处理情况、经费收支情况、伙食管理情况、公用物资保管使用情况等。消防救援人员委员会应当将有关民主监督情况及时向党支部和本单位首长汇报，并以适当方式、在适当范围内公布。

5. 民主选举

消防救援人员委员会组织召开消防救援人员大会，以无记名投票方式差额选举出席旅、团级单位消防救援人员代表会议的代表。选举时，参加投票的人数超过本单位全体消防救援人员的半数，选举有效；代表候选人获得参加投票的消防救援人员过半数的选票时，始得当选。

民主活动的主要形式。消防救援人员大会是开展民主活动、实现消防救援人员民主权利的主要形式。消防救援人员委员会每季度至少组织召开一次消防救援人员大会。消防救援人员大会必须有超过应到人数半数的人员到会方可举行，其中讨论推荐事项的，必须有超过应到人数五分之四的人员到会；但驻地分散、难以按照规定人数召开消防救援人员大会的，可以由班、排（分队）组织讨论，提出意见，上报消防救援人员委员会汇总。消防救援人员大会由消防委员会负责记录。讨论选举、推荐事项的会议记录，必须由 3 名以上消防救援人员代表和消防救援人员委员会主任签字。事务公开是基层单位开展民主活动、保障消防救援人员知情权和监督权的重要形式。基层单位应当设立事务公开栏，一般每月公布一次有关情况，重大事项、重要情况应当及时公布。

第三节　基 层 工 会

基层工会是党直接联系和服务消防救援人员的桥梁和纽带，是工会全部工作的基础，是落实工会各项工作的组织者、推动者和实践者，是动员广大消防救援人员积极投身应急救援事业的迫切需要，是服务消防救援人员、维护消防救援人员合法权益、构建和谐劳动关系的重要保障。基层工会在上级工会和同级党委的领导下，根据工会组织的特点和广大消防救援人员的意愿，积极主动、独立负责地开展工作。

一、基层工会委员会的性质和设置原则

（一）基层工会委员会的性质

基层工会委员会是基层工会组织的领导机构，负责执行会员大会或会员代表大会决议和上级工会的决定，主持工会基层组织的日常工作，承担单位消防救援人员代表大会工作机构的职责，代表本单位消防救援人员同行政签订集体合同或专项协议。工会的各项工作都要通过工会基层组织的具体工作去实现，加强基层工会委员会建设是做好工会工作的保证。《工会法》规定："工会各级组织按照民主集中制原则建立。各级工会委员会由会员大会或者会员代表大会民主选举产生。企业主要负责人的近亲属不得作为本企业基层工会委员会成员的人选。各级工会委员会向同级会员大会或者会员代表大会负责并报告工作，接受其监督。工会会员大会或者会员代表大会有权撤换或者罢免其所选举的代表或者工会委员会组成人员。上级工会组织领导下级工会组织。"

（二）基层工会委员会的设立

1. 基层工会委员会的设立条件

不足25人，设委员3～5人，也可以设主席或组织员1人；可以由两个以上的单位联合组建基层工会委员会，还可以选举组织员一人，组织开展活动。

2. 基层工会委员会的产生

基层工会组建时，符合《工会法》要求的应当建立基层工会委员会。基层工会委员会应由基层工会组织的会员大会或者会员代表大会依照《工会法》和《中国工会章程》民主选举产生。

3. 基层工会委员会的任期

依照《工会法》规定，基层工会委员会每届的任期是3年或者5年。原则上，消防单位规模较大，消防救援人员人数较多或比较分散的基层工会委员会的任期可以相对较长，即5年；反之，任期可以相对较短，即3年。具体任期，由基层工会会员（代表）大会确定，法律另有规定的除外。

4. 基层工会委员会成员的人选

为了保证基层工会能够真正有效地履行好维护职责，防止工会干部因血缘和亲情关系不能有效维护职工合法权益现象的发生，《工会法》对基层工会委员会成员的人选作出了限制性规定，企业主要负责人的近亲属不得作为本企业基层工会委员会成员的人选。

5. 基层工会委员会的建立原则

基层工会委员会的建立必须坚持以下两条原则：一是组建工会必须报上一级工会批准的原则；二是工会委员会、经费审查委员会及主席、副主席和经费审查委员会主任必须民主选举产生，选举结果须报上级工会批复的原则。

（三）基层工会委员会的换届程序

基层工会换届程序与基层工会组建程序基本相同。不相同的部分有以下两个。

（1）基层工会委员会选举的筹备工作由上届工会委员会负责。

（2）工会会员大会或会员代表大会除了选举新一届工会委员会和经费审查委员会，还须审议和批准上一届工会委员会的工作报告，审议和批准上一届工会委员会的经费开支情况报告和经费审查委员会的工作报告。

工会委员和常务委员的组成人数：基层工会委员会和常务委员会的名额，按基层工会会员人数确定，不足25人，设委员3～5人，也可以设主席或组织员1人；25人至200人，设委员3～7人。

二、基层工会委员会的职权

基层工会委员会在基层工会会员大会或会员代表大会闭会期间行使以下职权。

（1）负责执行会员大会或会员代表大会的决议。

（2）主持会员代表大会代表的选举工作。

（3）负责筹备工会会员大会或会员代表大会。

（4）讨论决定基层工会的重要工作安排或有关重大问题。

（5）在工会会员大会或会员代表大会闭幕期间，对基层工会领导人选的变动提出意见和建议。

（6）审查和批准下级工会会员大会或会员代表大会的召开和选举结果。

（7）讨论任免基层工会的工作人员。

（8）讨论决定基层工会的财务预决算。

（9）根据工作需要提出基层工会的工作机构设置方案。

三、基层工会委员会的工作原则和工作制度

（一）基层工会委员会的工作原则

（1）集体领导和分工负责相结合的原则。工会基层委员会实行集体领导和分工负责相结合的制度。凡属重大问题都要由委员会民主讨论，作出决定。在工会基层委员会中，

工会主席和工会委员的关系，不是上下级关系，而是平等的关系。工会主席对日常工作负主要责任。工会主席对日常工作的处理和对重要问题的意见应受到工会委员的尊重，但工会主席不能搞“一言堂”和家长制，不能擅自决定重大问题。工会委员会应当各尽其职，各负其责，积极做好所分管的工作，认真执行集体决议，关心集体，搞好工会基层委员会的工作。

（2）从群众中来、到群众中去的原则。工会基层委员会在工作中必须坚持群众路线，从群众中来、到群众中去。注意听取中队（站）工会和会员的意见。帮助他们解决问题，并善于把工会基层委员会的决议变成消防救援人员群众的自觉行动。

（3）说服教育和群众自我教育相结合的原则。工会是消防救援人员自愿参加的群众组织，肩负着对消防救援人员进行共产主义思想教育的任务。工会基层委员会在开展思想政治工作时，必须坚持耐心的说服教育，并让消防救援人员在形式多样的活动中得到自我教育。要制止和克服简单粗暴的压服和放任自流的做法。

（4）实事求是，一切从实际出发的原则。工会基层委员会在完成各项工作任务时，不能凭主观想象，凭一时热情，大轰大嗡，也不能搞“一刀切”，而要深入实际，深入群众，根据实际情况，有针对性地开展工作。

（二）基层工会委员会日常工作制度

（1）工会基层委员会会议制度。工会基层委员会会议，讨论决定以下问题：贯彻执行会员代表大会或会员大会的决议和贯彻执行同级党组织、上级工会的有关决定、指示；向会员代表大会或会同大会的工作报告和向同级党组织、上级工会的重要指示、报告；工会工作总结和计划；有关消防救援人员权益的重大问题和向行政、消防救援人员代表大会提出的重大建议；工会经费预、决算及重大财务支出；工会机构设置、人员配备；工会会员会籍处理；必须由工会基层委员会讨论和决定的其他问题。

（2）工会例会制度。工会例会一般每周一次，出席对象为各队站（科室）工会主席、各工作委员会（小组）负责人、工会干事等，由基层工会主席主持召开。会议的内容一般包括学习有关文件精神，传达工会基层委员会的决议、决定，研究贯彻执行的具体意见，各部门汇报工作，布置下阶段的工作等。

（3）民主生活会制度。民主生活会一般每季度召开一次，检查工作，提高思想，开展批评与自我批评，解决矛盾，增进团结。

（4）工作计划、总结制度。除年度、季度工作计划和总结外，对中心工作也应当制订专项规划，作出专题总结。

（5）工会工作活动中形成的文件材料管理。包括会议记录、工作计划、总结、简报和统计报表等，凡办理完毕，又具有保存价值的，都应随时归卷；并按照它们在形成过程的联系和规律立卷。立成的案卷在次年上半年向档案部门移交。

（6）信访接待制度。工会基层委员会要认真处理消防救援人员的来信来访。基层工会正、副主席都应当亲自处理来信来访，听来访者反映，关心消防救援人员疾苦，密切同群众的联系，还可建立消防救援人员来访接待日制度。

（7）明确具体的考核标准。要按照德才兼备的原则，根据工会干部的特点，着重从德、能、勤、绩 4 个方面进行考核。可采取领导考核和群众评议相结合的方法。

四、基层工会代表大会

基层工会承担消防救援人员代表大会工作机构的职责，其任务如下：

（1）宣传党的群众路线和依靠工人阶级办事业的方针、政策，宣传和解释消防救援人员代表大会的性质、作用和任务。

（2）组织消防救援人员选举代表，组织消防救援人员代表学习党和国家的政策、法令和经营管理知识。

（3）提出召开大会的方案和议题的建议。

（4）征集、整理提案，交消防救援人员代表大会提案小组审理。

（5）会同有关部门做好会议期间的组织工作和会务工作。

（6）组织消防救援人员代表传达会议精神，发动消防救援人员和督促有关部门实现大会决议。

（7）组织消防救援人员代表团（组）和各专门工作委员会检查大会决议和提案的落实情况。

（8）承办消防救援人员代表大会或大会主席团交办的事宜。

基层工会的负责人经消防救援人员代表大会选举参加消防救援人员代表大会主席团并担任领导工作。

基层工会的各工作委员会要积极协助消防救援人员代表大会各专门委员会的工作，配合处理共同性的问题。

基层工会要维护消防救援人员代表的权利。消防救援人员代表因行使职权而受到刁难、打击时，要及时进行调查，要求有关部门作出严肃处理。

五、经费审查委员会

凡建立一级工会财务管理的基层工会组织，应在选举基层工会委员会的同时，选举产生经费审查委员会。

基层工会经费审查委员会委员名额一般 3 ~ 11 人。经费审查委员会设主任 1 人，可根据工作需要设副主任 1 人。

基层工会的主席、分管财务和资产的副主席、财务和资产管理部门的人员，不得担任同级工会经费审查委员会委员。

基层工会经费审查委员会由会员大会或会员代表大会选举产生。主任、副主任可以由经费审查委员会全体会议选举产生，也可以由会员大会或会员代表大会选举产生。

基层工会经费审查委员会的选举结果，与基层工会委员会选举结果同时报上一级工会批准。

基层工会经费审查委员会的任期与基层工会委员会相同。

六、女职工委员会

基层工会组织有女会员 10 人以上的建立女职工委员会，不足 10 人的设女职工委员。女职工委员会与基层工会委员会同时建立。

基层工会女职工委员会委员由同级工会委员会提名，在充分协商的基础上产生，也可召开女职工大会或女职工代表大会选举产生。

基层工会女职工委员会主任由同级工会女主席或女副主席担任，也可经民主协商，按照相应条件配备女职工委员会主任。女职工委员会主任应提名为同级工会委员会或常务委员会委员候选人。基层工会女职工委员会主任、副主任名单，与工会委员会选举结果同时报上一级工会批准。

习题

1. 团支部由哪些机构组成？团支部委员会设置有哪些要求？
2. 消防救援人员委员会的民主活动有哪些？
3. 基层工会委员会的设立有哪些要求？
4. 基层工会委员会日常工作制度有哪些？

第七章　消防基层队伍管理工作

管理活动同人类的历史一样悠久，自从有了人类的实践活动，也就有了管理。队伍管理工作是队伍各项工作的基础，是队伍建设的重要内容。消防救援队伍管理工作随着改革转隶前最早队伍组建而产生，随着队伍的发展而发展，并随着队伍正规化水平的不断提高而日益显示出不可替代的巨大作用。

第一节　加强经常性管理

基层队伍管理是队伍建设的一项根本性、全局性、基础性的工作。经常性管理是基层队伍管理的一项重要内容，也是基层队伍管理的重点和难点，必须在理论上认真研究，在实践中努力加强。

一、经常性管理的含义

经常性管理，是指基层管理者依据队伍建设的客观规律以及党和国家关于国家综合性消防救援队伍建设的方针政策，按照队伍的条令条例和规章制度，对队伍各项工作进行的计划、组织、指挥、协调、控制等活动。

二、经常性管理的任务

消防救援队伍管理工作坚持以习近平新时代中国特色社会主义思想为指导，深入贯彻习近平总书记重要训词精神，紧紧围绕建设一支对党忠诚、纪律严明、赴汤蹈火、竭诚为民的应急救援主力军和国家队，实行严肃的纪律、严密的组织，加强科学管理，严明作风纪律，抓好行政管理法规制度落实，培养严守纪律、令行禁止、步调一致的良好作风，保持正规的战备、训练、工作和生活秩序，保持安全稳定。

经常性管理是为了确保基层队伍各项活动顺利进行并达到集中统一、整齐划一、协调一致的预期目的而采取的特殊管理。主要任务是运用条令条例、规章制度对基层战备、训练、工作、生活秩序进行规范。

（一）职责方面

在职责上，干部热爱基层，恪尽职守，模范作用好；消防员安心工作，服从管理，好学上进；队伍精神饱满，士气旺盛，战斗力强。

（二）制度方面

在制度上，各项规章制度落实，各类人员坚守岗位，领导按条令条例、规章制度指导工作，干部按条令条例、规章制度管理队伍，消防员按条令条例、规章制度规范行为，队伍按条令条例、规章制度有序运转。

（三）纪律方面

在纪律上，执行中国共产党的路线、方针、政策，遵守国家的宪法、法律、法规，执行队伍的条令条例、规章制度，执行上级的命令和指示。每名消防救援人员必须做到听从指挥、令行禁止，严守岗位、履行职责，队容严整、举止端正，提高警惕、保守秘密，爱护器材装备和公物，廉洁奉公、不谋私利，爱民助民、保护群众利益，遵守社会公德、职业道德和家庭美德。

（四）作风方面

在作风上，着重培养理论联系实际、实事求是、谦虚谨慎、大公无私的思想作风；英勇顽强、不怕牺牲、连续作战、敢打必胜的战斗作风；联系群众、公道正派、雷厉风行、令行禁止的工作作风；艰苦奋斗、廉洁奉公、团结紧张、严肃活泼的生活作风。

（五）秩序方面

在秩序上，建立正规的战备、训练、工作、生活秩序和正规的执勤秩序，各类人员岗位职责明确，工作计划周密，组织领导严密，各项工作有条不紊。

三、经常性管理的内容

基层经常性管理内容丰富，涉及多项工作。结合国家综合性消防救援队伍的职能任务和实际情况，建立健全正规秩序成为新形势下队伍管理的重点和难点，必须高度重视、认真抓好。

（一）队容风纪

队容风纪是队伍和人员的仪表风貌，是队伍作风纪律和战斗力的外在表现，直接关系到队伍的形象和声誉。队容风纪主要是依据《国家综合性消防救援队伍内务条令（试行）》的要求：规范人员的着装、仪容、举止，做到着装整洁庄重、规范统一，换装季节听从上级统一号令；仪容严整，妆容、蓄发和佩戴饰物符合规定；举止端正，谈吐文明，精神振作，姿态良好。各级严格按条令条例对队伍进行经常性教育和检查，基层中队（站）每半月、大队每月、支队以上单位每季度至少组织1次队容风纪检查，及时纠正问题并讲评，维护国家和队伍的形象。

（二）队列生活

队列生活是训练的基础。加强队列训练，能够培养队伍良好的姿态、严整的队容、过硬的作风、严格的纪律性和协调一致的动作，促进队伍正规化建设，巩固和提高战斗力。国家综合性消防救援队伍全体人员必须严格执行《国家综合性消防救援队伍队列条令（试行）》，规范队列生活，抓好“站、走、坐”三姿的训练，做到队列整齐、姿态端正、呼号洪亮。各单位要把队列训练的成果贯穿到日常工作、学习和生活之中，体现在执勤执法中，做到训养一致，展现队伍的风采。

（三）内务设置

内务设置应当有利于战备，方便工作、学习、生活，因地制宜，整齐划一，符合卫生和安全要求，杜绝形式主义。基层中队（站）宿舍和各类库（室、场、馆）内物品、设施、设备等的放置，集中居住的由支队以上单位统一；分散居住的由中队（站）或者大队统一。干部使用的卧具应当与消防员一致。

（四）一日生活

一日生活是基层队伍一天中各项活动的时间安排，主要包括起床、早操、整理内务和洗漱、开饭、操课、午睡（午休）、课外活动、点名和就寝等九项内容。国家综合性消防救援队伍实行24小时驻勤备战，工作的特殊性要求在执行一日生活制度时要根据工作任务的特点和需要合理安排各项工作。在操课、执法执勤或工作以外可进行的其他活动，如集体组织收看电影电视、开展文体活动，以及处理个人事务等。

（五）登记统计

基层单位应当认真、真实、准确、及时、规范地做好登记统计；登记统计内容及相关本、簿、表、册式样，由应急管理部消防救援局、森林消防局按照条令规定结合实际分别规范统一。基层单位可以按照规定式样，运用信息化手段、电子文档等方式进行登记统计，并留存备查。中队（站）值班员每日就寝前应当按照《中队（站）要事日记》规定的内容进行登记统计。中队（站）首长应当定期或者不定期检查登记统计填写情况并签字。

（六）请假销假

基层队伍人员外出，必须按级请假，履行审批手续，按时归队销假，未经领导批准不得外出。在执勤、执行任务和操课（工作）时间内，无特殊事由不得请假。严格按照比例控制请假外出人数。休息日和节假日消防站外出人员比例，由应急管理部消防救援局、森林消防局按照《国家综合性消防救援队伍内务条令（试行）》规定依据任务、机构编制等情况分别制定。基层中队（站）的干部和消防员在符合战备工作有关制度规定的前提下，可统一安排轮休、调休和离营住宿，队伍紧急战备或者工作需要时，请假、探亲（休假）、轮休的人员应当立即归队。

（七）查铺查哨

基层中队（站）在位的干部和消防员应当留营住宿，消防员不得单人居住。中队（站）应当组织查铺查哨，每夜不少于2次，其中1次必须在熄灯后2小时至次日起床前1小时之间进行，通常由干部、站长助理或担负值班任务的消防员实施。野外驻训、恶劣天气以及其他必要情况时，应当增加查铺查哨次数。查铺时，动作要轻，不影响人员睡眠。查铺查哨发现问题应当及时纠正和处理。每次查铺查哨的情况，应当进行登记。

（八）点验制度

点验是对各级单位编制、实力、战备和安全状况的全面清点和检验。基层中队（站）每年应当进行1～2次点验。初任人员入营、消防员退出队伍时，应当对个人物品进行点验。点验主要内容包括执行编制的情况，装备和物资的数量、质量、保管、维修、保养情况，人员的健康和卫生状况，以及个人物品等。点验中发现的问题应当查明情况，妥善处理。对个人私存的公物、涉密载体、管制刀具和淫秽物品等必须予以收缴，并视情况给予批评教育或者处分。

（九）证件印章

国家综合性消防救援队伍人员证件是证明人员身份，依照法律规定享受国家和社会给予的荣誉和相应待遇的有效证件。“干部证”“消防员证”“学员证”“退休证”等证件封皮、证芯由应急管理部政治部统一印制，由总队以上单位、消防救援院校的政治机关按规定制发。证件应当妥善保管，严禁转借、复制、伪造、涂改，防止遗失和损坏。印章的刻制必须严格按照有关规定呈报批准，并在指定处刻制，严禁私刻公章。使用印章必须按照规定权限，严格履行审批手续，认真登记，严格用印监督。严禁利用公章谋私和开具空白信。印章应当专柜存放，专人保管。证件和印章遗失应当及时报告制发机关，按规定给予处理，按程序予以审批补制补发。

（十）保密安全

国家综合性消防救援队伍人员必须遵守保密法规，严守保密纪律，保守国家秘密和工作秘密。秘密载体应当指定专人保管，严格审批、清点、登记、签字等手续。在演习、会议、宣传以及对外交往等活动中，要严格遵守保密制度，不得泄露国家秘密和工作秘密。

四、经常性管理的方法

坚决贯彻纪律严明管理要求，就是要始终坚持以习近平总书记重要训词精神为统领，坚持纪律队伍建设标准，以严明的纪律抓班子、带队伍、重教育、保稳定、严执纪，推动队伍建设全面转型、全面升级、全面过硬。

（一）以班子建设为核心，确保管理坚强有力

1. 发挥党组织核心引领作用

坚持党组织统揽，定期议训、议管、议安全，及时研究解决事关队伍发展建设全局性、方向性、根本性问题，以班子过硬带动队伍全面过硬。党组织要压实经常性管理的主体责任，及时摸清基层实情、解决基层问题，做到工作在一线体现、成效在一线检验、问题在一线解决。

2. 发挥干部模范带头作用

各级主官作为队伍经常性管理的直接责任人，要加强对班子成员的教育、管理和监督，切实抓牢抓实谈心谈话制度，真正掌握“活思想”，及时发现隐患苗头问题。各级班子成员要以身作则、率先垂范，为消防救援人员立标杆、做示范、带好头。要严格落实

“一岗双责”制度，扭转重业务轻管理的思想，做到业务建设和队伍纪律建设两手抓，两手都要硬。

3. 发挥机关齐抓共管作用

机关部门要破除各自为政和条块管理思想，将队伍经常性管理责任细化到各个部门、每个岗位，确保人人肩上有担子、有责任，变“碎片化”管理为“体系化”管理。各部门深入基层指导业务工作的同时必提队伍管理，要经常通气、相互借力，通过奖惩激励机制，以抓队伍管理促业务工作，以抓业务工作促队伍管理。

（二）以严明纪律为要求，确保管理正规有序

1. 持续强化政治建设

牢牢把握政治建队的根本方针，坚持把党的政治建设摆在队伍管理的最首位，强化政治引领，突出政治功能，发挥好党组织把方向、管大局、保稳定的核心作用。

2. 持续强化纪律建设

按照纪律部队的法规制度和标准要求严格管理队伍，不断强化消防救援人员的号令意识和规矩意识，保持战斗队管理模式不变、队伍优良传统不丢、依法从严治队标准不降。坚决执行条令条例和各项规章制度要求，引导消防救援人员形成“按法规办、按制度办、按程序办”的规则意识。

3. 持续强化制度建设

不折不扣抓好制度的贯彻落实，做到初始即严，一严到底。紧盯当前队伍管理中存在的突出问题和薄弱环节，坚持问题导向，有针对性地制定符合自身管理教育情况的配套制度，在不断实践中进行完善，确保有法可依、有章可循。

（三）以强化责任为抓手，确保管理落到实处

1. 明晰责任主体

要把党组织的主体责任压紧压实，真正把党风廉政建设和队伍建设的重任扛在肩上、抓在手中，层层抓示范，层层抓带动，切实拧紧环环相扣、责任明晰的教育管理链条。

2. 紧盯重点内容

要盯紧“人车酒、黄赌毒、网电密、小远散直”等重点环节，强化风险预测和精准管控，落实形势分析、安全检查等制度，适时开展专项集中整治，及时堵塞管理漏洞，确保队伍安全稳定。要紧盯节假日、安保期间、“八小时以外”、干部调整、消防员晋升等重点时段，提前做好风险防控，把各类苗头、隐患问题及时处置在萌芽之中。

3. 从严监督执纪

要逐级压实“两个责任”，用好“四种形态”，严密责任链条、织密责任网络，确保人人有责任、个个有压力。要整合督察力量，对队伍开展不间断、不定时的督察，抓早、抓小、抓苗头，对发现的问题建立清单，逐项销账。

第二节　做好安全防事故工作

安全防事故工作，既是消防救援队伍基层队伍管理的重要内容，又是圆满完成防火、灭火和应急救援等各项任务的基本保证，也是衡量基层单位工作水平的重要标志。

一、队伍安全防事故工作的含义

所谓安全，一般有广义和狭义两种解释：广义上的安全，泛指没有危险，不受威胁，不出事故；狭义上的安全，特指一个行业或组织内部预防行政事故，保证人员和财产避免或减少因事故而造成损失的安全。消防救援队伍安全防事故工作，特指队伍为防范和处置事故，保证人员、器材装备、财产安全所进行的活动。

基层队伍安全防事故工作是指在基层党组织的领导下，牢固树立“基层至上，消防救援人员第一”的理念，切实把“生命至上”贯穿到安全管理全过程、各方面，依靠消防救援人员运用科学的理论、原则和法规，为防范和处置事故，保证人员、器材装备、财产安全所进行的活动。

二、队伍安全防事故工作的任务

队伍安全防事故工作是队伍管理的重要组成部分，是基层全面建设中一项经常性、综合性、基础性工作，直接关系到基层的全面建设。一旦发生安全事故，既可能造成人员的伤亡、装备的损失，又会破坏队伍正常的工作、生活秩序，打乱队伍正常的工作计划，牵扯领导大量的精力，对队伍稳定、队伍声誉和队伍士气具有极大的破坏作用。

基层队伍安全防事故工作原则：依法严管，科学监管；关口前移，源头治理；分级管控，各负其责；突出重点，精准防范；依靠群众，注重经常。

基层队伍安全防事故工作基本任务：教育和督促广大消防救援人员树立安全意识，履行安全管理职责，落实安全法规制度，开展安全教育和安全训练，加强安全基础建设，建立安全风险分析和防控体系，健全事故防范和处置机制，防止和减少事故，及时妥善处理安全问题，保证队伍各项工作顺利进行。

三、队伍安全防事故的内容

基层队伍安全防事故工作要牢牢抓住战斗力这个唯一的根本标准，树立安全发展理念，构建训管一致的安全管理体系，防范和化解各类安全风险，遏制重特大事故，保持队伍安全稳定。

（一）建立健全安全组织

国家综合性消防救援队伍各级党委（总支、支部）统一领导所在队伍安全防事故工作。队伍各级政治部门负责具体组织和牵头协调队伍的安全防事故工作，相关部门（单位）按照职责分工负责队伍安全防事故有关工作。各级党组织和首长应当加强对安全防事故工作的组织领导，建立和落实安全管理责任制，指导和督促部属履行安全管理职责，确保安全管理的经常性和有效性。

（二）组织开展安全教育

各级机关部门应当根据本单位安全工作实际，将安全教育贯穿日常管理和作战训练、应急救援等工作的全过程。安全教育主要包括安全法规教育、安全常识教育、安全理论教育、安全警示教育等内容。通常运用集中授课、专题研讨、经验交流、案例分析、现场观摩、心理疏导、知识竞赛、媒体宣传等形式和方法组织实施。

（三）坚持安全分析制度

通常总队每半年，支队每季度，大队以下单位每月或结合战备等级转换、季节气候变化、执行灭火作战、应急救援任务等时机，采取综合分析和专题分析相结合的方法进行安全分析。分析内容主要包括人员的思想状态和安全素质、事故防范特点和规律、安全组织运行和制度落实、装备设施安全状态、舆情动态和外部评价、事故预防和处置经验教训，以及其他不安全因素和预防工作重点。

（四）开展安全隐患检查

安全检查通常采取综合检查、专项检查的方式进行，可以按照计划组织实施，也可以随机组织实施；根据需要，可以结合其他检查联合组织实施。

综合检查由各级政治部门牵头组织指导。总队每半年，支队每季度，大队以下单位每月应当组织1次综合检查。组织综合检查，应当区分不同类型、不同任务单位，深入重点岗位、危险点位、要害部位进行。

专项检查由各级机关部门、处（科）室在各自职责范围内组织指导。组织专项检查，应当聚焦形势任务需要，针对安全管理中的倾向性问题或者突出安全隐患，现场督办和专题研究解决。

随机组织安全检查，应当不发通知、不打招呼、不听汇报、不用陪同和接待，直奔基层、直插现场。安全检查主要包括建立健全安全组织、组织安全教育训练、落实安全法规制度、开展安全基础建设情况、应对处置能力建设情况、排查整治安全隐患等情况。

组织安全检查通常按照下列步骤进行。

（1）制定计划。明确安全检查的工作指导、重点内容、时间安排、牵头部门、人员编成、方法措施。

（2）动员培训。明确责任分工，组织人员培训，学习安全法规、技术规范，熟悉开展安全检查的方法要领、基本程序。

（3）实地检查。突出安全防范、危险源风险管控、隐患排查整治，各级机关部门、处（科）室应当采取重点抽查、现场办公、蹲点指导、集智攻关等方法开展检查，基层单位应当开展安全隐患系统排查。

（4）督促整改。对安全检查中发现的安全问题和风险点，应当建立安全台账，并及时向被检查单位下达“安全隐患整改通知书”，明确整改内容、时限和要求。被检查单位应当按照“安全隐患整改通知书”的要求制订隐患治理方案，逐一分解落实责任，实现隐患排查治理的闭环管理。

（五）常见事故防范

常见事故的防范是队伍管理的重点。由于国家综合性消防救援队伍担负任务和工作特点，队伍常见事故包括车辆交通事故、训练和灭火救援事故、器材装备事故、飞行器事故、船艇事故、溺水事故、营区安全事故、卫生和中毒事故、自然灾害和其他事故等。

1. 车辆交通事故

车辆交通事故主要是指由于违反车辆管理使用规定或违章行驶等原因造成车辆在行进或停止时发生碰撞、碾压、翻覆、失火、落水等致使人员伤亡、车物毁损的事件。各级应当重视车辆交通事故防范，教育督促所属消防救援人员遵守道路交通安全法规，严格车辆动用、乘载和驾乘人员管理，严格落实车辆检查、保养等制度。

2. 训练和灭火救援事故

训练和灭火救援事故主要是指在进行训练、演习、灭火救援战斗时，由于指挥不当，组织不严，违反有关规定和操作规程等造成的人员伤亡和装备、物资损坏、损失的事故。各级应当严密组织灭火救援作战训练行动和执勤安保工作，严格落实安全责任、安全制度和相关安全要求，加强安全防护。

3. 器材装备事故

器材装备事故主要是指未按规定对器材装备进行操作和管理，或因器材装备自身存在质量缺陷在使用中发生事故。各级应当严格遵守装备安全使用管理规定，突出装备采购、仓储、使用、改进改装、维修、检测检验、报废等重要环节的安全管理，确保装备的稳定性、可靠性和安全性。

4. 飞行器事故

飞行器事故主要是指因指挥失误、操纵不当等原因导致直升机、无人机等飞行器发生事故。各级应当遵守飞行安全使用管理相关规定，严密组织飞行指挥和保障，及时正确地处置异常空情。

5. 船艇事故

船艇事故主要是指因组织不力、操纵不当等原因导致船艇发生事故。各级应当严格遵守船艇安全使用管理相关规定，严守船艇操作规程，加强航道安全监控，保持船艇航行安全。

6. 溺水事故

溺水事故是指因违反规定，擅自到江河、湖泊等水域进行游泳、洗澡、打鱼等非组织活动，或因执行水上训练、勤务、战斗任务，由于干部责任心差，组织不严而发生的溺水死亡事件。各级应当加强对所属消防救援人员的管控，严禁私自到江、河、湖、海等水域游泳、洗澡、捕鱼、漂流。

7. 营区安全事故

营区安全事故主要是指因失控漏管、操作不当或者其他原因发生坠落、触电、火灾、爆炸等事故。各级应当加强营区安全环境建设，落实训练塔、厨房、财务室、油气管道、压力容器等重点部位的人防、技防、物防手段。

8. 卫生和中毒事故

卫生和中毒事故在队伍时有发生，特别是食物中毒，更容易造成群死群伤的严重后果。各级应当加强卫生防疫和预防中毒常识的宣传教育，严格落实卫生防疫管理制度和安全检测措施，定期组织开展针对性排查和演练，落实防止因教育不到位、管理不善导致发生气体中毒、食物中毒、生物中毒等各种事故。

9. 自然灾害等其他事故

自然灾害等其他事故主要是指因发生自然灾害或次生灾害造成人员伤亡、装备和设施损毁、财产损失。各级应当结合任务、驻地环境和季节变化，有针对性地加强对自然灾害以及中暑、冻伤等其他事故的防范。

四、队伍安全事故的调查与处理

事故调查与处理的根本目的在于弄清情况，明确责任，查清原因，教育队伍，吸取教训，改进工作，有效地防止事故的再发生。因此，发生事故后，必须以认真负责的态度、实事求是的精神和扎实细致的工作作风进行调查处理。事故的调查与处理，主要由主管业务部门依据有关章程组织进行，基层单位主要是积极协助上级业务部门搞好现场保护，协助调查，稳定人员思想和做好善后工作。

（一）事故的调查

对事故进行深入细致的调查，是准确掌握第一手材料，找出真正原因，进行妥善处理，制订出防范措施的重要依据和必要前提。

1. 事故调查的基本要求

在事故调查过程中应严格遵守以下要求。

（1）及时。发生事故后，一定要正确对待，特别是发生影响较大的恶性事故后，要注意保持清醒的头脑，及时进行调查。一是边调查边报告。事故发生后，当事人或最先发现的人应主动报告情况，基层干部应迅速报告上级领导并赶赴现场查明情况。二是积极组织抢救工作。发生伤亡事故时，应迅速组织抢救，该就地抢救的就地抢救，该送医院的及时送往医院。三是严格控制现场。特别是发生重大亡人事故时，应严格控制现场，使其保持原来状况，尽快与有关部门取得联系，以便及时有效地进行调查。

（2）准确。事故的调查应力求准确，特别是对一些后果严重、影响较大的事故，更要深入细致。一是伤亡人数及受伤程度要准；二是武器装备损坏程度和丢失数量要准；三是与事故有关的原因要准，如事故的直接责任者、当时当地的客观情况等其他相关因素。

（3）全面。对事故进行全面调查，就是要求对其过程进行调查，即对发生前、中、后的所有情况进行调查。事故调查过程中，既要查客观原因，又要查主观原因；既要向当事人调查，又要广泛听取目击者和相关人员的看法；既要听取汇报，又要到现场察看，切忌以点概面，只听一面之词。

（4）求实。就是在事故的调查过程中，要实事求是，既不夸大，又不隐情不报，应付搪塞；既不能过于强调客观，又不能脱离实际，包揽责任。要客观公正，实事求是，如实说明有关情况，积极配合上级业务部门把事故的各种原因调查清楚。

2. 事故调查的一般程序

事故调查一般按照以下程序进行。

（1）成立调查小组。基层单位发生了事故，通常根据事故的等级，上级成立相应的调查小组。基层单位一般只参与上级组织的调查，事故有关的干部或骨干根据需要参与事故调查。一般事故由支队级单位组织调查处理；严重事故由总队级单位组织调查处理；重大、特大事故由部局组织调查处理。根据需要，上级可以将属于本级权限的事故调查授权下级组织实施，也可以直接组织实施属于下级权限的事故调查。

（2）进行现场察看。调查小组应尽可能在短时间内赶赴现场，进行认真仔细的查看，并进行必要的取证，要广泛收集原材料和现场技术证据，便于分析和研究。对于一些因技术原因不能调查的内容，要保护好现场，以便为有关专业技术人员调查提供条件。

（3）找当事人询问。找事故当事人询问是调查工作的重要一环。因此，一定要采取多种方法，耐心启发，使其消除思想顾虑，讲真话。询问时，要认真听取当事人对事故发生时的每一个细节的叙述，不可忽视任何一句话和当事人每个细小表情变化。

（4）找现场目击者调查。现场目击者会给事故调查工作提供最有价值的证据。为此，有条件时必须对目击者进行调查，如有多个目击者，最好分头谈话调查，便于了解真实情况。

（5）综合分析。综合分析是调查人员对事故调查完毕或某个阶段调查工作结束后，将调查情况加以分析综合。其目的在于统一对事故事实的认定，确定事故的等级，分清事故的责任。其主要方法是采取会议汇报、书面调查报告等，实事求是地反映发生事故的真实情况及对事故的基本看法，对一些意见不一致或被调查者之间反映有些出入的问题，要进行认真研究，必要时可以继续调查。

（二）事故的处理

处理事故是一项原则性很强的工作，必须在深入细致的调查、分析的基础上进行。基层单位要高度重视，妥善处理，真正做到坚持原则，实事求是，公正合理。

1. 事故处理的原则

事故处理应严格遵循以下原则。

（1）严肃认真。事故原因查不清不放过；责任不明不放过；肇事者和有关人员未受到教育不放过；不订出防范措施不放过。

（2）实事求是。以大量调查的事实为根据，严格掌握界限，一方面要防止“大事化小、小事化了”，怕负责任、怕影响单位荣誉的错误倾向；另一方面，也应综合考虑事故发生的主客观原因，力求做到合情合理，实事求是，避免那种不负责任、借故整人等做法。

（3）依法处理。即依法依规对事故责任者实施必要的处罚。必须做到严肃认真，不徇私情，公正合理。对造成事故（不含社会事故）负有直接责任的人员，尚不够刑罚处罚的，依照《处分条令》的有关规定给予处分；对事故负有直接责任的人员，触犯刑律的，移送司法机关追究刑事责任；对发生事故的单位，应当根据事故的性质、原因、后果，以及具体情形、责任大小、影响程度，追究单位领导干部以及机关和主管业务部门领导干部的领导责任。

（4）注重教育。通过对事故的处理，不仅使事故责任者受到教育，而且也使队伍所有人员从中吸取教训，提高预防事故的自觉性。

2. 事故处理的一般程序

事故处理一般按照以下程序进行。

（1）召开会议分析研究。发生事故的基层单位应在深入调查、搞准情况的基础上，召开党委（支部）会议，集体研究处理意见。会议主要内容：一是听取调查情况报告，全面了解事故情况，使与会人员对事故发生的过程及其原因有一个比较完整的认识和了解；二是进一步分析事故原因，明确责任；三是讨论处理意见，包括对教育整顿的安排。

（2）开展整顿完善措施。发生事故后进行教育整顿，进一步修订完善安全措施，是处理事故的一项重要工作。进行教育旨在吸取教训，搞好对照检查，完善措施。教育整顿的主要内容包括通报事故，分析原因，吸取教训，认真查找其他方面事故的苗头和隐患，修订完善防范措施。

（3）依法依纪实施处分。对事故责任者应按《处分条令》和有关规定实施处分，超过本级权限的，报上级审批。同时，应注意做好相关人员的思想工作，对一时想不通的人员，应采取措施，进行重点帮助；对受伤住院的人员，要到医院看望，以示关心；对死亡的人员，积极协助有关部门做好善后工作。

第三节　队伍管理法规制度

队伍管理法规制度，是用以调整队伍管理活动中各种关系的行为规则，集中体现了党的方针、政策和国家法律、法规对国家综合性消防救援队伍的要求，是队伍管理的基本依据和全体消防救援人员的行为准则。其主要来源于国家综合性消防救援队伍法律法规、条令条例、基层建设纲要和规章制度。

一、队伍管理法规的含义

队伍管理法规，是以国家强制力保证实施的关于国家综合性消防救援队伍的组织活动和人员的行为规范的法律文件，是有关法律、法令、条例、规则、章程等的总称。队伍管理法规体现了队伍的性质、宗旨，反映了队伍建设的客观规律。其作用在于调整队伍内部各级组织、各类人员的关系，调整队伍与社会之间的关系，规定人们在各项活动中应当执行的原则、内容、程序和方法，建立起合法而和谐的队伍管理秩序。它具有强化管理制度、改善管理秩序、提高管理效率等多方面的社会功能。

二、队伍管理法规的特征

队伍管理法规体现了党和国家的战略方针、总书记重要训词精神以及建队作战的原则，反映了一般消防救援活动的客观规律，具有严格的规范性、很强的操作性和很高的权威性。

（一）严格的规范性

队伍管理法规作为全体消防救援人员的行为准则，具有严格的规范性。它规定了人员的职责、权利和义务，规定了行为的标准和依据，也规定了其适用范围、作用、任务、原则和要求等。不同的条令、条例之间，条令、条例同其他法规之间，既有分工又有联系，构成了完整的体系，覆盖了消防救援活动的各个领域、各个方面。任何人员、任何工作、任何部门都在条令、条例的规范之中，从而保证了队伍高度的集中统一。

（二）很强的操作性

队伍管理法规作为消防救援人员的行为规范，具有很强的操作性，其各项规定具体、明确，既有定性要求，又有定量规范；既规范人员的行为模式，又规范行为的法律后果及处理的办法。消防救援人员必须做什么，哪些不允许做，以及应该怎么做，条令、条例都规定得十分明确。有的原则性规定，则授权有关机关制定实施细则或补充规定，加以细化，便于贯彻执行、对照检查，以保证条令、条例各项规定的落实。

（三）很高的权威性

队伍管理法规是严格按照立法程序制定或修订，经过审查批准，以正式命令颁布的，具有很强的约束力，并受国家强制力保护。已经颁布生效的条令条例必须不折不扣地执行，做到照章办事、有法必依、执法必严、违法必究。适用于全队伍的法律法规从消防救援总监到普通消防员，从领导机关到基层单位，一切人员都要无条件地坚决执行，不得违反。在条令条例面前人人平等，任何人、任何单位都没有凌驾于条令条例之上的特权。条令条例的修改权、解释权属于颁布机关，制定条令条例的实施细则、补充规定，必须由条令条例的授权机关进行，任何单位和个人都不得离开条令条例的基本精神另立章程。

三、队伍管理的基本法规

（一）《国家综合性消防救援队伍和人员法》

贯彻落实党中央关于应急管理改革决策部署，明确国家综合性消防救援队伍的性质、地位、人员身份属性，建立健全队伍和人员管理、职业荣誉、工作生活保障等制度体系，保持和提升队伍凝聚力、战斗力。

（二）《国家综合性消防救援队伍基层建设纲要（试行）》

2019 年 11 月，应急管理部印发《国家综合性消防救援队伍基层建设纲要（试行）》（以下简称《纲要》）。《纲要》坚持以习近平新时代中国特色社会主义思想为指导，深入贯彻习近平总书记重要训词精神，紧紧围绕建设一支对党忠诚、纪律严明、赴汤蹈火、竭诚为民的应急救援主力军和国家队，适应新形势，吸收新经验，解决新问题，明确规范了基层建设的指导思想、标准要求、工作内容和领导机关抓基层建设的职责，是新形势下国家综合性消防救援队伍基层建设的基本准则和依据。

《纲要》是队伍管理的重要法规之一，使基层建设的方向更加明确、标准更加具体、工作思路更加清晰、激励机制更加完善、领导机关抓基层的工作关系更加顺畅，有利于基层全面建设的加强，有利于基层战斗力的提高。

（三）《国家综合性消防救援队伍内务条令（试行）》

《国家综合性消防救援队伍内务条令（试行）》（以下简称《内务条令》）是规范国家综合性消防救援队伍内务建设的基本法规，是消防救援人员生活的准则，是队伍管理教育必须遵循的法规依据。现行的《内务条令》是 2019 年 11 月由应急管理部颁发全队伍执行的，分为 13 个章节，共 222 条和 7 个附录。

《内务条令》规范了国家综合性消防救援队伍内务建设的基本依据、指导思想、基本任务和原则；规范了人员宣誓和职责；规范了队伍内部关系、人员的行为举止；规范了日常制度、日常战备、日常管理；还规范了国旗、队旗、队徽的使用和队歌的奏唱等。

（四）《国家综合性消防救援队伍队列条令（试行）》

《国家综合性消防救援队伍队列条令（试行）》（以下简称《队列条令》）是规定队伍的队列动作、队列队形和队列指挥的法规，是消防救援人员队列生活的准则和队伍队列训练的基本依据。其目的在于通过严格的正规的队列动作和长期的队列纪律的锻炼，培养良好的个人姿态、严整的队容仪表、协调一致的动作、优良的战斗作风和严格的组织纪律性。现行的《队列条令》是 2019 年 11 月由应急管理部颁发全队伍执行的，分为 10 个章节，共 76 条和 4 个附录。

《队列条令》明确了立法目的、适用范围和队列纪律；明确了队列指挥、队列队形和队列动作；对单个人员的队列动作和建制单位的队列动作进行了规范；明确了国旗的掌持、升降和队旗的掌持、授予与迎送；还明确了检阅、仪式等。

（五）《国家综合性消防救援队伍处分条令（试行）》

《国家综合性消防救援队伍处分条令（试行）》（以下简称《处分条令》）是队伍纪律的基本法规，是全体消防救援人员的行为准则和维护纪律的基本依据，具有全体消防救援人员必须共同遵循的法律效力。现行的《处分条令》是2019年11月由应急管理部颁发全队伍执行的，共7章74条。

《处分条令》规定了队伍的纪律和维护纪律应坚持的方针及原则，规定了处分的种类和适用，明确了处分的条件、权限和实施；还对复核、申诉进行了规定。

除了以上法规，还有一系列针对特定领域、特定群体的管理文件，如《国家综合性消防救援队伍消防员管理规定（试行）》《消防救援队伍安全管理规定（试行）》《森林消防队伍安全工作责任清单》，等等。

四、贯彻落实队伍管理法规的途径

实施科学正规的管理，就是严格按照法规进行管理。队伍管理的过程实际上就是贯彻落实条令、条例等队伍管理法规的过程。只有不折不扣地把法规制度落实到实处，才能达到管理的目的。所以，贯彻落实各项法规是队伍管理的一项基本任务，是做好队伍管理工作的关键。

（一）进一步明晰职责任务

履行好条令赋予的各项职责，是消防救援人员义不容辞的责任和义务。这既是实现队伍管理目的的基础和前提条件，也是贯彻落实队伍管理法规的根本要求。履行职责的好坏，直接影响管理工作的目的实现与否，因此，落实职责必须把着眼点放在提高消防救援人员职责意识，严格自觉履行职责上来。

1. 强化思想教育

要从根本上解决少数消防救援人员存在的远大理想缺乏、奉献精神不够和创业劲头不足的问题，必须从思想教育入手，不断增强革命事业心和工作责任感。一是抓理想教育，引导消防救援人员牢固树立献身祖国的远大志向，安心本职；二是抓价值观教育，校正消防救援人员价值取向，激发消防救援人员的使命感和奉献精神；三是抓尽职尽责教育，调动消防救援人员履行职责的积极性和主动性。

2. 落实层级管理

条令纲要等法规具有刚性，是全体消防救援人员的行为准则，也是强化队伍管理的根本。一是领导要带头落实责任制，明确责任，按级负责，一级抓一级，一级管一级，一级向一级负责，有效防止和克服职责不清、层次不明、大包大揽的问题；二是进行传帮带，各级领导要针对履职中出现的问题，教方法、传经验、做示范，带领消防救援人员在实践中学习掌握履行职责的方法；三是机关要合力抓，加强指导，强化全局意识，充分信任和依靠下级，使各级能够负责干好各级的事，实现责权的统一。

3. 及时跟踪问效

坚持按照法规对履行职责情况进行监督，是解决落实不力问题的有效措施和办法，各级应将检查督促消防救援人员履行职责作为管理工作的重要内容来抓。一是强化法规意识。要切实把履行职责当作法规制度去遵守、去落实，在任何情况下都要履行好各自的职责。二是坚持自我约束。全体消防救援人员都要站在依法治队、从严治队的高度，自觉依照职责办事。三是严格奖惩制度。对履行职责好的消防救援人员要表扬和奖励，对不落实职责、违背职责的行为，要依据条令条例和其他有关法规进行处理，以确保全体消防救援人员都能履职尽责。

（二）进一步完善规章制度

制度是工作和生活中必须遵守的办事规程和行动准则，要把条令规定的各项制度有计划、有措施、有目标地抓好落实，必须突出抓好以下几个环节。

1. 抓好内容学习

贯彻执行制度，首要的问题是抓好法规制度的学习，整体抓、全程抓、全员抓，使全体消防救援人员熟悉制度的具体内容和精神，增强执行制度的自觉性。

2. 突出按章办事

贯彻落实制度，说到底就是执行的问题。因此，必须把功夫下在严格执行上。要严格按制度办事，要一把尺子量到底，要教育广大消防救援人员积极参与监督。

3. 强化日常养成

狠抓养成，是把制度规定转化为消防救援人员自觉行动的重要途径。各级必须把养成放在重要位置来抓。要落实责任，敢于较真，常抓不懈。

（三）进一步严明纪律要求

纪律是共同遵守的准则。加强纪律建设，是队伍建设的重要内容，又是摆在我们面前的一项经常性的重要工作。

1. 增强自觉性

必须经常不断地加强纪律教育，使广大消防救援人员懂得纪律建设的意义和作用，真正认识到纪律是队伍的生命，做到知纪、守纪、护纪，时时处处用纪律来指导和规范自己的行为。

2. 保证执行力

健全完善纪律监督机制，构建领导按级监督、机关分岗监督、群众参与监督的监督责任链条，确保各项法规制度落实落地。

3. 解决新问题

注重研究解决新形势下队伍纪律建设出现的新问题。教育消防救援人员自觉抵制“酒绿灯红”和腐朽思想文化的侵蚀；有效预防经济领域的违法违纪问题；自觉遵守各项法律法规和规章制度，确保队伍的高度稳定和集中统一。

（四）进一步树立良好形象

形象是队伍整体素质的外在表现。要把加强形象建设作为贯彻法规条令、落实规章制度的重要内容来抓。

1. 加强正面引导

强化消防救援人员主人翁意识，引导大家深刻认识个体是队伍整体形象的缩影，增强集体荣誉感；加强审美教育，使消防救援人员深刻理解只有队容严整，礼节周到，举止文明，才是当代合格消防救援人员真正的美。

2. 强化科学训练

良好的形象必须通过严格的训练才能形成。因此，要依据条令教范规定进行严格正规的制式训练，动作准确、定型、规范，坐有坐相，站有站相，走有走相。

3. 狠抓日常养成

养成是塑造良好的队伍形象的重要途径。坚持标准、严格要求；持之以恒、常抓不懈；带头示范、教养一致。从机关到基层、从干部到消防员都要有浓厚的养成意识，处处注意养成，人人自觉养成，形成良性循环，相互影响，促进队伍建设的发展。

习题

1. 经常性管理的主要任务是什么？
2. 正规的“四个秩序”的内容是什么？
3. 基层队伍安全防事故工作应当遵循什么原则？
4. 队伍管理法规的特征有哪些？

第八章　消防基层群众工作

群众工作是消防政治工作的重要组成部分，是正确处理队伍与政府、队伍与人民相互之间的关系，巩固发展队民团结、保持“人民消防”本色的基础工作。基层群众工作是消防群众工作的基础和前沿，是开展宣传群众、服务群众、团结群众和依靠群众的一项重要内容。

第一节　基层群众工作内容和要求

加强基层党支部对群众工作的组织领导，是做好群众工作的重中之重和关键一环。要把群众工作列入党支部的议事日程，依照上级制度规定，明确群众工作的权限范围和具体责任，制定年度群众工作计划，定期分析群众工作开展的形势，适时检查和讲评消防救援人员遵守群众纪律情况，做到异常情况一出现有人报、事故苗头一露头有人抓、违纪行为一发生有人管，按时向上级政治机关汇报工作；要善于借势，充分借助“全国防灾减灾日”“消防中队（站）开放日”等有利时机，积极开展“四史”“爱民”等传统教育；要充分发挥共青团和消防委员会在群众工作中的作用，多压担子、常教方法；要建立和坚持群众工作制度，如定点挂钩、定期走访和表彰先进等，用行之有效的措施和方法来保证群众工作的扎实有效开展。具体来说，应重点把握以下几点。

一、开展拥政爱民工作

拥政爱民，是指消防救援队伍自觉接受地方党委和政府领导，接受地方人民政府应急管理部门对本行政区域内的消防工作实施的监督管理，坚决贯彻执行党和国家的政策、法律和规定，践行人民至上、生命至上理念，依法维护群众的合法权益。拥政爱民既是队伍全心全意为人民服务的朴实回应，也是由消防救援队伍的本质属性决定的。在新时代，其内容和要求主要表现在以下 5 个方面。

（一）自觉接受地方党委和政府领导

队伍要牢记授旗训词精神和肩负神圣使命，严格执行党中央、国务院，以及应急管理部和上级的相关规定，坚决执行地方党委和政府的决议，完成地方党委和政府赋予的各项急难险重任务；要积极响应地方党委和政府发出的号召，倾力帮助地方党委和政府解决工作中遇到的困难，积极参加地方党委和政府布置的全民性活动；主动与地方党委和政府的相关部门协商，共同组织双拥共建活动。

（二）严格执行党和国家的政策法规和队伍群众纪律

严格执行党和国家的政策规定和法律法规，是消防救援队伍拥政爱民的一项重要内容，是拥政爱民的重要体现。队伍要认真学习宣传和遵守执行国家的政策法律法规，做到知政策、懂法律，增强法治观念，规范自身言行，增强遵纪守法的自觉性；严格遵守群众纪律，教育消防救援人员了解队伍群众纪律的主要内容和基本要求，认清遵守群众纪律的必要性和重要性，要加强检查监督，对标纪律部队建设标准，严禁有违反群众纪律现象的发生。

（三）教育消防救援人员增进同人民群众的感情

坚定以人为本思想，坚持一切为了人民、一切依靠人民，始终把民心向背当作最大的政治，把人民拥护当作最大的动力。自觉尊重人民群众的政治、经济和民主权利，尊重人民群众宗教信仰的权利，尊重当地人民群众的文化传统、风俗习惯和生活习性等。生动的实践反复证明，消防救援人员只有真正把群众利益放在心上，群众才会把我们放在心里。

（四）帮助人民群众排忧解难和公益帮困

消防救援队伍为人民而生、为人民而建、为人民而战，就是要想群众之所想、急群众之所急、解群众之所忧。应教育消防救援人员要始终牢记全心全意为人民服务的宗旨，时刻把人民群众放在心中最高位置，深入到群众中去，真诚主动地为群众解决“急难愁盼”问题，带头学党史、聚民心、树新风，多为人民群众做好事、办实事。

同时，队伍要积极参加社会公益事业和扶贫帮困工作。投入当地政府统一安排部署的驻地绿化美化和整治环境的活动，适时适力参加地方公共福利设施建设，帮助贫困地区改善生产生活设施，开展定点扶贫、挂钩扶贫和集体扶贫，为他们提供信息、技术和智力支持。针对驻地确实困难的老党员等特殊个人，也可以结成帮困对子“按需解难”或“点对点”的精准帮扶，特别是针对一些特殊群体，在力所能及的情况下，多倾听他们的心声，适时开展特别关爱送温暖活动等，用队伍的真情实意温暖民心。

（五）坚持和完善拥政爱民制度

拥政爱民制度既是拥政爱民的保障，又是保证拥政爱民活动顺利开展的重要措施，队伍要不断结合新的形势变化和任务要求，及时跟进完善并认真坚持。主要有拥政爱民教育制度、地方走访制度、检查群众纪律制度等。此外，拥政爱民工作是一项与时俱进的工作，要做好此项工作，还应灵活创新、符合实际和注重质量，确保始终把这项工作走在时代前列和落到末端实处。

二、共建精神文明活动

队民共建社会主义精神文明，是在地方党委和政府的统一领导下，队伍同驻地单位之间共同建设社会主义精神文明、创建文明单位的活动。其主要任务是紧跟中国特色社会主义新时代发展要求，助力全面建设社会主义现代化国家发展征程，倾力提高队民的思想道德和科学文化水平，培育有理想、有道德、有文化、有纪律的新时代好公民，注重增进队政队民团结，自觉促进社会主义物质文明、政治文明、精神文明、社会文明、生态文明建设和持续凝聚队伍强大精神力量。基层开展队民共建活动的主要内容包括促学先进“新理论”、彰显爱国“新气象”、引领时代“新风尚”、共建育人“新文化”和开辟消防“新阵地”。

（一）促学先进“新理论”

全面系统学习宣传习近平新时代中国特色社会主义思想，特别是深入学习践行习近平总书记授旗训词精神，联系实际学习宣传党的基本理论、基本路线、基本方略。在全社会广泛开展党史、新中国史、改革开放史、社会主义发展史宣传教育中，要勇站排头、选树典型、争做标兵，用自身实际行动使学习教育深入群众、深入基层、深入人心。坚持把进一步提高学习本领放在首位，紧跟中国特色社会主义新时代的理论创新进程，实现理论上和行动上的高度自觉和高度一致，用行为示范引导广大群众正确对待改革发展过程中的社会关切和利益关系调整。

（二）彰显爱国“新气象”

古往今来，弘扬爱国主义精神，必须把爱国主义教育作为永恒主题。消防救援队伍要以《新时代爱国主义教育实施纲要》为指导，学习创新大众传媒宣传手段，把爱国主义教育贯穿国民教育和精神文明建设全过程。积极协助地方进行革命传统、历史文化、道德人文等教育，努力使队伍的宣传报道接地气、有生气、聚人气，有情感、有深度、有温度，使广大消防救援人员与人民群众的爱国情怀内化于心、外化于行。在宣传队伍自身的同时，主动把视角聚焦群众、把镜头对准百姓，讲好爱国故事、传播消防声音，由“自我宣”转向“百姓讲”，达到爱国与奉献的有机统一。

（三）引领时代“新风尚”

消防救援队伍始终坚持面向群众、服务社会，着力培育和践行社会主义核心价值观，培塑适应新时代要求的思想观念、精神面貌、文明风尚、行为规范。要以《新时代公民道德建设实施纲要》为指导，紧跟新时代公民道德建设的价值指引，积极向全国道德模范、应急管理系统先进模范和消防忠诚卫士等先进典型学习，开展“关爱道德模范，礼敬有德之人”等向上向善系列教育，培育知荣辱、讲正气、作奉献、促和谐的良好风尚。特别是针对传统祭扫方式等问题，配合当地政府正确教育和引导人民群众移风易俗、树立新风，实现既被群众接受又符合环保要求，助力和配合当地政府出台符合传统、庄重美观的新祭扫方式。在实际工作中，多采用替代方案和创新更多方法，有效抵制封建迷信和其他腐朽思想的侵蚀影响。

（四）共建育人“新文化”

积极参与文明城市、文明村镇、文明单位、文明家庭、文明校园等精神文明创建系列文化活动。要尊重当地的习俗和适应群众的需求，尽力帮助他们改善文化生活和提高文化品位。特别是要注重打造输出消防救援队伍新文化，紧紧围绕知识性、趣味性、教育性的特色而生动展开。适时与共建单位组织开展队民联谊活动，活跃队民的业余文化生活。特别是队伍开展“一队一特色”、举办文艺晚会、设立文创中心和挖掘消防特色作品等缺乏专业技术指导时，均可借助地方专业人才来队培训指导和技术协助。通过“1+1>2”的队地文化的交融促进，进一步实现消防宣传工作的社会化、群众化和常态化的“三位一体”效应。

（五）开辟消防“新阵地”

按照全国减灾委、应急管理部和上级总体要求，突出“关注消防、珍爱生命”的宣传宗旨，持续深入普及消防安全知识，切实增强人民群众消防安全意识，助力提升人民群众防范化解火灾风险的能力。要持续创新宣传工作思路，有条件的队伍可在当地的支持下，实施打造消防主题公园、开展防灾减灾应急演练、设置消防科普知识长廊等“立体升温式”宣传教育活动，要侧重设置与人民群众生活息息相关的消防常识和设施设备，如科学使用消防车、报警电话、消防安全标识、消防员卡通造型等消防元素。还要紧密依托上级配发的宣传挂图、知识手册和新闻播报等形式，灵活采取线下体验+线上播出、主题海报馆+公益宣传片等全方位、多层次、立体化的消防安全宣传，增强民众防灾减灾意识和提高第一时间逃生、自救、互救能力。

同时，开展队民共建活动要坚持“三个主导、三个做到”。“三个主导”是指：一要坚持以地方引领为主导。要在地方党委和政府的统一部署、统一规划、统一行动的大背景下创造性开展。活动领导小组的组长一般由地方的同志来担任，确定的活动内容要与地方中心工作协调一致。消防救援队伍在共建活动中要主动接受地方党委政府的领导，及时向地方领导请示汇报工作，当好参谋和助手，切实做到“分”得清、“合”得来。队地联合检查共建活动、组织交流经验和表彰先进等正式活动，一般均应由地方发起和主持。当需要配合活动开展时，队伍要靠前一步，主动作为；不应退避三舍，被动应付。二要坚持以发动群众自建为主导。要注意发挥地方自身的优长，善于发现和发动群众的积极性、主动性和创造性，在群众自觉、自愿、自主的基础上群策群力，不越俎代庖。三要坚持以做思想政治工作为主导。在全球化的大背景下，社会思想多元、多样、多变，消防救援队伍要继续用好“传家宝”、守好“生命线”，充分利用自身的政治工作经验，发挥好政治工作的特有优势，帮助群众提高思想道德素质和争做堪当民族复兴大任的时代新人。“三个做到”是指：一要做到量力而行。开展活动既不要推诿塞责又不要贪大求全。支援地方经济建设的态度要积极，但一定要实事求是，既不能“口号提得响”“行动打水漂”，也不能“大水漫灌”“顾此失彼”。动用较多的人员和装备，必须逐级报请审批后方可实施。二要做到就近共建。开展活动既忌“面子工程”，又忌舍近求远。值得注意的是，基层干部一定要树立正确的政绩观、群众观，绝不能为了“出彩出位”，而在群众工作中搞“海市蜃楼”“唱空城计”。一般不要同时与地方几个单位共建，共建单位遇有需要变更时，必须经支队以上政治机关批准。三要做到互利共进。要把队民共建同向人民群众学习、促进消防救援人员全面发展统一到双向交流、双向奉献上来，不能在“做给你看”“赢得你赞”的热闹中“华丽收场”，切实用真心真意的行动来取长补短、相互促进和共同发展。

三、支援经济社会建设

消防救援队伍支援地方经济社会建设，是指在完成教育训练和执勤出警等前提下，抽出一定力量支援地方经济社会建设的活动。做好这项工作，对于传承发扬消防救援队伍光荣传统，贯彻服从服务于国家建设大局的方针，加强队伍思想政治建设具有非常积极的意义。要在上级的统一组织下完成以下项目。

（一）支援新型基础设施建设

新型基础设施建设正在成为经济建设领域的焦点之一，被社会广泛关注。视人民如父母、把驻地当故乡的消防救援队伍，要善于抓住人民最关心、最直接、最现实的利益关切，为保障和改善民生而努力，积极开展解难帮困、助学兴教等基础工作，特别是灾情处置和灾后重建等与之相关的各项建设。

（二）支援农业农村现代化建设

推进农业农村现代化是全面建设社会主义现代化国家的重大任务，在推动乡村振兴、农业农村现代化的征程上，消防救援队伍要尽力而为地参与其中，不可抱着与己无关的态度而置身事外。主要包括参加和支援区域协调发展、乡村振兴等国家发展战略实施，传播健康文明新风尚，加强农村籍消防员农用技术培训等。

（三）支援生态环境建设

“生态环境是关系党的使命宗旨的重大政治问题，也是关系民生的重大社会问题。”而消防救援队伍正是肩负着保护生态环境、建设生态中国的特殊使命。主要包括参与生态文明建设，参加植树造林、防风治沙、环境保护等活动，配合地方生态保护宣传教育，主动投身驻地森林城市、乡村绿化、生态扶贫和荒漠治理等重大生态工程建设等。

（四）支持社会公益事业建设

积极参与和响应社会公益事业，支持国家和地方举办的公益性重大活动。基层在参加和支援地方经济社会建设中，要按照应急管理部的有关规定和要求执行，可适当采取捐款、捐物，提供必要的消防知识宣讲和专业技术指导等，重点是帮助革命老区、民族地区、边疆地区、乡村振兴地区的发展，并坚持以义务支援为主。

基层队伍支援地方经济社会建设，要注意把握几个原则。一是就近就地原则。除专门承担地方经济建设任务的单位外，一般应在驻地周围安排义务劳动。二是量力尽力原则。一般以人力物力和专业技术支持为主，但要从本单位的实际出发，在不影响中心任务的前提下，根据人员素质和装备情况安排任务，既尽力而为，又量力而行。三是严守纪律原则。义务劳动要不计报酬、不占便宜、不搞交易，严守国家的政策、法令、法律和队伍有关规定。参加地方建设，要有组织、有领导地进行，绝不能各自为政、各行其是。四是锻炼队伍原则。履行好“公仆”职责，树立正确的群众观、权力观和政绩观，真心实意地把人民群众当亲人、当老师，把参加地方经济建设作为队伍的“第二课堂”，学习群众的经营管理、劳动技术和优良的道德品质，在实践中锻炼队伍的思想、意志和作风，不断培养消防救援人员的组织指挥能力，稳步提升消防救援人员的职业综合素养。

四、预防处理队民纠纷

因职责使命和任务特点，消防救援队伍同老百姓贴得最近、联系最紧，队伍与群众接触稍有不慎，极易引发纠纷。队民纠纷，是指队伍人员或单位与地方人员或单位之间发生的纠葛和纷争行为。积极预防和妥善处理队民纠纷，是基层群众工作的一项非常重要的内容。做好这项工作，应当按照顾全大局、严于律己、依靠政府、主动协商的原则，视情及时向上级报告，对有关问题进行调查、协商处理。主要把握以下几点。

（一）抓好经常性的预防

严格按消防救援队伍《内务条令》《基层建设纲要》等法规制度有效管理队伍，教育消防救援人员遵守群众纪律、持守职业自律，尽量避免与群众发生纠纷。

（二）抓好重点部位、小远散直单位和分散执勤人员的预防

对场馆、车站或其他一些敏感的任务区域，对偏远分散单位和外出驻训、执勤的消防救援人员，都要有相应的约束措施加强管控。特别是在敏感问题上，基层干部一定要做到心中有数，不能做“躺平式”“佛系式”“走秀式”干部，见到工作“两手一摊”，出了问题“两眼一黑”。

（三）抓好重要时机的预防

在业余时间、人员变动、任务转换时，要对可能发生的纠纷进行预判，及时提出要求，把工作做在前头，坚决避免“小事拖大、大事拖炸”。

处理队民纠纷的关键，就是教育消防救援人员无论在任何时候，都要讲风格、识大体、顾大局。同时，也要注重尊重历史、实事求是，依照有关政策法规办事，做到公正合理。当发生容易引起矛盾激化的纠纷时：一要果断采取措施。在第一时间内，使参与纠纷的消防救援人员与群众脱离接触，防止矛盾激化和事态扩大。二要迅速报告上级。在妥善处理情况下，与地方政府和有关部门联系，依靠上级和组织解决问题。三要从严要求队伍。在“治病救人”前提下，对参与纠纷的人员进行批评教育，情节严重的应从快从严处理。四要加强协商调解。在有理有节中，必要时也可运用法律手段，维护队地双方的合法权益。五要认真总结教训。在换位思考中，认真汲取教训，做好善后工作，消除不良影响，并从队伍自身查找原因和追究责任。

五、开展消防常识教育和专业技能培训

适时开展好消防安全常识教育和见缝插针地传授基本消防技能，也是消防救援队伍基层群众工作的一项常态化内容。要帮助人民群众掌握基本消防安全常识，积极推动当地制定完善切实可行的灾害应急预案，指导编制通俗易懂的应急指南，以方便群众使用和增强避险脱险意识，提高应急处置和避险自救能力。结合开展的党史学习教育，可将“我为群众办实事”实践活动融入驻地一并开展，有条件的可以为当地政府专业扑火力量、民

兵训练基地等单位开展灭火专业技能培训，培训地方“灭火专业教官”“义务消防员”等。特别是在上级的支持下，积极开展好驻地“消防安全进校园”活动，通过“消防安全开学第一课”、消防救援队员进校展示、科普视频播放等多种形式，带动形成“一个学生带动一个家庭、一个家庭带动整个社会”的群防共治局面。

作为按照纪律部队建设标准的消防救援队伍，要根据地方的实际需要和上级的安排，把握量力而行的原则，派出消防救援人员协助地方参与搞好地方义务教育学生的军训工作，也是基层群众工作的一项基本内容。在组织军训过程中，要按照上级制定的训练计划，精心组织、严格标准、科学施训，坚决杜绝安全事故的发生；要以身作则、表率为先，牢固树立消防救援队伍的良好形象，以模范行动传授队伍的好思想、好品德、好作风，同时也要注意做好人员思想工作，确保军训任务的圆满完成。

第二节　遂行任务中基层群众工作

任务中基层群众工作，是消防救援队伍中队（站）在执行任务时开展的宣传群众、组织群众、凝聚群众和奉献群众的工作，是支持和保证圆满完成所属任务的重要因素。做好任务中基层群众工作，对于发挥人民群众的积极性、主动性和创造性，充分调动队政队民齐心合力完成急难险重任务具有重要意义。

一、任务中基层群众工作的基本要求

做好任务中基层群众工作，要坚持队政一致、队民一致，动员群众、依靠人民，保障任务、服务先行的总体原则，积极协助地方党委、政府，把广大人民群众动员、组织起来，卓有成效地配合和支援一线，以实现任务的圆满完成。一般来说，应主要把握以下几点：

（一）执行命令，令行禁止

坚决贯彻执行党中央和国务院的总体方针和上级的命令指示，重点把握对群众工作的具体规定和明确要求，确保任务中的各个阶段、各种情况下注重增进队政队民团结，把具体要求真正落实到基层一线的每一位消防救援人员身上。

（二）预有准备，灵活应变

执行各项任务中，既要落实好队伍“一案多情、一情多策”的要求，又要根据任务需要及时调整工作重点和内容，既要根据环境条件选择具体方式，又要根据情况变化灵活加以应对，预见性、创造性地开展基层群众工作。

（三）注重配合，化解矛盾

围绕完成中心任务，及时向上级汇报情况、接受指示，加强与地方的协调沟通，努力化解矛盾问题，在消除分歧、密切配合中彰显担当、凝聚合力，最大限度地发挥基层群众工作服务保障功能。

（四）体谅困难，减轻负担

及时了解每次任务对驻地经济社会造成的损毁和破坏，以及给政府和群众带来的冲击和困难，帮助其克服困难和解决问题，最大限度地配合所属任务区地方政府化解“衍生”风险和减轻人民群众的“叠加”负担。

（五）尊重群众，谦虚谨慎

教育引导消防救援人员强化“江山就是人民，人民就是江山”的人民主体意识，明确行为规范，严肃任务纪律，确保任务人员守纪守规、维护民利和凝聚民心，在“救民于水火、助人民于危难、给人民以力量”中，展现消防救援人员应有的精神风貌和高尚情怀。

二、任务中基层群众工作的主要内容

（一）准备阶段

一是了解掌握任务区域的社情民情、支前保障、力量分布和人民群众对队伍行动的思想反应，有针对性地拟制和完善群众工作各种预案。值得注意的是，基层群众工作预案要有较强的针对性、实用性和可操作性，可以立足于最不利、最危险情况，通过实战演练、实地检测等相结合的方式，不断修订完善群众工作预案内容，以提升第一时间响应、第一时间处置的能力。

二是配合地方政府发动群众，必要时要协助开展人员征集、物资征用以及群众防护、避险人员安置等各项准备。提升公民消防法律法规意识、消防安全常识知晓率和火灾自防自救能力，真正打通灾害预警的“最后一公里”。实践经验表明，做好群众工作确实没有什么秘诀和捷径可走，只有充分发动群众，紧紧依靠群众，才能谋求完成任务的最大公约数和最大向心力。

三是及时拟制任务中群众纪律的各项规定，必要时及时明确补充事项，全程全时加强队伍的群众纪律教育。值得关注的是，严守群众纪律，事关遂行任务大局、事关“人民消防”形象、事关“守夜人”荣誉，全体消防救援人员一定要将群众纪律视为队伍的第一生命，始终从严要求自己，坚决不越底线、不踩红线。

（二）实施阶段

一是加强队地的沟通协调，特别要与地方救援力量、人民群众搞好协作配合，进一步夯实群防群治和联防联控的社会根基，以实现队伍顺畅而高效地遂行各项任务。沟通协调能力是基层干部顺利完成任务所必须具备的能力之一，实际任务中应注意把握积极沟通、换位思考、及时反馈、全局观念等多个原则。

二是协助地方开展受灾群众的宣传引导和心理疏导工作，积极投身生产生活重建工作，持续保持战胜一切困难的勇气和信心。没有一次任务是单一或单项完成的，需要任务单位有效地延伸和扩展，才能收到好的结果。

三是协调地方开展爱队拥队慰问活动，力所能及地帮助消防救援人员及家庭解决一些实际困难，从而激发消防救援人员昂扬的精神斗志。实践证明，只有以人民需要为己任，人民才会真正把你放在心中，有所为才能有作为，有作为才能有地位。

四是会同地方开展支前人员的思想政治工作，配合地方政府稳定群众思想，开展队民联防联治，防止敌特势力和不法分子的破坏渗透，保护重要经济和民生目标。特别是基层指挥员在执行任务中，要时刻注意网络舆情的风险和应对，不断提高舆情应对能力、管理能力和防范能力。

五是教育督促消防救援人员遵守队伍的群众纪律，减轻地方党委和政府以及人民群众的负担，切实维护好群众的合法权益。消防救援人员要不断增强群众观念，从严进行队伍教育管理，认真贯彻新条令纲要和各项规章制度，提高纪律意识、条令意识。要树牢群众利益高于一切的思想，始终以平等的态度来对待人民群众，用实际行动践行对人民群众的庄严承诺。

六是协调地方提供饮食、住宿、卫生、水电等保障，以及物资器材、专用装备、专业技术等支持。按照遂行任务的保障规定和上级指示，超过时限天数且自我保障确实存在困难的，可积极与地方政府汇报协调，实现任务中自我保障和政府保障的同向同力。“伙食等于半个指导员”，从某种意义上讲，保障对队伍保持旺盛的战斗意志，起着不可或缺的作用。

（三）结束阶段

一是帮助人民群众解决实际困难，恢复生产生活秩序。根据上级指示和量力而行的原则，积极参与当地的灾后恢复工作。作为“人民消防”守护万家平安，积极实现当地政府灾后重建、保障大局的整体目标。

二是开展队伍群众纪律检查，协调对有关群众损失进行补偿赔偿。纪律严明是党的光荣传统和独特优势，也是我们消防救援队伍的人心所向。俗话说：“编筐编篓，贵在收口。”经验表明，这项工作如没有及时准确地做好，往往会出现“烂尾”而前功尽弃。

三是协调地方落实优待抚恤政策，组织伤病残人员救治和牺牲人员善后工作。消防救援工作强度大、职业风险高，经常是24小时驻勤备战，需要给予特殊的关怀。要依据相关保障办法，协调和依托地方切实维护消防救援人员合法权益。如子女入学入托、家属随迁随调和困难人员救助等，通过“消防为人民，人民爱消防”来实现“安抚一人、温暖一户、带动一片”的社会效应，使和平年代最可爱的“逆行者”不断增强热爱本职的荣誉感和获得感。

四是会同地方组织开展支前工作总结和支前人员评功评奖等工作。遇有完成重特大任务时，往往人员参与多、时间周期长、任务重、风险高，各团体、组织和个人需付出巨大努力，这就需要配合地方政府做好总结表彰等工作，以激励和形成众人出力、全民救灾的生动局面。

五是协调地方配合队伍完成任务后的回撤归建。根据上级总的安排部署和时限要求，在队伍完成任务后车辆运力和各项保障存在明显不足时，可采取“以我为主、以他为辅”的原则，依托地方政府来完成队伍的回撤归建工作。

第三节　基层群众工作的守正创新

基层群众工作是基层政治工作中的一项重要内容，新时代新形势下，随着一场广泛而深刻的经济社会变革和消防救援队伍的快速发展，基层群众工作既呈现出前所未有的生机和活力，又面临着许多新问题和新挑战。因此，要做好此项工作，只有不断地与时俱进和发展创新，才能有效有力地推动基层群众工作的具体落实，才能不断赋予基层群众工作新的时代内涵和现实意义。

一、与时俱进，在更新观念上下功夫

基层群众工作是一个不断探索和发展的动态过程。实践证明，解放思想和更新观念是做好群众工作的不竭动力。要注意把握以下几点。

（一）强化政治意识

党的队伍，首先是讲政治的队伍。群众工作作为增进队政队民团结而长期开展的一项重要工作，是消防救援队伍性质和宗旨的体现，是队伍的优良传统和特有的政治优势。做好群众工作不仅是一项基础工作，更是一项政治任务。因此，在开展工作和完成任务中，无论是出发点，还是归宿点，都要始终把政治纪律和政治规矩放在第一位。

（二）树立大局意识

站得高，方能望得远。做好群众工作，加强队政队民团结，事关消防救援队伍的改革攻坚和建设发展，事关社会稳定和长治久安。做群众工作要始终坚持在大局下审视和解决问题，在全局下决定进退取舍。

（三）增强紧迫意识

真抓才能攻坚克难，实干才能梦想成真。完成好消防救援队伍艰巨而繁重的任务，一刻也离不开地方党委、政府和广大群众的积极参与和有力支持。全体消防救援人员都应以时不我待的精神，高姿态、高标准地做好群众工作，用实际行动践行初心使命，充分体现“人民消防人民爱”的精神感召和时代特色。

二、破解难题，在注重实效上有作为

群众工作有一项很重要的任务，就是为队伍分忧、为消防救援人员解难。基层干部要力戒“辛辛苦苦”的官僚主义和“忙忙碌碌”的形式主义，真正把责任扛在肩上，不当避事逃责的“太平官”，要勇于置身矛盾最前沿，敢于接“烫手山芋”，善于采取多种途径和有效方法，全方位、多角度地开展工作来化解重大矛盾和解决棘手问题，使队伍轻装上阵、迎难而进。

（一）抓好教育引导

时代出课题，思想解难题。正因为消防救援职业具有危险系数高、牺牲奉献大等特

点，从国家部门到地方政府相继出台明确了消防救援人员优待政策，大大提升了队伍的荣誉感、自豪感和使命感。这就更需要引导广大消防救援人员正确理解地方的拥队优属工作，把自觉奉献、观照现实、推动工作三者紧密结合起来，特别要注意克服事事都想搞特殊、处处都想受照顾的"思维定式"，正确对待改革进程中的利益调整，以"打铁还需自身硬"的人民消防员形象，贯通群众工作的"中梗阻"。

（二）增强法纪意识

法纪贯之于基层则基层稳，风气正之于基层则基层兴。要使广大消防救援人员看到，受到法治约束的社会关系日趋广泛，队政队民之间因利益冲突发生的矛盾纠纷，仅靠领导重视和行政干预是远远不够的。作为消防救援队伍的一员，要把法治精神当作主心骨，做知法、懂法、守法、护法的好公民。要重视关注消防救援人员存在的实际问题，善于依靠地方政府出台的一些政策和法规来解决，不断加强与地方有关部门的沟通联系，把平等协调与依法办事结合起来，利用政策和法律法规维护队地共同的合法权益。

（三）发挥组织作用

聚阳才能生焰，拢指才能成拳。实践证明，只有把基层党组织功能作用发挥好，基层建设才能强筋壮骨，"四个意识"才能落地生根。在实际工作中，要切实做到哪里有群众哪里就有党的工作，哪里有党员哪里就有党的组织，哪里有党的组织哪里就有党组织作用的充分发挥。着力破解群众工作集体领导意识"弱化"、解决问题能力"退化"和群众组织建设"虚化"等问题，以期在党支部的坚强领导下，群众工作开展得更生动、更鲜活。

三、"中心居中"，在保障重点上见成效

重视群众工作是消防救援队伍的优良传统和政治优势，要准确把握时代内涵，增强做好队伍群众工作的使命感和责任感。概括地讲，队伍群众工作必须"中心居中"，在促进队伍战斗力提升中立起根本指导，在推进强队兴队中强化使命担当，在服务各项任务中彰显地位作用。

（一）认知发展现状，突破制约群众工作的瓶颈症结

随着消防救援队伍使命任务的不断拓展，群众工作的职能任务和环境条件都发生了较大变化，也面临着许多新情况和新问题。比如，少数人员群众观念不强、队地需求对接效率不高，等等。正确认识和改进这些问题，既是有效履行新职能、新使命的现实召唤，又是倾力完成主责主业的迫切需要。基层消防救援人员要顺应发展大势，凝聚队地共识，坚持聚焦中心，实现"队地一体"，把群众工作成效体现在战斗力生成提高上，推动群众工作有力、有序、有效开展。

（二）树立鲜明导向，着力强化群众工作的任务需求

群众工作作为消防救援队伍建设的重要一环，必须服从和服务于中心任务。不论是工作规划，还是检查落实，都要以是否圆满完成任务这个"龙头"为切入点和落脚点，用任务完成的质量倒逼和检验群众工作的质效。在抓好平时群众工作的同时，要着力加强任

务中群众工作的研究，重点解决任务中的群众工作该怎么做、做到什么程度，使群众工作更好地为遂行任务服务。

（三）创新方法手段，努力提升群众工作的科技支撑

面对新形势和新任务，基层消防救援人员要与时俱进地创新开展群众工作，力求把工夫下在平时、用在关键。要突出“靶向治疗”，协调推动地方加大科技拥队、智力拥队力度，倡导通过邀请专家授课、举办专题讲座、开展实操推演等形式，来拓宽指挥人员知识结构和提高科技素养。通过签订队地共建协议和技术革新合作等“点对点”“面对面”的立体加温形式，实现队地资源整合、优势互补和统筹统建的新进展和新突破。

四、完善机制，在消除盲点上求突破

生动的实践反复证明，基层群众工作虽然不是基层的中心工作，但这项工作做得好与坏，直接影响到中心工作的总体质量。消防救援队伍在开展基层群众工作中不断出现的一些问题和波动表明，从思想认识到具体做法，都还存在一些明显的弱点和盲区。如重感情，轻原则；重局部、轻全局；重个人，轻集体；重物质，轻精神；等等。要消除这些工作盲点，更加有效地开展群众工作，就必须坚持好群众工作的制度，完善相应机制。

（一）建立领导机制

加强对群众工作的领导，是做好群众工作的重中之重。消防救援队伍各级都应建立群众工作领导小组，政工领导任组长，政治部门领导牵头具体实施，吸收有关部门人员参加，对群众工作进行统一规划、具体部署，持续指导群众工作的有序有力开展。

（二）建立日常机制

中队（站）要建立健全专人负责制度、走访制度和联谊制度等，坚持有事无事常来往、大事小事勤商量。注重把感情用在平时、把工作落到实处，真正实现队伍和地方的良性互动、高效协作和健康发展。

（三）建立激励机制

干部干事的状态，决定工作的成效。各级要落实好激励机制和容错机制，坚决纠正对群众工作做与不做一个样、做好做差一个样的现象。切实通过一些扎实有效的措施，充分调动各单位和群众工作人员做基层群众工作的积极性、主动性和创造性。

习题

1. 如何正确认识基层群众工作的指导原则？
2. 怎样全面把握基层群众工作的基本内容？
3. 怎样正确理解和贯彻基层群众工作的要求？

第九章　消防训练中的政治工作

作战训练是基层消防救援队伍生成和提升战斗力的基本途径，是基层训练的根本保障，所以队伍的一切工作都要围绕作战训练来进行。基层训练中的政治工作，是为灭火救援、执勤战备等工作提供政治保证、精神动力和组织基础的实践活动，是基层政治工作中最具体、最实际的部分。做好基层训练中的政治工作，对保证训练正确方向、确保训练任务圆满完成、提高消防救援队伍战斗力具有重要意义。

第一节　训练中政治工作的原则和特点

训练中政治工作原则是训练中政治工作顺利开展和有效实施的准绳。它与训练中政治工作基本任务、内容和方法从不同方面构成了一个相互联系、相辅相成的有机整体。准确把握训练中政治工作的原则与特点，有利于增强训练中政治工作的吸引力和感染力，确保作战训练的正确方向和训练任务的圆满完成。

一、训练中政治工作的原则

消防救援队伍在长期发展建设实践中，创造和积累了训练中政治工作的优良传统和宝贵经验，形成了作战训练中政治工作必须遵循的一系列基本原则。这些原则，对加强和改进新形势下基层训练中的政治工作具有重要的指导价值。

（一）坚持党支部对基层训练的统一领导

党支部担负本单位作战训练的主体责任。坚持党支部对作战训练的统一领导，是党支部发挥战斗堡垒作用的重要体现，是实现党对作战训练工作领导，确保消防救援队伍作战训练战略位置和正确方向的组织保证。贯彻这一原则，党支部必须把作战训练列入重要议事日程，坚持支部议战、议训制度，凡属有关训练的重大问题，均须提交党支部集体讨论，按照民主集中制的原则作出决定，确保基层训练的正确方向。要把作战训练作为基层经常性中心工作来抓，做好关闸分流，排除各种临时性、突击性任务的干扰和冲击，对训练实行重点组织、重点保障，确保中心居中；各级消防救援队伍主官切实履行好第一责任人的职责，坚持主责主管、主业主抓，落实主官任教、按级任教、专长任教要求，既分工负责又密切配合，依法组织训练，带头参加训练，全面掌握情况，善于发现和解决训练中存在的各种问题，对基层训练实施及时、有力的领导。

（二）坚持以提高战斗力为唯一的根本的标准

消防救援队伍永远是战斗队，它的生命力在于战斗力，必须强化忧患意识，全部心思向灭火打仗、抢险救援聚焦。基层训练中的政治工作不仅对战斗力的形成和发挥起着十分重要的作用，同时能够保证战斗力标准在作战训练中硬起来、实起来。战斗力标准既是衡量作战训练成效的唯一标准，也是检验政治工作成效的根本尺度。贯彻这一原则，必须牢固树立起战斗力标准，强化聚焦中心、服务大局意识，走出自我设计、自我循环、自我检验的怪圈；着力提振消防救援人员精气神，培塑敢于斗争、敢于胜利的战斗作风，锻造视死如归、血战到底的战斗意志；树立正确的政绩观和安全观，实事求是地对待训练中发生的事故，纠正和克服漏训、减训、危不施训、险不练兵等消极保安全现象，坚持从实战需要出发，从难从严训练，防止和克服训练作风不实、搞形式主义和弄虚作假的现象，切实把战斗队思想立起来，把战斗力标准落下去。

（三）坚持最大限度地调动练兵备战积极性

作战训练是广大消防救援人员自觉的、能动的实践活动。训练的有效落实和持续发展，关键在于激发和保持消防救援人员旺盛的练兵热情，把消防救援人员的积极性、主动性、创造性充分激发出来。最大限度地激发消防救援人员练兵热情，确保作战训练任务的完成，是基层训练中的政治工作的基本出发点和落脚点，所以必须坚持思想领先，教育引导消防救援人员牢记“为人民服务”的神圣职责，及时解决训练中出现的思想困惑和心理障碍，自觉克服“训练无用”“训练无利”“训练无味”等模糊认识，变“要我练”为“我要练”，变“不想练”为“自觉练”，保证以更高标准、更大热情全身心投入作战训练；用好政策导向，严格执行和落实基层训练各项奖惩政策制度，表彰奖励向训练尖子倾斜，对训练成绩显著的在选拔骨干、推荐考学、晋升选改、推优入党等方面优先考虑，立起凭素质立身、靠实绩进步的鲜明导向；注重典型引领，善于发现、努力培养、积极宣传训练典型，引导消防救援人员向训练典型学习，营造学先进、争当标兵的浓郁氛围。

（四）坚持贯穿渗透实战化作战训练全过程

实战必先实训。实战化作战训练是巩固提高战斗力、全面加强练兵备战工作的基本途径，也对基层训练中的政治工作提出了特殊的任务需求，同时又为训练中政治工作发挥作用提供了广阔的实践舞台。基层训练中的政治工作只有紧扣实战化训练需求、紧盯实战化训练目标、紧贴实战化训练任务，有机融入实战化训练全过程，才能准确掌握消防救援人员的现实思想状况，及时发现和解决实战化训练中的倾向性问题，增强主动性、针对性和实效性。贯彻这一原则，必须紧跟训练进程，注重结合渗透，做到动员教育经常、分析形势经常、检查督促经常、总结讲评经常，不间断地做工作，训练进展到什么阶段政治工作就跟进到什么阶段，有什么问题就随时解决什么问题，不搞花拳绣腿，不搞假把式，确保与基层训练同步进行、同频共振；紧贴训练实际，创新工作方法，善于利用训练间隙、课余时间等时机见缝插针地开展工作，因地制宜开展各种评比竞赛活动和文娱活动，把训练中政治工作做得生动扎实、富有成效；紧密联系消防救援人员，善于发动群众，发挥指挥员、教练员和技术员的主体作用、群团组织的助手作用，通过多种渠道、运用多种形式群策群力开展工作，形成在训练中人人做政治工作的生动活泼局面。

（五）坚持务实创新讲求效益

基层训练中的政治工作必须强化问题导向，注重在研究新情况、解决新问题中创新发展，做到求真务实，高效贯彻这一原则，坚持一切从实际出发，深入实际、深入训练现场、深入参训消防救援人员、深入细致调查研究，把情况搞清楚、把问题搞准确，使政治工作贴近训练实际，符合消防救援人员需求；注重强化创新意识，激发锐意创新的勇气、敢为人先的锐气、蓬勃向上的朝气，研究探索实战化作战训练的特点及其对基层政治工作的要求，不断总结新经验、创造新方法、拓展新内容、开辟新领域，推进基层各项工作创新发展；突出服务训练效果，教育引导消防救援人员自觉克服训练不讲科学、不计成本、不重效益的现象，切实提高作战训练质量水平。

二、训练中政治工作的特点

结合作战训练任务深入开展政治工作，是消防救援队伍的一项经常性工作，其根本目的是针对人员思想实际和作战训练要求，启迪思想、提高认识、激发训练热情，一般具有以下特点。

（一）长期性和反复性

开展政治工作不是一朝一夕的事，需要进行长期不间断的开展，付出极大的努力才能见成效。训练中的指挥员是实现作战训练目标任务的组织者，发挥着内引外联、承上启下的重要作用。因此，指挥员既是政治工作的实施者，又是队伍的管理者。训练过程中，参训人员的主观接受意愿、客观承受能力，都是指挥员开展训练中的政治工作必须考虑的重点内容，在此期间，指挥员与参训人员的思想转变过程会因各种主客观因素的影响，导致出现反复的情况，所以，训练中的政治工作不仅具有长期性，更同时兼具反复性的特点。

（二）综合性和间接性

要做好训练中的政治工作，指挥员必须掌握多学科的综合知识，了解参训人员个人基本情况等方面，才能达到预期效果。这其中不仅包括要掌握政治工作的基本常识，还会涉及心理健康、科学训练等方面的知识，甚至要熟知参训人员的个人年龄、性格、身体情况和思想动态。提高指挥员文化素质和思想觉悟有一定难度，付出的时间成本与其自身的文化基础、接受能力有直接关系，但作用成果却是间接体现的，指挥员的工作成果只有通过参加比武竞赛获得成绩，或者参加实战取得胜利才能体现出来。

（三）艰巨性和复杂性

作战训练本身具有一定的危险性，竞技性与实用型兼备，并且会直接关系到实战中是否会造成人员伤亡，容不得半点虚假。消防救援人员长期训练的艰苦程度，是一般人难以想象和接受的。指挥员要与消防员一起面对长期艰苦的训练，面对比武竞赛中意想不到的挫折、困难和伤病，日日如此、年年重复，工作总量是其他行业所不能比的。加上每个人的家庭、年龄、思想和背景千差万别，不同时期人员的思想状况也各不相同，这就决定了训练中的政治工作非常烦琐、复杂。

（四）兼容性和渗透性

政治工作不能孤立存在于其他工作之外，必须相融于其他业务之中。虽然灌输方式各不相同，但对人员进行作战训练需要的思想认识、观念态度等方面的引导教育是相同的。常规性的有计划的集中教育只是其中一种，还经常会根据实际需要，采用寓教于乐的方式渗透到过程中，与作战训练任务、队伍管理目标、个人前途晋升等多方面紧密结合，不断增强责任感、使命感和荣誉感，激发更大的作战训练热情。

（五）艺术性与制度性

指挥员必须掌握一定的政治工作基础能力，在一定程度上能够对参训人员的行为施加影响，引导思想和行为，灵活开展教育，缓解心理压力。训练中政治工作，在重大关键时期或重要时间节点，按照工作规律进行组织实施。通过宣传教育、引导启发接近参训人员的内在需要，使指挥员与参训人员产生较为和谐的心理共振，最大限度地引发、接受兴趣，产生积极的工作效果；通过各种方式和机会，了解人员思想动态，掌握有关队伍士气的情况，确保更为顺畅地开展政治教育，以达到引导思想、影响行为、协调矛盾和消除抗拒。

第二节　训练中政治工作的任务和内容

做好基层训练中的政治工作，是消防救援队伍各级领导和机关各部门的共同职责，是完成作战训练任务、推进训练创新发展，提升消防救援人员战斗力的重要保证。面对“全灾种、大应急、综合性”的新时期任务要求，消防救援队伍基层训练的内容和方法发生了许多新变化，这对做好日常训练中的政治工作提出了更高的要求。新时代，面对新形势、新任务、新使命，要求政治工作必须改进方式方法，丰富载体手段，充分发挥服务，保证实战化训练的质量和效益。

一、训练中政治工作的任务

消防救援队伍基层训练中的政治工作，应当贯彻应急管理部消防救援局训练方针原则，严格落实政治工作“八个到现场”，形成有利于战斗力提高的舆论导向、工作导向、用人导向、政策导向，保证基层训练在队伍建设中的中心地位。

（一）保证基层训练的正确方向

消防救援队伍职能使命特殊，作战训练直接关系着队伍战斗力的生成、巩固和提高，关系着队伍实施火灾扑救、应急救援、重大活动现场消防勤务和其他任务的圆满完成。为保证队伍作战训练的正确方向，必须加强训练中的政治工作。具体地说，消防救援队伍训练中的政治工作，一是要紧密联系队伍中心任务和日常训练的实际，坚决贯彻落实党中央、应急管理部关于加强消防救援队伍作战训练的一系列决策指示，正确把握训练中政治工作的指导思想和基本要求，把训练中政治工作作为队伍战斗力建设的基础性课题，作为思想政治工作的经常性重要内容抓紧抓好、抓出成效；二是要坚持党委对作战训练的统一领导，切实把训练摆在党委工作的重要位置，完善和落实党委议训制度，建立党委和主官抓训练的督导机制，集体研究决定训练中的重大问题；三是要提高队伍实施火灾扑救、应急救援、重大活动现场消防勤务和其他任务的需要，认真研究新情况、解决新问题，不断创新训练内容和方法手段，加快形成与信息化、智能化任务相适应的战斗力生成模式；四是要坚持战斗力这个唯一的、根本的标准，贯彻从实战需要出发、从难从严训练方针，坚持任务牵引、训战一致，实战实训、联战联训，按纲施训、从严治训，人才为本、创新驱动，分类指导、保障支撑的原则，防止和克服作战训练作风不实、搞形式主义和弄虚作假的现象，使基层训练始终沿着正确的方向发展。

（二）保证组织作用的充分发挥

消防训练工作的顺利开展，必须依托一定的组织机构，采取一定的组织形式，运用一定的组织机制，即必须有一定的组织保证。消防救援队伍养兵千日、用兵千日，队伍长期处于任务之中，基于任务训练、基于能力训练成为常态，动中抓训、勤训结合、训用一致的特征鲜明，一天不训练就可能完成不了任务。消防救援队伍要真正担当起党和人民赋予的新时代使命，要坚定不移地确立作战训练的战略位置，向作战训练靠拢，确保练兵备战的主业主责不偏移、不错位。一是要始终着眼加强党对作战训练的思想组织领导，充分发挥各级党组织在作战训练中的统一领导、统筹规划、科学指导、组织协调的功能作用；二是要坚持把用应急管理部消防救援局关于作战训练的决策指示统一思想作为首要任务，增强广大消防救援人员有效履行职责使命、积极投身作战训练的政治热情；三是要坚持把端正作战训练指导思想作为重要环节，牢固树立正确的训练政绩观、效益观和安全观；四是要坚持把提高科学筹划、组织、实施作战训练能力作为关键所在，努力提升队伍作战训练的质量水平；五是要坚持把研究解决作战训练中的重大问题作为基本职责，及时研究解决训练各阶段政治工作的倾向性问题和基层难以解决的问题，以坚强的组织领导保证训练任务的完成。实践证明，消防训练中的各级组织作用发挥得好，就会收到事半功倍的效果，反之，则事倍功半。因此，消防训练中的政治工作为搞好作战训练提供了多方面、多层次的组织保证。

（三）保证消防救援人员旺盛的练兵热情

消防训练的精神动力来源于广大消防救援人员对作战训练的思想认同、认真参与和自觉行动。训练中政治工作的一项重要任务，就是最大限度地调动练兵的积极性，保持消防救援人员旺盛的练兵热情。随着形势任务的发展变化，保持队伍训练热情也面临许多新情况和新问题。长期处于24小时备战状态，容易使消防救援人员产生麻痹思想和松懈情绪，作战训练的吸引力和消防救援人员参训的荣誉感有所减弱。同时，由于消防救援队伍职能任务的不断拓展，作战训练科目越来越多，专业性、技术性越来越强，且训练难度和危险程度加大，一些消防救援人员也产生了不同程度的畏难情绪和心理障碍。这就要求训练中政治工作必须着力打牢消防救援人员实战练兵的思想基础，激发和保持旺盛的练兵热情。

通过深入扎实的思想政治工作，充分发挥思想政治教育的引导作用、政策制度的激励作用、先进典型的示范作用和人才使用的导向作用，最大限度地调动广大消防救援人员的练兵热情和内在动力，为作战训练提供强大的精神力量。

（四）保证训练任务的圆满完成

训练中政治工作最直接的目的是保证各项训练任务圆满完成。训练是教战，是平时多流汗、战时少流血的备战工作。消防救援队伍养兵千日、用兵千日，队伍的训练质量和消防救援人员的体技能素质时刻接受遂行任务中的实践检验。如果平时训练抓不紧，队伍关键时候就上不去，甚至可能出现人员伤亡和打败仗的情况。保证消防训练各项任务的完成，既要靠扎实有效的训练、保障工作，又离不开政治工作强有力的服务保证。一是要把保证训练任务完成作为重要职责，紧贴训练任务，紧跟训练进程，坚持把政治工作与作战训练任务一同筹划部署，一同检查督导，一同总结讲评，从思想上、组织上保证各项作战训练任务的落实；二是根据训练课题和要求确定政治工作的内容和方法，队伍训什么就围绕什么开展工作，参训消防救援人员有什么思想、心理和实际问题就积极研究解决什么问题，激发练兵热情需要什么形式和载体就运用什么方法和手段，切实增强训练中政治工作的主动性、针对性和实效性；三是要把保证训练质量和训练任务的完成作为检验训练中政治工作成效的重要标准，充分展现政治工作的优势和威力。

（五）促进消防救援人员素质的全面提高

消防训练是智能、体能和技能训练的统一。随着消防训练的创新发展和训练环境条件的变化，特别是火灾扑救、应急救援、重大活动现场消防勤务和其他任务能力需求的大幅提升，作战训练的内涵、标准和样式都发生了质的变化，对消防救援人员综合素质的要求越来越高。因此，满足队伍遂行任务中和作战训练的需要，大力提高消防救援人员综合素质，是训练中政治工作亟待研究解决的一个重大而紧迫的课题。消防训练中的政治工作必须正确认识和准确把握作战训练的新趋势、履行职责使命的新要求，把增强消防救援人员的思想政治素质、科学文化素质与提高专业素质和身体心理素质统一起来，把发挥思想政治工作教育人、培养人、塑造人的功能与强化作战训练摔打磨炼消防救援人员的重要作用统一起来，把促进消防救援人员全面发展与提高队伍战斗力统一起来，为队伍消防训练和遂行任务中提供强有力的人才支撑和智力支持。

（六）促进队伍训练的安全开展

加强训练中政治工作，必须正确认识和处理训练与安全的关系。安全抓好了，就能保证训练齐装满员、顺利进行；训练抓好了，就能促进消防救援人员综合素质的提高和队伍作风纪律的养成，从根本上减少各类事故的发生。因此，既要高度重视训练安全，防止因违背训练规律、盲目蛮干，造成重大人员伤亡和重大装备损失；又要始终坚持战斗力标准，从实战需要出发、从难从严锻炼和摔打队伍，防止因安全风险降低训练标准，以牺牲战斗力为代价消极保安全。尤其是要针对消防救援队伍作战训练课题新、难度高、规模大，重大灾害事故演习和重大安保勤务演练动用装备多、人员多、对抗性强等实际情况，坚持依法组织作战训练，增强各级干部的责任感，提高消防救援人员安全防护的意识和能力，精心做好各项预防工作，努力做到训练质量提高、队伍安全稳定。

二、训练中政治工作的内容

消防救援队伍训练中政治工作的主要内容，可以概括为以下六个方面。

（一）围绕制度落实强化统一领导

加强党委对作战训练的统一领导，一要坚持把作战训练摆上党委工作的重要位置，列入党委工作的重要议程，凡有关作战训练的重大问题，均需提交党委集体讨论作出决定，机关各职能部门齐心协力具体抓落实；二要完善和落实党委议训制度，这是加强党委对作战训练统一领导的一项重要要求，消防救援局每半年、总队每季度、支队每月、大队每半月、中队每周应当组织一次议训，分析作战训练形势，查找薄弱环节，总结经验教训，研究解决影响作战训练质量的重大问题；三要端正训练指导思想，把坚持战斗力标准和从实战需要出发，作为党委领导作战训练工作的根本出发点和落脚点，树立正确的政绩观、效益观、安全观，防止和克服训练作风不实的现象。

（二）围绕消防训练进行教育动员

结合消防训练任务和实践，深入进行教育动员，是训练中政治工作的一项经常性活动。教育动员的本质是说服和激励，其根本任务是针对队伍思想实际和作战训练要求，对消防救援人员进行理论灌输，达到启迪思想、提高认识、激发练兵热情的目的。消防救援队伍作战训练中的教育动员，要根据队伍政治教育总体安排、作战训练指导思想、训练任务和训练中反映出的现实思想问题来确定。消防训练中的政治工作应当以习近平新时代中国特色社会主义思想为指导，加强战斗精神培育，引导消防救援人员从实战需要出发、从难从严训练；教育引导消防救援人员端正训风、演风、考风，把练技术、练战术、练指挥与练思想、练作风结合起来，全面提高综合素质。积极配合作战训练广泛开展以培育消防救援队伍战斗精神为主要内容的群众性实践活动，并把这一活动贯穿渗透到作战训练的各个方面、各个环节，有效地激发广大消防救援人员作战训练的积极性。

（三）开展消防训练现场宣传鼓动

在训练现场开展强有力的宣传鼓动，是把政治工作体现和渗透到消防训练的重要载体和方法。消防救援队伍消防训练时间和人员受客观因素影响较多，而且类型和科目比较多，搞好训练现场的宣传鼓动十分重要。要努力营造训练光荣的浓厚氛围，通过口头宣讲鼓动、文字图画展示、用好广播、借助网络平台等传统方法和现代科技手段，增强现场宣传鼓动的吸引力、说服力和感染力。要把科学训练与严格训练结合起来，注重根据消防救援人员的认知特点、身体心理素质、现实思想反映和作战训练的自身规律，积极改革和创新训练的方式方法，激发消防救援人员积极投身训练的内在动力，严防打骂体罚和随意增加训练难度和强度。各级政治机关特别是基层政治干部要深入现场，做到思想政治教育到一线，解决思想、心理和实际问题到一线，服务保障到一线，与消防救援人员同训练、同娱乐，以自身的模范行动影响和感召消防救援人员。

（四）建立完善消防训练的激励机制

消防训练中的政治工作应当加强对各级干部的锻炼培养和跟踪考核，评估消防员队伍能力建设，广泛开展创先争优活动，推广岗位练兵先进典型，加强宣传报道，做好训练表彰奖励工作，激发消防救援人员练兵热情。这是保持作战训练正确导向、调动消防救援人员练兵积极性的一项基础性工作。重视发挥政策措施的引领作用，把消防训练成绩好坏与单位评先、消防救援人员立功受奖、干部晋职晋衔、考学提干等切身利益挂起钩来，真正做到奖勤罚懒、奖优罚劣，解决好训多训少、训好训坏一个样的问题；重视发挥群众性比武竞赛的牵引作用，营造浓厚的练兵氛围，调动消防救援人员练兵的积极性；重视发挥先进典型的示范作用，把培养和宣传训练典型作为推动消防训练工作广泛深入开展的重要举措，用英雄模范事迹教育鼓励消防救援人员，激发他们习武练兵的政治热情和创造精神。

（五）开展战训民主和训练竞赛活动

消防训练作为一项群众性的实践活动，必须依靠广大消防救援人员的积极参与和聪明才智的充分发挥。广泛开展战训民主，是党的群众路线在消防救援领域的具体体现，也是改革转隶以前的消防队伍长期保持和发扬的优良传统之一，更是增强队伍凝聚力、提高战斗力的有效途径。这就要求消防训练政治工作必须树立以人为本的理念，尊重消防救援人员的主体地位和首创精神，发动群众研究讨论训练计划和训练任务的贯彻落实，攻克训练难题，参与训练改革；组织训练互助，提高整体训练水平；进行评教评学，改进训练方法，努力把消防救援人员的智慧和力量凝聚到完成训练任务上来，推动作战训练的健康发展。

（六）积极为消防训练提供人才支撑

人是战斗力的决定因素，人才是提升消防训练质量的关键。积极适应改革转隶需要，深入贯彻新时代消防救援队伍建设方针，实现队伍训练内容、方法和机制的创新和发展，迫切需要一大批高素质作战训练人才作支撑。消防训练中的政治工作必须把培养高素质训练人才作为一项重要任务突出出来，坚持紧密结合消防训练实践，科学制定训练人才培养的目标、规划和步骤，建立健全作战训练人才选拔、使用和保留等各项制度机制，确保训练人才生长渠道通畅；要健全消防院校教育、队伍训练实践、消防职业教育三位一体的新型消防人才培养体系，要以提高消防人员岗位履职能力和职业发展潜力为基本目标，聚焦增强灭火救援应急本领，瞄准提高岗位履职核心能力和职业素养；注重在消防训练中培养和考察干部，真正把那些热爱作战训练、钻研作战训练、会抓训练的干部选拔出来，让他们在实践中更好地锻炼成长、增长才干，不断为消防训练有效开展提供强有力的人才保证。

第三节　训练中政治工作的方式方法

训练中政治工作要立足于队伍执行多样化任务的实际，在贴近实战严格训练中，保证消防训练质量和效能的提高。

一、坚持结合渗透，把政治工作贯穿于消防训练的全过程

“结合、渗透、贯穿”，既是做好训练中政治工作的重要原则，又是基本方法。只有“结合”，才能使政治工作与消防训练合拍同步，融为一体，开辟发挥作用的战场，占领生根开花结果的阵地。只有“渗透”，才能把政治工作的触角伸展到消防训练的各个方面、各个角落，使之在作战训练的各个环节、各个领域中充分地发挥服务保证作用。而“贯穿”，即是把“结合”“渗透”的原则贯彻于作战训练的全过程，做到全程“结合”“渗透”。一是要坚持把保证消防训练任务完成、促进队伍战斗力提高作为政治工作的出发点和落脚点；二是要坚持从消防训练实际出发，确定政治工作的内容方法，不断增强针对性、有效性；三是坚持与消防训练同步部署、同步展开，在及时跟进、贯穿渗透中发挥服务保证作用。

二、坚持群众路线，依靠消防救援人员做好训练中政治工作

训练是一项广泛的群众性实践活动。广大消防救援人员既是训练的实践者，又是训练中政治工作的对象，也是进行训练中政治工作的主体。消防训练任务繁重、情况复杂，要把政治工作渗透到每一个方面、每一个训练科目、每一个训练环节，贯穿于训练的全过程，落实到每一项训练任务，服务到每一个单位和消防救援人员身上，单靠编制数量有限的政治机关和政治干部显然是力量单薄，必须坚持群众路线，发动群众都来做。一是充分尊重广大消防救援人员在消防训练中的主人翁地位，最大限度地激发群众的积极性和创造性；二是注重培养骨干队伍，积极发挥骨干作用；三是动员和组织广大参训消防救援人员人人做思想政治工作，增强训练中政治工作的群众性。

三、加强科学指导，创新训练中政治工作方法

加强科学指导，创新训练中政治工作方法，注重把握以下三个方面：一是实施计划指导。计划是对工作全程实施指导的基本依据，实行计划指导是开展政治工作的一个重要方法。当前在对训练中政治工作的指导上，应努力克服缺乏严密科学的计划，以及对计划的执行缺乏有力的控制的问题，尽快学习和掌握计划指导的方法。二是加强分类指导。消防训练是由一个多种类、多层次内容组成的庞大体系，不仅各个层次、各个类型的训练特点不同，而且在训练基础、队伍素质、训练条件以及编制、专业、任务上都有很大的差异。消防训练内容形式的多样性，决定了政治工作服务保证的多样性。这就要求训练中政治工作在宏观指导上必须根据各种不同类型、不同训练层次的特点，实施分类指导。各级党委（支部）在开展工作时，都要充分考虑到队伍思想、作风、专业、任务、训练基础和训练条件的不同，在指导方法、组织形式和保证重点等诸方面有所区别和侧重。三是运用典型指导。训练中的政治工作要大力宣扬表彰消防训练中的先进典型。发现、培养和树立在训练改革、技术攻关、操法创新、练兵活动以及执行重大任务等方面做出突出成绩的典型单

位和个人，及时予以表彰奖励，总结推广经验做法。当前，推广作战训练先进典型，应重点放在发现和宣传那些有利于鼓舞队伍练兵热情，有利于推动消防训练改革，有利于提高训练质量的先进集体和先进个人，特别要注意发现和培养对全局有指导意义的先进典型。

习题

1. 新时代消防救援队伍训练中政治工作有了哪些新特点？
2. 当前训练中政治工作对政工干部提出了哪些工作要求？
3. 怎样利用网络特点不断丰富和强化训练中政治工作的效果？

第十章　消防基层遂行任务中政治工作

遂行任务中政治工作，是用党的创新理论和上级关于遂行工作的方针原则、命令指示教育消防救援人员，为圆满完成遂行任务中提供政治保证、人才支持和精神动力的活动，是消防救援队伍政治工作的重要组成部分。开展遂行任务中政治工作，坚持政治工作“服务中心、服务大局、服务基层、服务一线”的跟进服务模式，坚持解决思想问题和实际问题、心理问题相结合，在充分调动消防救援人员的工作积极性和创造性的同时，培养良好的能力素质和顽强的战斗作风，提升遂行政治工作服务保证效能，为完成各项任务提供精神动力和思想组织保证。

第一节　遂行任务中政治工作的重要意义

近年来，消防救援队伍遂行任务中政治工作得到了各级领导的高度重视和广泛关注。尤其是经过抗震救灾、抗洪抢险、建党百年及其他重大灭火救援任务的考验，充分体现了遂行任务中政治工作的重要地位和作用。做好新时期消防救援队伍遂行任务中政治工作，对于提高部队战斗力，树立消防救援队伍铁军形象具有十分重要的现实意义。

一、做好遂行任务中政治工作，可以充分发挥政治工作的助力作战功能

思想政治工作从某种意义上说是做事物的转化工作，也能助力转化为战斗力。消防救援队伍每个任务的圆满完成，都需要各个部门的协调配合，需要各个环节的有效对接。这一过程中，政治工作的作用发挥得如何，无疑将对任务顺利完成产生重要影响。特别是一些重特大火灾扑救、自然灾害救援等重大任务，政治工作的功能不仅体现在服务保证上，还体现在助力作战上，其现实战斗力不容低估。随着经济社会的不断发展，消防救援队伍执勤灭火和应急救援任务日益繁重，各类大型事故、重大自然灾害、突发公共事件等时有发生，执行任务工作难度越来越大，持续时间越来越长，对参战消防救援人员的精神、意志、体力等的挑战越来越大，经常面临生与死、血与火的严峻考验，消防救援人员的思想压力大、思想活动激烈。在这至关紧要的时刻，政治工作就显得尤为重要。哪怕是一段简短有力的战斗动员，一句振奋人心的激励口号，一个细小的关心动作，都会对部队战斗力产生积极影响，使思想政治工作转化为现实的战斗力。

二、做好遂行任务中政治工作，可以充分发挥广大消防救援人员在遂行任务中的决定性作用

消防救援队伍在遂行各项任务中，起决定性作用的是广大消防救援人员。因此，必须依靠强有力的政治工作，充分挖掘消防救援人员的潜能，充分发挥每个消防救援人员的主观能动性。政治工作的对象是人，是人的思想和行为。消防救援人员对遂行任务的正确认识，要靠政治工作去引导；消防救援人员的作战热忱，要靠政治工作去激发；消防救援人员的战斗信念，要靠政治工作去激励；消防救援人员的良好心理，要靠政治工作去疏导；消防救援人员和装备器材的最佳结合，要靠政治工作去促成；消防救援人员的勇敢精神，要靠政治工作去提高。强有力的思想政治工作，可以激发广大消防救援人员发扬革命英雄主义精神、自我牺牲精神、大公无私精神，自觉发扬消防救援队伍特别能战斗、特别能吃苦、特别能忍耐、特别能奉献的优良传统，在短时间内鼓舞部队士气，激发消防救援人员斗志，凝聚一切力量，激发一切潜能，确保消防救援人员全身心地投入灭火救援第一线，顽强战斗，使思想政治工作效益实现最大化。

三、做好遂行任务中政治工作，有助于确保消防救援队伍内外团结，形成作战合力

搞好队伍内外团结，形成作战合力，是消防救援队伍遂行任务中的基本条件和保证。遂行任务中政治工作具有极大的凝聚功能和协调功能，它能够紧紧围绕各项任务的完成，通过强有力的思想工作和组织工作，把各种力量凝聚到一起，确保灭火作战和应急救援各项任务的胜利完成。尤其是跨区域联合作战、重大自然灾害救援和重大消防勤务保卫，一般参战单位多、规模大、任务重、时间长、难度大，需要队伍内外的坚强团结，形成强大的合力。而队伍的内外团结和强大合力，是靠强有力的政治工作来实现的。只有通过政治工作，才能开展多种行之有效的团结协作活动，继承和发扬新时期消防救援队伍“尊干爱兵”和“拥政爱民”的优良传统，不断密切上下级之间、消防救援人员之间、队伍之间、队地之间的关系。只有通过政治工作，才能使参战人员把完成灭火救援任务作为实践消防救援队伍全心全意为人民服务的根本宗旨，强化服从命令、听从指挥，严守纪律、服务大局的意识，切实增强完成任务的责任感和使命感，做到心往一处想，劲往一处使，齐心协力完成作战任务。只有通过政治工作，才能及时有效地解决影响队伍内外团结和作战合力形成过程中的各种矛盾和问题，保证参战各种力量围绕作战的总目的、总计划、总任务，协调一致地发挥各自作用，使消防救援队伍成为一支“危难用我、用我必胜”的钢铁劲旅。

第二节　遂行任务中政治工作的原则和特点

遂行任务中政治工作的基本原则，是正确、有效地开展政治工作所必须遵循的行动准则。原则是规律的具体表现形式。只有准确掌握和运用遂行任务中政治工作的基本原则，

才能保证遂行任务中政治工作的性质、方向，实现政治工作的目标，保证各项任务的圆满完成。

一、遂行任务中政治工作的原则

（一）统一领导

消防救援队伍遂行任务中政治工作必须在上级党委的统一领导下，坚决贯彻上级的命令、决策和一系列重要指示精神，保证命令、政令畅通。遂行任务中政治工作必须坚持党委（支部）统一的集体领导下的首长分工负责制，充分发挥党委（支部）的战斗堡垒作用和共产党员的先锋模范作用。

（二）服务打赢

遂行任务中政治工作的根本出发点和落脚点，就是要确保消防救援队伍在执勤保卫、扑救火灾、抢险救援和处置突发事件时打得赢、不变质。遂行任务中政治工作必须紧紧围绕提高部队灭火救援作战能力，保护人民群众生命财产安全，减少各类灾害损失进行谋划和展开。要和作战训练、后勤保障、消防监督等工作同步进行，紧密配合。要通过多途径、多方式贯穿和渗透到遂行任务中的各个环节和全过程，确保遂行任务的胜利完成。

（三）快速反应

遂行任务中政治工作的关键在于快速反应。要打破四平八稳的常规模式，简化程序，减少环节，加快节奏，切实提高快速反应能力，把握主动权、打好主动仗，为遂行任务提供有力支持。对一些时效性强的任务，政工干部必须快速反应，分秒必争，无论是传达上级指示、布置工作任务、研究解决问题，还是进行政治动员、配备干部骨干，都要从简、从快、从优，做到掌握情况快、上传下达快、分析判断快、解决问题快，着力提高政治工作效益。

（四）全程渗透

遂行任务中政治工作的一个重要特征，就是要做好做足“跟进”“渗透”的文章，做到任务开展到哪里，政治工作跟进到哪里；任务进展到哪个阶段，政治工作跟进到哪个阶段，真正将政治工作渗透到遂行任务中的全过程。特别是要把政治工作纳入任务推进的初始阶段，实现源头参与，从而提高政治工作的主动性。从谋划、决策、部署、实施到检查、考评等各个环节，政治工作始终与遂行任务同步进行甚至超前运作，形成全程跟进、立体渗透的态势。

（五）贴近一线

遂行任务中政治工作，要结合实际，主动靠前，一线保障。消防救援人员时刻面临着工作超常规、高强度的考验，面临着血与火、生与死的考验，政工干部必须重心前移，靠前指导，贴近基层，积极主动地开展工作，做到思想工作贴近一线，工作指导贴近一线，服务保障贴近一线，从暖心关爱贴近一线，把工作做到每个部位、每个环节、每个同志。

（六）实事求是

实事求是既是政治工作的作风，又是政治工作的生命和灵魂。遂行任务中政治工作必须坚持从实际出发的原则，紧紧把握消防救援队伍承担各项任务的特点和要求，深入分析和预测可能出现的各种问题，确定政治工作的内容和方法，研究出台各项配套措施，积极主动、及时有效地开展政治工作，充分发挥其保证和服务的功能。

二、遂行任务中政治工作的基本特点

遂行任务中政治工作的基本特点是政治工作内在本质的具体反映。遂行任务中政治工作受客观条件制约较大，无固定的活动场地，无相对确定的活动时间，而活动对象即参战消防救援人员经受的考验更为特殊，更为严峻，这就更需要政治工作者的调剂和疏导。所以说，遂行任务中思想政治工作比平时思想政治工作开展的难度更大、条件更艰苦、任务更重、思想鼓动性更强，组织方法上更为灵活多样。

（一）思想性

参战消防救援人员在执行任务时将直接面对生与死的考验，有一定的思想顾虑，战时思想政治工作的作用就是通过开展积极的思想工作和组织工作，活跃消防救援人员的生活，缓解紧张的心情，引导他们树立敢打必胜的信心，使他们牢记为了祖国的繁荣和谐、人民的幸福安康贡献力量乃至生命是无上光荣的信念，从而真正做到“召之即来、战之必胜”。

（二）战斗性

消防救援队伍在遂行任务中，直接处在执勤保卫和灭火救援一线。思想政治工作作为敢打胜仗、敢打恶仗的助推器和加油站，必须具有战斗性。所以在做好遂行任务中政治工作的组织上要有别于平时，一定要服从执勤保卫和灭火救援任务的需要，并有助于战斗力的提高来统筹安排，否则就是于事无补。

（三）及时性

主要指紧随遂行任务中的进程来开展政治工作，即工作任务完成到哪里，政治工作就要做到哪里，战斗任务愈艰苦、愈繁重，政治工作愈要充满生机和活力。如果遂行任务中政治工作的及时性未能体现出来，总比灭火救援任务进程滞后，那么为战斗力的服务作用就无从谈起。

（四）灵活性

由于灾情的变化无常，导致了遂行任务中发展的态势反复无常，决定了参战消防救援人员的思想和心理等方面变化复杂，因此遂行任务中政治工作呈现出场地、时间、人员的不确定性，工作对象的思想和心理复杂性。这就要求政治工作的服务方法要灵活多样，因地制宜，因时制宜，不拘一格，最大限度地体现灵活性，使遂行任务中政治工作发挥最佳实效。

第三节　遂行任务中政治工作的组织实施

组织实施是遂行任务中政治工作的重要环节。消防救援队伍在遂行任务时，政治工作组织实施的好坏，对任务能否胜利完成起着举足轻重的作用，是部队战斗力生成的重要因素。

一、灭火救援政治工作

灭火救援政治工作是消防救援队伍遂行灭火救援任务中的思想工作和组织工作，是用党中央、应急管理部处置行动的具体方针原则和命令指示，教育激励参战消防救援人员为圆满完成灭火救援任务提供政治保证、人才支持和精神动力的活动。灭火救援政治工作既是队伍灭火救援行动中一切工作的生命线，又是直接的处置手段，对于实现党对消防救援队伍的绝对领导，巩固和提高队伍战斗力，确保灭火救援任务圆满完成具有重要作用。

（一）灭火救援政治工作基本任务

灭火救援政治工作的基本任务是：用党中央、应急管理部关于灭火救援的指示精神统一队伍思想，保证各级决策命令的贯彻执行；及时了解上级的意图和有关情况，切实加强各级党组织对灭火救援工作的组织领导；加强与友邻队伍及地方政府的协调，保证参与抢险的各方力量协调一致地行动；针对每个时期灭火救援行动的重点，深入细致地开展动员教育，不断激发广大消防救援人员的斗志和士气，为圆满完成救援任务提供坚强政治保证。

1. 切实增强遂行任务中的责任感和使命感

“灾情就是命令、时间就是生命”。灭火救援行动的突出特点就是时间紧、任务重、环境复杂、社会关注度高，任务队伍经受的身体心理考验和政治考验更加严峻，稍有不慎就可能造成难以挽回的社会影响和政治影响。因此，政治工作必须及时把消防救援人员的思想统一到党中央和应急管理部的决策指示上来，确保灭火救援行动的正确方向。要认真学习党中央、应急管理部关于做好灭火救援工作的一系列重要批示，认真学习贯彻消防救援队伍有关灭火救援的精神，紧贴灾情态势，紧扣队伍可能担负的任务，层层搞好思想发动和形势任务教育，引领广大消防救援人员充分认清遂行灭火救援任务是履行职责使命、支援地方经济建设和确保社会稳定的实际行动，不断强化政治意识、大局意识、使命意识和责任意识，以饱满的政治热情全力以赴投入灭火救援，坚决完成党和人民赋予的各项任务。

2. 大力激发消防救援人员英勇顽强的战斗精神

灭火救援行动中，一线消防救援人员有时需要面对饥寒交迫、过度疲劳、灭火救援场景惨烈的情况，部分消防救援人员易出现急躁、恐惧、厌倦、抑郁等心理反应，时刻面临生与死的考验。政治工作必须紧贴担负的任务，紧贴行动的进程，紧贴消防救援人员思想实际，采取多种方法手段，不间断地搞好思想动员和现场鼓动，确保队伍士气高昂。要把强有力的思想政治工作贯穿灭火救援全过程。大力弘扬“一不怕苦、二不怕死”的战斗精神，坚决完成灭火救援任务。要紧贴救灾进程和消防救援人员思想实际，因地制宜、见缝插针地搞好现场鼓动，利用便携式音响、手持喊话器等进行宣传喊话，通过组织消防救援人员高呼战斗口号、重温誓词等形式，持续激发消防救援人员的战斗热情。在抢险间隙、组织休息时开展唱红歌、打快板、讲战斗故事等文化小活动，缓解消防救援人员疲劳、鼓舞消防救援人员士气，并视情况组织心理医生、心理骨干做好一对一的心理疏导工作，帮助消防救援人员释放压力、调适心理。开展一线入党（团）、创先争优等活动，及时挖掘和宣扬先进典型，组织编写战地快报，播报先进典型事迹，激励引导消防救援人员向先进典型学习，不断调动消防救援人员创先争优的热情。安排机关干部到一线代职，协助加强一线指挥，对基层消防救援人员搞好传帮带。注重关心一线消防救援人员的生活和健康，改善物质文化生活，使消防救援人员始终保持充足的体力和旺盛的精力，确保灭火救援任务的圆满完成。

3. 充分发挥党员干部的先锋模范作用

通过开展立功创模活动、表彰先进典型、党员骨干模范带头等多种形式，激励消防救援人员发扬不怕疲劳、连续作战的作风，圆满完成灭火救援任务。要切实发挥党委的核心领导作用、基层党组织的战斗堡垒作用和广大党员的先锋模范作用。各级党员干部要始终冲锋在前，哪里有险情就冲向哪里，哪里最危险就出现在哪里，以模范行动团结带领队伍打硬仗、打攻坚仗，坚决完成各项急难险重任务。要注重在任务中培养、考核干部，激励广大党员干部创先争优的积极性和主动性，在任务中锤炼提升党员干部的素质能力。

4. 扎实做好任务中的群众工作

在遂行任务中时，要牢固树立“以人民为中心”的思想，虚心向人民群众学习，积极与当地政府、群众团结一致灭火救援。要有服从大局的思想自觉和行动自觉，体谅地方政府和人民群众的疾苦，不讲困难、不搞特殊、不提过分要求。要积极帮助灾区人民搞好灾后重建，帮助群众解决吃饭、饮水、住宿等实际困难，尽快恢复灾区正常生产生活秩序，用实际行动赢得灾区人民拥护爱戴。要经常进行群众纪律检查，发现问题及时纠正，保证队伍所到之处秋毫无犯。要严格新闻宣传纪律，及时客观反映队伍遂行任务中的情况，不准私自上网议论救灾情况和传播救灾图片，经批准接受地方媒体采访时要保守秘密，维护队伍良好形象。

5. 认真做好任务中的安全稳定工作

针对任务地域环境陌生、灾情复杂的实际，深入研究动中抓安、险中创安的特点规律，要采取超常措施，保证队伍绝对安全。要针对机动途中、灭火救援过程中可能出现的安全风险做好分析评估，切实把人员思想底数摸清，把防范措施定实，把责任分工讲明，把防范标准立好，牢牢把握安全防范工作主动权。要以防车辆事故、防群死群伤、防疫情传染等为重点，灵活机动地开展好安全教育，强化消防救援人员时时想安全、事事抓安全的防护意识；要加强上下联动、全程管控，重点防范车辆交通事故发生，确保队伍安全顺利按时到达；要深入了解临时驻地的地形地貌及灾情发展态势，细致排查可能出现的安全隐患，重点防范好房屋倒塌、食物中毒、线路漏电、瘟疫传染等次生危害，遇有危险要视情况及时组织人员、装备转移，确保队伍高度安全稳定。

6. 切实加强任务中的组织领导

各级党委（支部）要切实加强对队伍遂行灭火救援行动的统一领导和指挥，密切关注灾情险情变化，认真分析研判形势，把政治工作各项准备做扎实、做精细。要把政治工作方案订实订细，做到责任明确、内容合理、措施精细；要调整健全党团组织、“三互”小组和思想心理骨干队伍，确保组织健全、结构完整、活动经常；要结合任务需要，安排机关干部到力量薄弱的基层单位，确保队站主官齐装满员，切实把一线指挥力量搞得很坚强、很可靠、很得力；要扎实做好物资器材准备，严格贯彻落实编携配装标准，制作相关条幅标语，携带好与任务相关的物资器材，切实把政治工作装备配全带齐。

（二）灭火救援政治工作基本要求

我国是一个自然灾害多发频发的国家，灾害种类多，分布地域广，发生频率高。消防救援队伍作为灭火救援的专业力量和主力军，承担最紧急、最艰难、最危险的灭火救援任务，对消防救援人员提出了更高的要求。

（1）灭火救援行动事发突然，政治考验大，必须确保上下一致、听从指挥。面对突如其来的自然灾害，党中央和全国人民高度重视，社会舆情复杂，心理承受压力大，消防救援队伍作为国家灭火救援的专业力量，与时间和生命赛跑，灭火救援任务时刻与政治紧密相连，必须凝聚起灭火救援的磅礴力量，打好参与灭火救援的主动仗。

一是树牢队魂意识。消防救援队伍之所以能够圆满完成每次灭火救援使命，根本就在于有凝聚士气和意志的队魂。在灭火救援行动中，必须坚决用党中央、应急管理部关于灭火救援的指示要求，统一广大消防救援人员的思想和行动，使之成为指导灭火救援的强大思想武器，引导消防救援人员从政治上考虑问题、指导实践，始终坚信党的正确领导，以党的旗帜为旗帜，以党的方向为方向，切实形成统一的认识、意志和力量，确保灭火救援的正确方向，为圆满完成任务提供可靠的政治保证和强大的精神动力。

二是强化报国之志。伟大的爱国主义精神是广大消防救援人员积极参与灭火救援的强大精神支柱，是消防救援队伍圆满完成灭火救援使命的动力源泉。在灭火救援行动实践中，广大消防救援人员以赴汤蹈火、英勇无畏的果敢行动，彰显报国壮志和热血赤诚。面对随时需要流血牺牲的灭火救援使命，要深入开展国家综合性消防救援队伍性质宗旨和爱国奉献教育，引导消防救援人员把爱国与爱党、爱人民统一起来，把个人的前途命运与国家的前途命运紧密联系起来，正确处理国家安全与社会稳定、集体利益和个人利益的关系，把爱国之情转化为报国之行，随时为捍卫祖国和人民的利益牺牲一切。

三是履行使命担当。自然灾害往往造成大量人员伤亡，抢救人的生命是灭火救援最重要、最急迫、最关切的任务，灭火救援思想政治工作必须围绕这一首要使命任务来展开。教育引导消防救援人员要不惜采取任何手段，不惜一切代价救人，有一线希望，就付出百倍努力，尽最大努力抢救每一个生命，最大限度地保护人民生命和财产安全。要始终坚持人民生命高于天，使命重于泰山，责任胜于一切，不怕牺牲，英勇顽强，以实际行动担负起党和人民赋予消防救援队伍灭火救援的重大历史责任，真正做到忠诚使命、献身使命。

（2）灭火救援行动复杂多变，安全风险高，政治工作必须着眼建队之本，确保英勇顽强、能打胜仗。重大灾害的发生，易产生大量的次生灾害，加之民众心理极度恐慌及社会秩序失控等艰难复杂情况，消防救援队伍参与灭火救援行动既要尽最大努力做抢救人的工作，又要维护社会秩序安抚人民群众，还要确保自身安全。为此，消防救援队伍灭火救援政治工作必须坚持敢打必胜，通过强有力的组织领导和思想发动，确保灭火救援任务的圆满完成。

一是发挥组织功能。把参与灭火救援行动，作为深入开展党员干部政治能力训练的生动课堂，充分发挥党委（支部）的战斗堡垒和广大党员的先锋模范作用。参与救援的党组织要切实加强组织领导，科学安排部署，合理调配力量，精心指导和组织队伍行动，确保各项工作有力有序有效推进。各救援队伍要紧贴任务调整充实党员干部，建立健全党团组织，注重在完成急难险重任务中培养锻炼干部骨干，为圆满完成灭火救援任务提供坚强组织保证。各级领导干部要深入一线、靠前指挥，积极负责、敢于担当，广大党员要勇挑重担、冲锋在前，以模范行动团结和带领消防救援人员奋勇救援。

二是搞好思想发动。坚持紧贴救援进程和消防救援人员思想，因地制宜、见缝插针地做好思想发动和宣传激励工作，大力开展挑应战、表决心和立功创模活动，确保救援消防救援人员始终保持高昂士气和顽强作风。加强灭火救援安全常识学习教育，指导队伍把培育战斗精神与科学实施救援结合起来，既要圆满完成救援任务，又要确保队伍自身安全，扎实搞好宣传报道工作。要安排精干力量深入救援现场，大力宣扬灭火救援的感人事迹，不断激发消防救援人员的战斗热情，及时回应全国人民群众对救援行动的关心关切，为夺取灭火救援胜利营造良好舆论氛围。

三是主动心理干预。由于灭火救援任务的艰巨性、紧迫性、危险性，救援环境又十分艰苦，部分救援消防救援人员易产生恐惧、焦躁、畏惧等一系列的情绪。加之在一线进行救援任务，目睹了自然灾害造成的危害及人员伤亡，参与运送伤员和尸体，救援消防救援人员极易引发焦虑和抑郁症状，执行灭火救援任务，既是对灭火救援队伍战斗力的检验，也是对灭火救援人员心理素质的考验。思想政治工作必须积极根据任务的需要，及时运用心理干预，搞好教育疏导，进行有针对性的心理辅导，帮助灭火救援人员解除思想心理负担，激发斗志，增强参与灭火救援的责任感、使命感、光荣感，为始终保持旺盛的战斗力发挥重要作用。

（3）灭火救援行动关注广泛，部门协作多，政治工作必须着眼建队之基，确保纪律严明、作风过硬。自然灾害后的灭火救援，全国乃至全世界目光聚焦，新闻媒体全程关注和报道，多种救援力量互相配合，群众接触深入，消防救援人员面临着外树形象、内保稳定的双重压力，政治工作必须紧贴实际，扎实有效。

一是严格纪律规定。执行灭火救援任务政治性、政策性、敏感性强，稍有不慎就可能授人以柄，给灭火救援工作大局带来不利影响。在执行灭火救援任务中，往往可能发生一些意料之外的人民内部矛盾，如果处理不当就会使局面错综复杂。要引导消防救援人员了解掌握有关法规政策，依法执行任务，切实掌握行动主动权，不断增强鉴别力，正确区分矛盾性质，区别不同情况，讲究策略，灵活应对，防止因政策规定不清楚、不明白，而草率行事，盲目行动，造成政治上的被动。特别是对外宣传报道、接受媒体采访时必须严格组织纪律，坚决防止因言论不当引发政治性问题，激发社会矛盾。

二是群众利益至上。坚持全心全意为人民服务，急灾区人民所急、帮人民群众所需，把最广大人民的切身利益实现好、维护好、发展好，用奋勇救援的现实表现教育群众、争取群众，用文明之师的形象感动群众、赢得群众，用为民服务的实际行动帮助群众、凝聚群众。充分发挥人民队伍战斗队、宣传队、工作队的作用，组织消防救援人员广泛宣传党对灭火救援的指示要求，广泛宣传党和政府以及全国人民对灾区群众的关心关爱和大力支持，宣传当地干部群众自救互救、战胜灾害的精神风貌，帮助群众坚定信心和决心。服从统一指挥，加强与各救援力量的团结协作，切实形成灭火救援的整体合力。同时，把维护和恢复灾区正常社会秩序作为重要职责，积极配合地方加强社会管控，确保灾区社会稳定，为完成灭火救援任务营造良好的社会环境。

三是树立良好形象。时刻保持高度的政治敏锐性，始终坚持“救人第一”的原则，严格按照相关规定开展灭火救援行动，务必确保操作流程正确规范、科学严谨，避免出现行为偏差和工作失误。要始终注重队容风纪、言谈举止，尤其要注重与群众和被施救对象交流的方式方法，注意在公众面前的形象树立，在不违反规定的情况下，按照有关工作方法流程，及时发布灭火救援行动的进展或取得的成果，大力宣传灭火救援期间涌现出的先进典型，同时做好危机公关准备，对负面舆情及时了解、妥善处置、得体应对，第一时间纠正错误、正向引导、加强管控，最大限度地发挥宣传工作的功能作用，积极主动地在全社会树立队伍良好形象。

（三）灭火救援政治工作组织实施

灭火救援政治工作的组织实施，就是围绕执行灭火救援任务行动，积极主动地做好各种准备，因地制宜、因人制宜、因事制宜地展开思想教育、现场鼓动、宣扬典型等工作，为灭火救援行动的有力有序有效进行提供强大的精神动力、人才支持和组织保证。

灭火救援政治工作的组织实施可以分为三个阶段。

1. 灭火救援准备阶段政治工作

受领灭火救援任务后，迅速组织动员教育，通报灾情和上级的决策意图，明确任务，组织宣誓和应战，利用各种方式对消防救援人员进行职责使命和战斗精神教育，鼓舞士气，激励斗志，增强消防救援人员参与灭火救援任务的光荣感、责任感和完成任务的信心。组织消防救援人员学习相关安全知识，了解预防、避险、自救、互救、减灾等常识，提高自我防护能力。做好家庭受灾消防救援人员的思想工作，确保队伍思想稳定。遇有重大灾情、险情时，要边开进、边动员。具体应做到以下四点。

一是召开动员部署会。队伍受领灭火救援任务后，各级要通过召开党委（支委）会、誓师大会等形式，传达上级决定、命令、指示，研究行动方案，部署区分任务，进行广泛深入的思想发动，激发消防救援人员灭火救援的政治热情，做好充分的思想准备。若时间紧急，也可采取边下达命令边进行动员、边开进边明确任务的方式，为灭火救援行动赢得宝贵时间。

二是迅速收拢调整配齐干部、健全组织。迅速启动任务中政治工作预案，任务队伍停止干部休假、探亲和外出，立即召回在外人员，建立健全各类组织，成立精干的政治工作组，明确任务和分工，做到指导思想正确、组织功能健全、人员分工合理、工作内容明晰、方法科学合理，确保政治工作预案的科学性和可行性。

三是拟制下发政治工作方案计划。根据遂行灭火救援行动指挥体制和精干高效的原则，研究制定政治工作计划，下发政治动员令、政治工作指示及宣传教育提纲，并组织传达学习，明确任务职责和相关要求，及时展开具体工作。

四是做好政治工作物资装备器材的相关准备。指导任务分队携带好各类方案、计划、法规等文件资料，以及标语、板报、文化器材、宣传箱、卫星电话（视）、宣传车辆等政治工作物资装备器材。

2. 灭火救援实施阶段政治工作

各级组织要教育队伍多方掌握信息，准确判断，科学决策，严密组织实施。

搞好思想发动。灭火救援任务时间长、任务重、条件差，随时面临生死考验，消防救援人员易出现疲劳、恐惧、厌战等身心问题。政治工作要把培育消防救援人员战斗精神作为重点，不间断地搞好动员激励。在内容上，要通报灾情和上级决心意图，明确队伍主要任务，引导消防救援人员深刻认识灭火救援行动的重大意义，深刻领会党中央、应急管理部和上级的决策部署，强化高举旗帜、听党指挥、履行使命意识。要开展爱国主义教育、战斗精神教育，宣扬“对党忠诚、纪律严明、赴汤蹈火、竭诚为民”的光荣品质和不怕苦、不怕累、不怕死的革命英雄主义精神，激励消防救援人员以坚强意志面对艰险和牺牲；要突出党员骨干队伍，激发他们的先锋和表率意识，成立青年突击队、党员先锋队等拳头组织、尖刀组织，让业务素质过硬、作风品德优秀的党团员骨干有机会、有平台展示斗志本领，带领队伍拉得出、冲得上、打得赢；要注重运用先进典型引导，及时发现灭火救援中涌现出的先进个人和集体，宣传他们的先进事迹，组织开展向英雄学习、向身边典型学习活动，激励消防救援人员始终保持不怕困难、英勇顽强的战斗士气；要注重发挥信息化通信器材的作用，用动中视、动中通给消防救援人员持续激励，让他们在动态中随时做好思想、精神和战斗准备，在任务地域可采取战地快报、战地广播等方式，及时消除消防救援人员的不良思想情绪，确保他们始终保持良好的战斗精神状态。

明确作战纪律。一是明确政治纪律。灭火救援行动攸关国家利益和人民生命财产安全，国际国内都持续高度关注。任务中可能面临敌我矛盾和人民内部矛盾、公开较量与隐蔽斗争交织的复杂态势，一旦处置不当，就会陷入被动，造成不可挽回的政治影响。因此，必须明确政治纪律，提高消防救援人员的政治敏锐性和政治鉴别力，使之善于从政治的高度思考、分析和处理问题，确保遇有突发情况时头脑清醒、立场坚定、服从组织、妥善处置，在思想上、行动上与党中央、应急管理部保持高度一致，确保灭火救援行动的正确方向。二是明确群众纪律。灭火救援期间队伍直接与群众打交道，消防救援人员一言一行都代表队伍形象，影响团结就是影响救灾大局，必须把执行群众纪律作为政治问题来对待，作为政令来落实，引导消防救援人员时时、处处、事事维护群众利益，防止发生影响团结、有损队伍声誉的问题。

开展文化活动。因地制宜搭建简易实用的战地文化设施，结合灭火救援任务实际组织战地文化活动。可以把“党员先锋队”“青年突击队”“团结一心、众志成城，誓取灭火救援伟大胜利”等战斗旗帜、标语横幅打出来，鼓励和激发参战消防救援人员的热情和动力，坚定灾区群众对子弟兵的信赖和信心。可以组织内容丰富和形式多样的战地文艺演出，宣传各级共同参与灭火救援取得的阶段性成果，歌颂涌现出的英雄模范，鼓舞消防救援人员的战斗情绪。

组织立功奖励。当前，参加灭火救援行动的消防救援人员大多是“90 后”乃至“00 后”，他们的自我实现意识更为强烈，对战时入团、入党、立功、评先等立功受奖、政治荣誉极为重视。在这种情况下，各级在重大灭火救援任务中就要敢于打破常规，及时组织开展“火线入党（团）”“一线立功创模”等评比表彰和奖励工作，并及时挖掘英雄模范，将他们的先进事迹和受表彰情况传遍一线，有效激励消防救援人员斗志，感染和激励全体参战消防救援人员，为他们持续战斗提供不竭的精神动力。

抓好舆论宣传。灭火救援过程中开展强有力的舆论宣传工作，大力营造有利于任务完成的政治氛围，对于鼓舞消防救援人员士气、提高战斗精神发挥着不可替代的作用。舆论宣传工作必须提高政治站位，严格按照上级要求统一宣传口径，准确把握舆论宣传时机，严格审核把关，适度宣传报道，把着眼点放在维护国家安全和社会稳定的大局上来。要占据舆论高地，发扬社会正能量，引导积极向上的主旋律。时刻紧盯网络舆论，适时发布消息，关键时刻敢于应对媒体，回应民众关切，及时化解因断章取义、恶意炒作、造谣生事等造成的网络负面舆情。

加强心理服务。维护消防救援人员心理健康，是灭火救援任务中政治工作的重要内容。要加强经常性思想工作，跟踪关注消防救援人员心理和情感上的细微变化，掌握消防救援人员心理特点，摸清消防救援人员思想底数，积极开展心理教育，提高消防救援人员心理调适能力。尤其需要注意做好对家庭受灾消防救援人员的心理干预和思想引导，消防救援人员家中受灾情况的轻重决定了其心理状态，队伍要以其心理状态为主要参考指标，决定其能否上灭火救援一线，并有针对性地开展心理工作，给予全方位关怀帮助。

3. 灭火救援结束阶段政治工作

及时进行群众纪律检查，搞好总结表彰，做好心理辅导、烈士抚恤和伤病残人员的善后工作。积极组织消防救援人员配合地方政府帮助灾区群众恢复生产、重建家园，大力开展爱民助民活动。

检查群众纪律。认真检查任务期间群众纪律和民族、宗教政策的执行情况，要广泛与当地政府、群众交换意见，检查了解队伍消防救援人员在灭火救援期间遵守法纪情况，对违反群众纪律的消防救援人员要及时作出处理，对造成的损失要进行赔偿，树立文明之师的良好形象。

搞好总结表彰。要深入总结灭火救援政治工作经验，把经过实战检验的好方法推广出来，好经验提炼出来，重点是客观反思剖析存在的问题，制订针对性改进措施。要做好表彰创模工作，对消防救援人员的表现进行总结鉴定，适时召开表彰大会，树立有突出代表性的先进典型，开展向先进典型学习活动，鼓舞队伍士气。

开展优待抚恤。严格按规定落实优待抚恤工作，对消防救援人员及其家属实施优待，对烈士家属和因公致残的消防救援人员及其亲属进行抚恤，及时走访慰问并发放慰问金，消除伤病残人员和牺牲消防救援人员家属在工作上和生活上的后顾之忧，以此温暖人心、稳定士气。准确掌握家庭受灾消防救援人员的家人安全状况和财产损失，尽力帮助其解决实际困难。

做好灾后重建。灾后重建工作事关灾区群众的切身利益，事关党和队伍的形象。要把援助灾区重建作为消防救援队伍应尽的义务，时刻心系灾区群众的安危冷暖，想方设法保障灾民基本生活需要，充分发挥队伍组织优势，妥善安置受灾群众，积极抢修灾区基础设施，全力搞好医疗保障和卫生防疫，积极开展对口援建、捐款捐物等爱民助民活动，帮助受灾群众渡过难关。

二、重大安保勤务任务政治工作

重大安保勤务任务政治工作，是用党的创新理论和上级关于执勤工作的方针原则、命令指示教育消防救援人员，为圆满完成执勤任务提供政治保证、人才支持和精神动力的活动，是队伍政治工作的重要组成部分。开展重大安保勤务任务政治工作，要以习近平新时代中国特色社会主义思想为指导，紧紧立足于安保勤务这个实践活动，坚持解决思想问题和实际问题、心理问题相结合，在充分调动消防救援人员执勤的积极性和创造性的同时，培养良好的安保执勤素质和顽强的战斗作风，提升重大安保勤务任务政治工作服务保证效能，为完成安保任务提供精神动力和思想组织保证。

（一）重大安保勤务任务政治工作的主要任务

重大安保勤务任务政治工作是一门实践性很强的工作。围绕安保开展政治工作，激发消防救援人员的执勤热情，保证执勤任务的圆满完成，是实现能打胜仗的迫切需要，也是消防救援队伍政治工作的一条重要原则。

1. 响应准备

各级党委和政治机关要根据重大任务特点，加强分析研判，及时制订政治工作预案，与重大任务同研究、同部署、同推进、同落实。全国性或区域性重大安保任务中的政治工作，在国家消防救援机构党委的领导下，由国家消防救援机构政治部启动响应，任务涉及两个以上总队级单位，任务由一个总队承担，但是任务突发、情况复杂、影响较大的，国家消防救援机构政治部应及时响应、现场指导。总队独立承担的重大安保任务，政治工作在总队党委的领导下由总队政治部启动响应并组织实施。

2. 健全组织

根据任务需要，及时成立临时党组织。临时党组织的组成、职权、隶属关系和产生办法，以及书记、副书记和委员的人选，由批准其成立的党委决定。重大任务现场指挥部应下设政工组，具体负责实施重大任务中政治工作。紧跟任务进程，及时调整充实基层一线党员骨干力量，在任务点位和班组成立党小组，确保任务延伸到哪里，党组织就覆盖到哪里。因地制宜落实组织生活制度，确保党组织管思想、管学习、管任务、管生活、管纪律，充分发挥战斗堡垒作用。党员领导干部要打头阵、作表率，落实靠前指导、重点联系、分片包干、责任捆绑等机制，主动联系指导形势最复杂、问题最突出的单位和区域，着力协调解决重大问题，充分发挥模范带头作用。

3. 教育鼓动

加强形势政策教育，讲清重大意义、讲清上级指示、讲清问题挑战、讲清职责使命，及时统一消防救援人员的思想和行动。强化现场鼓动，通过召开誓师大会、发布动员令，提出口号、编发快报、张贴标语等形式进行思想鼓动，激励消防救援人员保持高昂的斗志、树立必胜信念。加强经常性思想教育，针对消防救援人员在紧张的工作压力和超负荷的工作强度下，可能出现的畏难、疲劳、厌战等情绪，深入细致开展谈心谈话、骨干帮带、共教共育等活动，及时解决思想问题和实际问题。加强纪律作风教育，增强消防救援人员的法纪观念和组织纪律性，确保以严明的纪律作风完成急难险重任务。创新教育方法手段，灵活运用网络、微信、微博等载体，及时宣传重大任务中的感人事迹和精彩瞬间，形成激励消防救援人员的良性互动和浓厚氛围。

4. 典型激励

及时开展争先创优活动，通过成立突击队，设置先锋岗，评选救援尖兵、安保之星等方式，激励消防救援人员勇挑重担、冲锋在前，充分发挥先锋模范作用。深入挖掘和宣传先进典型，及时搜集整理好人好事，通过编写战地快报、典型风采录和新闻媒体宣传等形式及时表扬宣扬。重大任务结束后，结合表彰奖励、先进事迹报告会、工作成果展、文艺作品创作等，把学习宣传重大任务中的先进典型引向深入。

5. 慰问关怀

全面准确地掌握参战消防救援人员本人及家庭基本情况，采取现场慰问、委托慰问、信函慰问等形式，及时对参战消防救援人员及家属进行慰问，对负伤、患病、家庭出现重大变故等情形的消防救援人员，领导干部要实地走访慰问，帮助解决具体困难，传递党组织的关怀温暖。尤其是对患有严重疾病的，要及时治疗，不允许带病工作。根据重大任务时间和强度，及时安排机关干部到基层挂职、代职，充实基层一线力量。视情况开展喜闻乐见、短小平快的文化活动，有条件的可组织文艺小分队开展慰问演出。重大任务结束后，及时组织参战消防救援人员进行轮休、倒休、疗养。周密细致地做好牺牲人员的善后工作和伤病残人员的救治工作，全力协调落实优抚政策。

6. 心理工作

重大任务前，及时开展心理健康教育，确保消防救援人员以健康的心理状态投入工作、参加战斗。重大任务中，出现时间较长、任务繁重、人员伤亡等情况时，及时加强心理疏导，情况严重的，组织专业心理咨询机构实施心理危机干预，出现严重心理障碍的，立即调整撤离并跟进后续治疗。重大任务结束后，及时开展心理状况评估，采取针对性措施帮助消防救援人员恢复身心健康。

7. 舆论宣传

加强正面宣传，强化与宣传部门、新闻媒体的协作，及时提供鲜活生动的素材，积极抢占主流媒体的重要时段、重要栏目，形成在关键时刻展示队伍良好形象的强大声势。加强舆情应对处置，建立健全舆情会商研判机制，配合相关部门牢牢掌握舆论引导的主动权，发现问题及时有效处置。严肃宣传纪律，建立统一、归口的对外宣传渠道，未经批准，不得擅自联系和接受媒体采访，不得自行对外发布相关信息。

8. 人员考察

执行政治性较强的重大消防安保任务前，要对参战消防救援人员特别是处于核心区域、承担关键任务的消防救援人员进行政治审查，重点摸排消防救援人员及直系亲属、与本人关系密切的主要社会关系的政治立场、在重大政治斗争中的表现、遵纪守法等方面的情况，保证关键岗位的消防救援人员绝对可靠。要坚持在重大任务考验中考察识别消防救援人员，对表现不佳的，及时进行批评教育；不能经受考验的，要依规依纪采取组织措施；表现突出的，在职务晋升、立功受奖、选送培训等方面优先考虑。

9. 队伍管理

加强安全防事故工作，严格落实安全形势分析和风险评估制度，从严从紧落实安全防范措施，紧紧盯住重点人员、敏感岗位和关键节点，及时排查化解风险隐患，确保队伍高度集中统一和安全稳定。严格执行重大任务中的政治纪律、工作纪律、生活纪律、群众纪律、保密纪律等，强化执纪监督，及时解决苗头性、倾向性问题，严肃查处违纪违法行为，确保纪律严明、秩序正规。

10. 表彰奖励

对执行重大任务的单位和个人，可以实施专项奖励。奖励通常在任务结束后集中组织实施，具体比例由消防救援局统筹考虑提出意见。必要时，可在重大消防安保任务期间申报奖励，按奖励工作正常程序组织实施；可在灭火救援战斗中对承担关键任务、发挥特殊作用的消防救援人员实施火线奖励，单位正职领导可以按照本单位权限直接决定实施奖励，事后向同级党组织报告并对此负责，事后接受上级政治机关的核查，奖励恰当的，履行相关程序、补办相关手续；奖励失当的，火线奖励无效并追究相关责任。重大任务结束后，视情况召开总结表彰大会，对完成任务出色的单位，可由消防救援局实施通令嘉奖，给消防救援人员颁发应急管理部统一制作的执行重大任务纪念章。积极协调当地党委、政府和组织、人社部门以及共青团、工会等，对执行重大任务中表现突出的单位和个人予以表彰。做好评功评奖中的教育引导工作，确保评出干劲、评出团结。

11. 总结讲评

重大任务结束后，组织对政治工作开展情况进行总结讲评，总结经验，找准问题，分析原因，明确对策，及时修订完善遂行重大任务中政治工作预案和制度规定。指定专人收集和整理重大任务文字、图片、影像等资料和有纪念意义的实物，作为丰富队史文化、弘扬光荣传统的宝贵素材和重要资源。

（二）重大安保勤务任务政治工作的基本要求

重大安保勤务任务政治工作的基本要求，要用党中央、应急管理部关于加强安保执勤工作的方针原则、命令指示统一队伍的思想和行动，打牢消防救援人员“对党忠诚、纪律严明、赴汤蹈火、竭诚为民”的思想根基，不断提高信息化条件下队伍遂行执勤任务的能力，确保安保执勤目标和保卫对象绝对安全、万无一失。

1. 保证队伍政治坚定

安保无小事，事事连政治。消防救援队伍年年参加各项重大安保任务，十余万消防救援人员坚守在安保岗位上，所担负的各项勤务特别是重要安保活动的安全，直接关系着国家安全和社会稳定，关系着人民群众的美好生活，关系着党和国家的政治安全，特别是政权安全、制度安全，政治责任十分重大，稍有疏漏，就可能会给党和国家事业、形象造成不可挽回的重大损失和影响。因此，安保队伍首要的就是“忠诚”，标准就是要“绝对”。重大安保勤务任务政治工作，必须把保证消防救援人员政治上忠诚可靠作为首要任务和根本要求，通过强有力的政治工作，确保广大执勤消防救援人员政治上特别坚定、特别过硬、特别可靠，永葆忠诚卫士本色。着眼保持消防救援人员的政治坚定性，不断强化党对消防救援队伍绝对领导的队魂意识，铸牢精神支柱，坚定理想信念，教育引导消防救援人员自觉把安保岗位与党和国家工作大局紧密联系起来，以实际行动忠实捍卫党的领导和中国特色社会主义制度；着眼保持消防救援人员的政治警觉性，加强形势教育，强化消防救援人员居安思危的忧患意识，始终保持高度警惕，严密防范和坚决制止影响消防安全的各种行为；着眼增强消防救援人员的政治责任感，教育队伍牢固树立安保工作“点位就是阵地，执勤就是战斗”的思想，引导消防救援人员忠于职责、恪尽职守，在岗一分钟、战斗六十秒，以高度的革命事业心和强烈的政治责任感执好每次勤、站好每班岗、守好每个点，坚决完成党和人民赋予的各项安保执勤任务。

2. 保证队伍思想道德纯洁

在思想建设上，要始终抓住坚定消防救援人员革命理想信念这个根基不松劲。革命的理想信念，是我们共产党人合作共事和团结奋斗的思想基础，也是消防救援人员的精神支柱。有了坚定的理想信念，就有了不懈奋斗的内在动力和不断前进的正确方向。在道德建设上，帮助消防救援人员牢固树立正确的世界观、人生观、价值观，划清是与非、美与丑、荣与辱的界限，自觉抵制拜金主义、享乐主义等腐朽思想的侵蚀和影响，在任何复杂的情况下都能够立场坚定，拒腐蚀永不沾。

3. 保证安保执勤工作的中心地位

安保是消防救援队伍经常性的中心工作，是广大消防救援人员履行职责使命最大量、最经常、最基本的实践活动。既有经常性的固定任务，又有随机性的临时任务。各队站驻地环境不同，安保条件也千差万别，因而，政治工作的方式方法也有所不同。政治工作要贴近不同勤务，针对消防救援人员的思想实际，抓住各种有利时机，有的放矢地把思想工作做深、做细、做实，把政治工作的成效具体落实到“永远做党和人民的忠诚卫士”的实际行动中；坚持围绕执勤、服务执勤、保证执勤，把强有力的思想和组织工作渗透到队伍遂行安保任务的全过程，不断强化中心意识，做到党委经常议中心，主官带头抓中心，机关合力保中心，才能在确保消防救援人员很有血性、队伍虎虎生威，确保各项安保任务圆满完成；努力做到政治教育和宣传鼓动到现场、组织发展到现场、立功奖励到现场、文化活动到现场、心理疏导到现场、干部代职到现场、总结经验树立典型到现场、解决困难问题到现场。

4. 保证消防救援人员忠实履行职责

安保是消防救援人员履行职责使命的基本实践活动。保证消防救援人员忠实履行岗位职责，首先要增强居安思危的忧患意识，充分认清安保形势的严峻性、执勤任务的艰巨性和消防安全环境的复杂性，切实做到枕戈待旦、常备不懈。其次，要严格执行安保纪律和执勤规定，加强法规纪律教育，增强消防救援人员法律纪律观念，严格规范安保秩序，确保消防救援人员依法执行勤务，依法履行职责，依法处理问题。最后，要牢固树立牺牲奉献精神，教育消防救援人员在任何情况下都把党和人民的利益摆在高于一切的位置，全心全意为人民服务，为了人民的幸福和安宁甘于奉献，自觉经受各种环境的考验，立足三尺哨位默默无闻奉献，在生死危急关头勇于挺身而出，维护党和国家利益，确保安保勤务圆满完成。

5. 保证队伍战斗作风过硬

顽强的战斗作风，来自进步的政治精神的深入贯注，来自持续的政治动员和宣传激励，来自各级指挥员和共产党员的率先垂范，来自战斗实践的摔打锤炼。消防救援队伍担负安保任务的目标场所遍布全国，消防救援人员常年战斗生活在安保一线，担负着艰巨繁重的任务，身处于艰苦复杂的环境，这要求消防救援人员始终保持顽强的战斗意志和过硬的战斗作风。加强重大安保勤务任务政治工作，必须坚持把着力点放在培育、弫化和激发队伍战斗精神上，教育引导广大消防救援人员大力发扬大无畏的英雄气概和英勇顽强的战斗作风，保持旺盛革命热情和高昂的战斗意志，为完成安保勤务任务提供强大的精神动力。注重在强化思想教育功能中培育队伍的战斗作风，教育引导消防救援人员大力弘扬

"对党忠诚、纪律严明、赴汤蹈火、竭诚为民"的光荣传统，自觉培养坚定不移、矢志不渝的理想信念，英勇顽强、敢打必胜的果敢作风，处变不惊、临危不惧的心理素质，服从命令、守纪如铁的纪律观念。注重在不间断的宣传激励中培育队伍战斗作风，通过广泛开展立功创模、火线入党入团等活动，及时宣扬表彰执勤中涌现出的先进典型和事迹，大力营造学英模、学典型的浓厚氛围，不断激励消防救援人员以岗位为责、以艰苦为伴、以奉献为荣。注重在发挥党员干部的模范带头作用中培育队伍战斗作风，引导党员干部以身作则、身先士卒，做到平时能看得出来、关键时刻能站得出来、危急关头能豁得出来，以自身的模范行动感召和带动消防救援人员不畏艰险、顽强拼搏，圆满完成执勤任务。

6. 保证内外关系和谐融洽

消防安保作为队伍和消防救援人员最基本的实践活动，作为维护国家安全和社会稳定，保卫人民美好生活，维护政治安全特别是政权安全、制度安全的重要形式，离不开广大消防救援人员的共同参与和团结奋战，离不开人民群众的大力支持和密切协作。消防救援队伍要确保执勤任务完成，从根本上讲，就是要充分相信群众、积极依靠群众，通过"入心"，做到及时有效。要通过平时点滴的感情渗透，熟悉了解消防救援人员的思想和心理情况，做到心里有数；要利用执勤间隙，采取短、小、快、活的方法，把政治工作做到每一个哨位、每一个消防救援人员和每一个执勤环节；要针对不同对象的思想实际，采取不同的方法，"一把钥匙开一把锁"，努力为完成各项安保任务创造密切和谐的外部关系。

（三）重大安保勤务任务政治工作的基本方法

方法是人们在工作生活实践中，为达到一定目的和效果所采取的办法和手段。工作方法并不完全决定成败，但没有好的工作方法，往往会导致失败。要提高重大安保勤务任务政治工作效果，必须掌握科学的方法。

1. 宣传教育法

搞好安保执勤中的政治教育，是集中深入地解决队伍思想认识和根本觉悟问题，为完成执勤任务奠定政治思想基础和提供重要保证。在教育方式方法上，要坚持与时俱进，勇于创新。坚持采用集中教育与分散教育相结合；专题教育与随机教育相结合；走出去看与请进来讲相结合；传统手法教育与现代网络教育相结合。特别是发挥现代网络教育优势，要大胆借用，正确疏导。网络在传播信息中的全球性、开放性、及时性、综合性的特点和集数字、声音、色彩、图片、动画、影视于一体的表现手法，真切地吸引着青年消防救援人员。同时，要注意解决好如何利用网络信息资源共享、净化网络信息环境、开展网上思想交流、提高网上做思想政治工作的能力等问题。

2. 情感疏导法

情是理的先导，理是情的升华，情理结合，才能启人心扉。情感是基础，疏导是关键。在现实生活中，由于客观因素的变化，或工作中存在的缺陷，或人们认识能力的差异，总有一些问题会成为消防救援人员关注的热点、疑点和难点。消防救援人员关注此类问题，也是其主人翁意识的表现。思想政治工作者对此决不能视而不见，避而远之。一定要敢于接触问题的实质，善于引导，耐心做好说服教育工作，克服那种不敢接触实际问题、疏通不够、引导不力的现象。当然，思想政治工作实行疏导的方针，也并非不要坚持党性原则，放任自流，而是要在强调尊重消防救援人员、相信消防救援人员、依靠消防救援人员，以平等的态度对待消防救援人员的基础上，坚持批评和自我批评，积极教育和引导消防救援人员树立正确的思想。

3. 行为带动法

政治干部要身先士卒，而且从客观上要求每个干部和骨干都要做到言传与身教相结合，以自身模范行为带动部属。重大安保勤务任务政治工作的效果如何，不仅取决于理论的灌输、口头和文字的宣传教育，而且在很大程度上取决于领导者做得如何。“其身正，不令而行；其身不正，虽令不从。”教育者、领导者的思想行为对下属和教育对象的影响作用是显而易见的。做好重大安保勤务任务政治工作，必须教育和要求以党员为主体的思想工作骨干队伍，在坚持正确的政治方向、执行政策、遵守纪律，以及团结协作和对待生死、苦乐、荣辱、婚恋、家庭等问题上，切实做好榜样，以良好的身教形象和示范作用，带动和影响消防救援人员圆满完成执勤任务。党支部对干部骨干发挥模范带头作用的状况，要定期考察讲评，并发动群众进行监督和评议，做到赏罚严明。

4. 评比竞赛法

青年消防救援人员具有好学上进、竞争意识强的特点。重大安保勤务任务政治工作要适应这一特点，必须注意通过开展各种活动去体现和落实。可以通过榜样的示范，激发革命英雄主义精神，形成比、学、赶、帮、超的生动局面，推动执勤任务的完成。如开展“争创文明哨位、争当文明哨兵、争当安保能手”活动；开展“百日无事故”竞赛活动；开展“比谁觉悟高，比谁斗志旺，比谁纪律好，比谁技术精”活动，等等。开展安保评比竞赛活动的基本要求是：一要科学地制定评比竞赛的条件和标准，做到具体、实在、便于掌握、易于操作；二要及时发现典型，科学培养典型，实事求是地宣扬典型，利用典范激励消防救援人员比、学、赶、帮、超的热情；三要善于抓开展竞赛活动的关节点，即根据任务的轻重、工作进程的缓急、消防救援人员业务水平的实际，找准结合点，从而确定开展适当内容和形式的竞赛活动；四要把安保竞赛同消防救援人员的入团入党、立功受奖、推荐考学、提拔使用挂起钩来，增强竞赛的号召力和吸引力；五要抓好落实，坚持经常，形成制度，使深入持久的评比竞赛活动成为提高安保效能的经久不衰的动力。

5. 结合渗透法

重大安保勤务任务政治工作不是孤立存在的，要和作战训练、行政管理、保障管理等工作紧密联系在一起。坚持结合其他工作一道去做，围绕安保任务做政治工作，不断赋予重大安保勤务任务政治工作新的内容和活力。一是坚持重大安保勤务任务政治工作与其他政治工作相结合。近年来，在开展重大安保勤务任务政治工作中，各单位摸索出一些有益的办法，创造了一些好的载体。如表彰奖励大会、入党仪式全程与家属远程视频连线，共同见证、共享荣光，有效地推动了重大安保勤务任务政治工作的开展；与安保点位所在单位共建、共管、共保安全活动，大幅度地提高安保工作质量。因此，各级要把运用这些载体开展工作与其他形式的思想工作特别是经常性思想教育结合起来，从而增强重大安保勤务任务政治工作的活力，丰富重大安保勤务任务政治工作的内容。二是坚持重大安保勤务任务政治工作与队伍阶段性重要活动相结合。在做好重大安保勤务任务政治工作的同时，注意做好阶段性重要活动中的政治工作，使二者相互促进，达到工作忙时不忘中心，任务重时不挤中心，一切活动围绕中心的目的，不断地为执勤提供强大的精神动力和思想保证。三是结合不同安保搞好渗透。勤务的性质不同，组勤的形式不同，安保的环境不同，对重大安保勤务任务政治工作的要求也不同。因此，重大安保勤务任务政治工作要结合不同的勤务搞好渗透，根据不同的勤务，采取不同的形式和方法开展政治工作，确实把重大安保勤务任务政治工作渗透到安保的全过程、全方位，渗透到安保岗位和勤务现场，以增强政治工作的针对性和实效性。

习题

1. 重大遂行任务过程中，政治工作的创新和应用应该注意哪些事项？
2. 在特殊复杂情况下，遂行任务中政治工作应该起到什么样的作用？
3. 如何在遂行任务中发挥好组织的政治优势？

第十一章　消防基层政治工作队伍

基层政治工作队伍是消防基层政治工作的主要组织者和具体实施者，是党支部团结带领群众，开展群众性政治工作的主要力量，主要由政治教导员、政治指导员、非政工岗位的基层消防干部和消防员中的思想工作骨干组成。加强基层政治工作队伍建设，是做好队伍政治工作的重要组织保证，是加强和改进基层政治工作的一个重要环节。

第一节　基层政治主官

在大队或相当于大队的单位设立政治教导员，在中队（站）或相当于中队（站）的单位设立政治指导员，是坚持党对消防救援队伍绝对领导的重要制度。

一、基层政治主官地位作用

规范性文件明确规定："政治教导员与同级行政主官同为所在单位的首长，在上级首长、同级党的委员会领导和上级政治机关的指导下，对本单位的各项工作共同负责。政治教导员是党的基层委员会日常工作的主持者。""政治指导员与同级行政主官同为所在单位的首长，在上级首长、本单位党支部的领导和上级政治机关的指导下，对本单位的各项工作共同负责。政治指导员是党支部日常工作的主持者。"这体现了政治教导员、政治指导员在基层单位工作中的地位和责任、权利和义务上的统一。

（一）基层政治主官与同级行政主官同为基层单位的首长

"首长"，是指基层政治主官（政治教导员、政治指导员）与同级行政主官一样，是本单位的主要领导，有下达指示和命令、实施管理、组织活动等权利。基层政治主官作为基层单位的首长，与支队、总队等单位的首长相比，虽然职务较低，但其在本单位处于首长地位的重要性却是绝对的。没有基层政治主官在基层辛勤工作，队伍政治工作的各项任务就不可能落到实处。政治教导员、政治指导员和同级的行政主官在党委、党支部的集体领导下，既有分工，又有合作，共同向上级机关、首长和本单位党委、党支部负责。基层政治主官不仅要对党委、党支部工作和政治工作负主要责任，而且有责任协同行政主官做好行政管理工作，和行政主官一起对本单位全面建设负责，共同抓好本单位的各项工作。

（二）基层政治主官是基层党委、党支部日常工作的主持者

"主持者"，是指基层政治主官在党的基层组织及其工作中的身份定位，即政治教导员、政治指导员是党的基层组织的领导者，是专门从事基层党的工作的。在队伍基层建设

的实践中，政治教导员在党内通常担任大队党委书记，政治指导员在党内通常担任中队（站）党支部书记的职务，对党的工作、党组织建设负有重大责任。政治教导员主持基层党委的工作主要包括指导和帮助所属单位的党支部健全组织、落实制度，培训党支部骨干，做好发展党员和党员教育、管理、监督、服务工作。政治指导员主持党支部的日常工作包括主持召开支部委员会；检查督促上级决议、指示和党支部决议的贯彻落实；代表支部委员会向支部党员大会和上级党组织报告工作；组织落实党的组织生活制度，抓好支部委员会自身建设，带头开展批评与自我批评，增进支部班子的团结；与支部委员和干部保持密切联系、交流情况、研究工作。因此，政治指导员在加强党支部建设和实行支部委员会集体领导中起着重要的作用。政治指导员工作做好了，党支部的战斗堡垒作用和党员的先锋模范作用才能得到充分发挥。

（三）基层政治主官是基层政治工作的领导者和组织者

基层政治主官处在基层政治工作的第一线，一方面担负着对基层政治工作的领导责任，要负责组织本单位政治工作的开展，协调和调动方方面面的力量，形成政治工作的强大合力；另一方面还直接负责基层政治工作的组织实施，担负着对救援人员进行面对面政治教育和思想工作的任务。基层政治工作是否坚强有力以及基层建设的好与差，在很大程度上取决于基层政治主官的能力和素质。实践也证明，基层政治主官的综合素质越高，作用发挥越好，骨干队伍就越坚强，思想政治工作就开展得生气勃勃、富有成效，基层的风气就正，救援人员的精神状态就越好。

二、基层政治主官主要职责

（一）政治教导员主要职责

政治教导员对单位的政治工作负主要责任，具体的职责如下。

（1）教育和带领救援人员贯彻执行党的路线、方针、政策和国家的宪法、法律，执行国家综合性消防救援队伍的法规制度和上级的决议、命令、指示以及同级党的委员会的决议。

（2）组织救援人员学习贯彻习近平新时代中国特色社会主义思想，组织开展思想政治教育，掌握救援人员的思想情况和思想工作骨干队伍的基本情况，做好经常性思想工作、管理工作和心理服务工作。

（3）协同行政主官完成火灾预防、火灾扑救、应急救援和执勤训练、战勤保障和队伍建设等任务，做好遂行任务政治工作。

（4）指导和帮助所属单位的党支部健全组织、落实制度，培训党支部骨干，做好发展党员和党员教育、管理、监督、服务工作。

（5）了解干部，对干部的培养、使用和奖惩提出建议，帮助干部提高业务素质、政治素养和工作能力，抓好干部的思想政治教育和管理工作。

（6）抓好消防员的教育管理工作。

（7）组织法规纪律作风教育，抓好党风廉政建设，加强基层风气建设，防范和纠治救援人员身边的不正之风。

（8）指导所属单位做好共青团工作，组织和指导开展科学文化知识学习以及文化体育活动。

（9）组织开展创先争优和学习英雄模范活动，做好奖惩工作。

这九项职责的操作性、指导性很强，一目了然。政治教导员应紧密联系本单位实际，认真履行好这9项职责，力争做一个合格的基层政治主官。

（二）政治指导员主要职责

政治教导员对单位的政治工作负主要责任，具体的职责如下。

（1）教育和带领救援人员贯彻执行党的路线、方针、政策和国家的宪法、法律，执行国家综合性消防救援队伍的法规制度和上级的决议、命令、指示和党支部的决议。

（2）组织学习党的科学理论，坚持用习近平新时代中国特色社会主义思想武装救援人员，坚定救援人员理想信念。

（3）组织救援人员学习党对国家综合性消防救援队伍绝对领导的根本原则、国家综合性消防救援队伍性质宗旨和优良传统，加强战斗精神的培育。

（4）协同行政主官组织指挥火灾扑救、应急救援和执勤训练等任务；做好战斗动员、宣传鼓动、立功创模活动；教育救援人员坚决执行命令，英勇顽强、不怕牺牲，完成执勤战斗任务。

（5）做好遂行任务政治工作。教育和组织救援人员学习消防救援专业技能，掌握装备器材，提高技战术水平和心理防护能力；开展竞赛活动，调动救援人员的积极性和创造性。

（6）做好经常性思想工作、管理工作和心理服务工作。建立和培养思想、安全、网络、心理工作的骨干队伍，熟悉救援人员的经历、家庭、个性、爱好和特长等方面的情况，及时掌握救援人员的现实思想，引导救援人员正确对待分工、入党、考学、提干、晋职晋衔、奖励惩处、婚恋家庭等问题，做好一人一事工作。

（7）做好党支部的日常工作。落实党的组织生活制度，做好发展党员和党员教育、管理、监督、服务工作以及组织群众、宣传群众、凝聚群众、服务群众工作。

（8）密切内部关系，帮助干部骨干提高管理能力。

（9）落实党风廉政建设各项制度规定。抓好基层风气建设，落实预防犯罪工作制度和措施，做好安全保密工作。

（10）指导共青团支部工作。组织救援人员开展文化体育活动，鼓励救援人员岗位学习成才。

（11）组织开展创先争优和学习英雄模范活动。

对于这些职责，政治指导员要全面履行，同时应当根据基层政治工作的特点，把握好以下重点。

一是抓好以党支部为核心的组织建设。政治指导员要把主要精力放在抓好以党支部为核心的组织建设上，以班子建设为龙头，狠抓党员队伍的教育和管理，严格组织生活；要抓好干队伍的教育、管理、考核和培养；要加强对团支部、消防员委员会的指导，帮助其健全组织、落实制度、围绕中心开展工作。

二是抓好政治教育和经常性思想工作。政治教育和经常性思想工作是基层最大量、最经常、最现实的思想建设工作。一方面，要根据上级的要求结合本单位实际，搞好党的基本路线、时事政策、人生观价值观、法律法规等教育。另一方面，要牢牢把握“及时发现、确实弄清、正确解决”的基本规律，开展深入有效的谈心活动，关心救援人员的疾苦，积极帮助他们解决实际问题，把问题解决在萌芽之中。

三是做好执勤训练和遂行任务中的政治工作。围绕任务开展政治工作是指导员的基本功，也是政治工作的重头戏。政治指导员在做好思想动员、宣传鼓动工作的同时，还要充分发扬民主，开展火线入党、组织竞赛等活动，充分调动救援人员的积极性和创造性。

四是做好群众工作。政治指导员应注意教育干部端正对消防员的态度，关心爱护消防员。特别是在处理涉及消防员切身利益的问题时要公道正派，并对打骂体罚消防员的干部和骨干严肃查处，帮助干部骨干提高管理能力。要教育救援人员遵守群众纪律和社会公德。

副政治指导员协助政治指导员工作，要强化配合意识，积极主动地开展工作，当好政治指导员的得力助手。

三、基层政治主官应具备的能力素质

基层政治主官必须具有履行职责所需的马克思主义理论素养和政策水平，带头贯彻落实习近平新时代中国特色社会主义思想，理想信念坚定，党性原则坚强，坚决执行党的路线、方针、政策和上级的决议、命令、指示。政治教导员必须是有 3 年以上党龄的中国共产党党员，要有良好的思想品德和作风，坚持原则，公道正派，工作扎实，团结同志，以身作则，廉洁自律。要有丰富的基层政治工作经验，善于帮建支部、帮带干部、帮抓骨干，能够统筹推进本单位全面建设；要有过硬的业务素质，能胜任本级指挥，作战英勇果敢，精通遂行任务政治工作。要会做基层党务工作，会协调凝聚支部班子，会组织实施思想政治教育，会做经常性思想工作、管理工作和心理服务工作，会开展遂行任务政治工作，能够领导单位全面建设和带领救援人员完成各项任务。

（一）做好党务工作的能力

基层政治主官是党建工作的组织者，是党组织发挥职能作用的执行者。基层政治主官能力素质的高低直接决定着党务整体工作发展的好坏。为此，基层政治主官应注重对自身能力素质的培养，不断提高做好党务工作的能力素质。要把提高学习实践能力作为基层政治主官的基本需求和自觉行动，把坚持党对消防救援队伍的绝对领导作为第一要务，把落实党对消防救援队伍绝对领导的制度作为重大责任，努力实现党务工作的科学化、制度化和规范化。

（二）组织开展思想政治工作的能力

开展思想政治工作，是基层政治主官做好政治工作的基本功。要掌握政治工作业务知识。掌握政治工作业务知识，主要包括政治工作专业基础知识和政治工作专业知识。在政治工作专业基础知识方面，包括消防政治工作发展历史、基本原理、重要法规和新时期消防政治工作基本经验等。在政治工作专业知识方面，包括政治工作不同内容和部门的专业知识。要具有思想政治工作业务能力。基层政治主官要自觉贯彻党的思想路线和群众路线，坚持深入实际、深入群众，努力掌握第一手材料，及时了解救援人员的思想反映和利益诉求，增强工作的主动性、针对性和实效性。基层政治主官应善于统筹安排，周密计划，精心组织，并善于把各方面的力量、各种积极因素调动起来，抓好工作落实；要善于通过讲课、动员、谈心、研讨交流、心理疏导和组织参观、访问等，生动、扎实、有效地启发、引导、帮助、激励消防员，达到启智明志、释疑解惑、排忧解难的效果。基层政治主官应以创新的精神和创新的思维审视思想政治工作，坚持在继承优良传统的基础上与时俱进，不断改进创新思想政治工作的内容、机制、方法、手段等，以适应新的形势任务的需要。

（三）解决突出矛盾和实际问题的能力

基层政治主官遇到问题要多深入实际、深入基层，运用马克思主义基本原理从实践中找出解决问题的办法，要坚持实事求是，一切从实际出发，具体问题具体分析。基层政治主官要根据不同的对象、不同的问题，采取不同的方法，有针对性地解决突出矛盾和实际问题。基层政治主官讲究领导艺术是做好工作的需要。基层政治主官如果不讲究领导艺术、领导方法，仅凭满腔热情干工作，做工作简单化，就不会取得良好的效果。我们经常看到这样的现象，同是基层单位政治主官，所处的工作环境也大体相当，有的整天忙于具体事务，但是工作比较被动；有的工作虽忙，却忙而不乱，大家的积极性也都充分调动起来了。同时，面对同样的突出矛盾和实际问题，有的基层政治主官能快刀斩乱麻，很快解决问题；有的基层政治主官却几个回合都理不出头绪。这说明，要成为一个合格的基层政治主官，必须讲究领导艺术。我们党在长期的革命、建设和改革实践中摸索总结出了一系列的领导艺术，这是我们党的宝贵财富，应很好地继承下来，并发扬光大。

（四）协调凝聚班子的能力

党建工作是一个整体。如果基层政治主官组织协调能力不强，党组织的作用也就得不到很好发挥。在实际工作中，基层政治主官必须要具备较强的组织协调能力，具备良好的民主作风，要营造和谐团结的良好氛围。当委员在工作中遇到难题时，要主动关心，协助解决；当委员之间在工作中发生相互扯皮的情况时，要主动协调、疏通；当有的新进委员经验不足时，要从各方面给予帮助，使他们尽快成熟起来；当有的委员因个人问题影响工作情绪时，应主动谈心，及时做好心理疏导工作；当工作出了问题，上级批评、下级埋怨、班子压力很大时，要主动承担责任；当委员出现本位主义、分散主义倾向和依赖思想时，要及时纠正，教育和引导他们增强全局观念。同时，基层政治主官作为班子里的书记，要重视发挥模范带头作用，坚持在完成任务中靠前指挥，在经费使用上严守规定，在用人用权上坚持原则，在处理问题上公道正派，在解难帮困上尽心尽力，在工作作风上求真务实，在生活待遇上不搞特殊，在团结共事上胸怀坦荡，以自身的模范行动影响和带动其他成员，使委员真正成为自身过硬、组织信赖、群众满意的好干部。

（五）团结带领党员和群众完成任务的能力

党委（支部）工作的开展，离不开广大党员和群众的工作热情和积极性，基层政治主官要开展好工作，必须充分调动广大党员和群众的积极性，凝聚力量，使党务工作更好地服务和保障中心工作。要站在全局工作的角度思考问题，把握好上级组织和下级组织的思想脉搏。在和党员、群众交流时，要顾全大局，选取适当的、合理的方式方法，保持谦虚谨慎。要把“上情”和“下情”有机地结合起来，看到工作不平衡、落实不到位的地方，找到下一步工作的着力点，使各项工作有效落实。基层政治主官要襟怀坦白、公而忘私、严于律己、顾全大局、团结同志，既要有开拓进取的昂扬精神状态，又要有重事业、淡名利、乐奉献的高尚精神境界；既能够严格自律，自觉反腐倡廉，又能够接受他律，遵守法规制度，时刻把自己置于组织和群众监督之下，在救援人员中威信高、形象好。这样，才能团结带领党员和群众完成各项任务。

第二节 非政工岗位的基层消防干部

队站或相当于队站的基层单位的其他干部，他们既是政治工作的对象，也是政治工作的重要力量。特别是队站长、副站长、排长，他们既是队站的行政领导，一般又是基层单位的党支部成员，是基层政治工作队伍的骨干力量，对做好基层政治工作负有重要责任。

一、其他干部做好政治工作的重要性

（一）做好政治工作是义不容辞的责任

基层的管理训练执勤工作是队站政治工作的实体，政治工作是完成好中心任务的重要保证。行政主官与政治指导员同为所在单位的首长，在上级首长、政治机关和党支部的领导下，对本单位的各项工作共同负责。这就要求行政主官也必须对中队（站）的政治工作负责任，应当积极主动地配合政治指导员做好政治工作。政治工作是党的工作，行政主官通常担任党支部副书记，当然也应该把做好政治工作作为自己义不容辞的责任。基层单位副职职责是协助主官做好各项工作。排长负责排里的全面工作，集管理教育于一身，对政治工作更是负有直接的责任。同时他们又通常担任党支部的委员，并承担着支部分工的具体工作，对本单位的重大工作包括政治工作的建议、讨论、决定和执行都负有不可推卸的责任。这就要求基层其他干部必须对本单位的政治工作负责任，积极主动地配合政治指导员做好政治工作。

（二）做好政治工作是完成分管工作的需要

无论是救援业务、行政管理，还是后勤及其他各项实际工作，都有一个坚持什么方向的问题，都需要精神动力，而在这些实际工作中，又往往会遇到各种思想问题。思想是行为的先导和动力，基层其他干部只有在完成自己分管工作的过程中，坚持思想领先的原则，积极主动地做好思想政治工作，才能保证自己分管工作顺利进行和圆满完成。

（三）做好政治工作有利于自身全面发展

新时代的消防救援任务需要干部成为懂政治、懂管理、懂技术，既会管理指挥又会做政治工作的全面发展的复合型人才。管理、训练、执勤救援是基层单位的日常工作和基本实践活动，消防员的很多思想矛盾都是由上述活动中产生并在这些活动的过程中表现出来的，要使这些问题得到及时解决，干部必须主动积极地靠上去做思想政治工作，才能不断地激发救援人员的工作积极性。同时，干部自身的发展也需要一专多能，需要具有适应多种不同工作岗位的综合能力。通过政治工作的实践锻炼，可以提高自己的思想政治素质，学到多方面的知识，增强做好政治工作和管理教育队伍的能力。尤其是基层其他干部的将来发展，都有可能走上政治干部的岗位，就更需要在现职岗位上加强政治工作实践锻炼，以适应今后队伍建设和自身发展的需要。

二、其他干部做好政治工作的基本要求

（一）摆正位置，提高做好政治工作的自觉性

其他干部做好政治工作，关键是思想上要重视这个问题，要有政治工作意识。也就是说，要时时处处把提高救援人员的政治意识和思想觉悟当作做好一切工作的前提。要防止和克服轻视、忽视政治工作的错误倾向，在自己的工作日程中，要把政治工作摆到应有的位置，投入一定的时间和精力，关心、思考和做好政治工作。

（二）努力学习，不断提高做政治工作的能力

其他干部要提高做政治工作的能力，就要学习政治工作的优良传统、基本理论原则和队伍政治工作相关规定，熟悉队伍基层政治工作的基本内容和方法，要在实践的过程中不断总结经验教训，以提高自己的实际能力。同时，还要主动向政治干部学习，向政治工作的行家里手学习。学习他们做政治工作的丰富经验。还要把研究业务工作与研究消防员思想变化的特点和规律结合起来，使政治工作更具有针对性。提高能力的另外一点是要注重身教。有句话说得好："形象好的干部，什么话不讲，往那里一站，本身就是一堂生动的政治教育课。"在基层，干部对消防员是面对面的领导，消防员看重的不仅是干部说得如何，更重要的是看干部干得如何。"做得好、干得好"本身就是最大的能力。干部要严格要求自己，凡是要求消防员做到的，自己首先做到，凡是要求消防员不做的，自己也不要去做。这样，做政治工作就有了说服力和感召力。

（三）发挥优势，把政治工作渗透到业务工作中去

其他干部直接组织灭火救援、抢险救灾等工作，与消防员接触多，对消防员的思想情

况了解得比较及时、具体、准确，结合各项具体工作和完成各项任务做政治工作，从某种意义上讲，比政治指导员更有优势。因此，基层其他干部要充分发挥自己的优势，既要当好“教练员”，又要当好“指导员”；既要抓业务，也要抓思想；既要抓管理，更要抓教育，积极主动地把政治工作渗透到各项具体工作的每个环节、每个角落，做到每个班、每个人身上。要善于发挥正副班长、消防士（长）、教练员的作用，让他们在消防救援任务中开展业务民主活动，在行政管理工作中开展评比竞赛活动，把政治工作搞生动、做扎实。

第三节　基层思想工作骨干

基层思想工作骨干队伍，是基层政治工作队伍的重要力量，主要包括党员、消防士（长）、正副班长以及各类积极分子等，是开展群众性思想工作的主要依靠力量。

一、思想工作骨干队伍的作用

基层思想工作骨干队伍的主要作用是开展经常性思想工作。他们生活在群众之中，与其他消防员有共同的处境、体验、情感和语言，便于及时发现他们的思想变化，有针对性地做好思想工作；便于与思想工作对象交流感情、沟通思想、化解矛盾、解决思想问题，增强思想工作的有效性；有利于形成群众自我教育、自我改造、自我提高，人人做思想工作的生动活泼局面，增强思想工作的群众性。

注重培养思想工作骨干队伍和发挥他们的作用，是消防政治工作的优良传统。思想工作骨干队伍处处模范带头，救援时冲锋陷阵，勇往直前；困难中吃苦在前，享受在后，以“跟我来”“向我看齐”的表率作用影响和带动群众；与群众谈心、拉家常，开展各种不同形式、不同内容的互帮互学活动，从而沟通了上下联系，增强了救援人员团结。实践证明，哪个单位思想工作骨干队伍的作用发挥得好，政治工作就坚强有力。在新的历史条件下，加强和改进基层政治工作，必须注重建立和培养一支有战斗力的思想工作骨干队伍。

二、思想工作骨干的选拔、培养和使用

（一）选拔配备

构建科学全面的选拔任用机制，选准配强思想工作骨干，是加强政治队伍建设的基础环节。一是严格选拔标准。确立并坚持正确的选拔标准，是体现正确的用人导向、提高选人用人准确性的首要环节。选择思想工作骨干，要广泛听取各方面的意见，在实践中考察他们的表现和工作能力，切实把那些思想作风好、工作责任心强、群众威信高、具有一定文化知识和活动能力的消防员吸收到思想工作骨干队伍中来，要做到会知人、会施教、会谈心。二是拓宽选才渠道。建立骨干队伍，要着眼于基层长远建设，注意新老搭配，组成合理的梯次结构，使思想骨干队伍一茬接一茬，做到组织不断线，经验不失传。

（二）实践锻炼

对思想工作骨干，一定要充分信任，大胆使用，放手让他们工作，充分发挥作用。要善于倾听骨干的意见，采纳他们的合理建议，鼓励他们以主人翁姿态关心队伍建设。分配工作任务，应根据骨干不同情况和能力，扬长避短，使他们能够充分地施展自己的才能。既要让骨干独立负责地进行工作，又要加强对骨干的指导。要注意维护骨干的威信，保护他们的积极性，尤其是当他们工作出现问题时，要耐心帮助他们总结经验教训，使他们消除顾虑，放下包袱，振奋精神，大胆工作。要加强领导，搞好协调，使各种不同类型的思想工作骨干既有分工，又互相协作，形成统一的整体力量。

（三）教育管理

一是建立学习教育机制。要经常研究和掌握骨干的思想情况，有针对性地进行教育，引导他们增强事业心和责任感。同时要有针对性地组织他们学习，不断提高他们的思想理论水平。二是要不定期地总结交流经验，介绍工作体会。当骨干在实际工作中遇到困难或碰了钉子时，要给他们出主意、教方法，具体帮助指导。三是健全激励约束机制。要遵循思想骨干的思想行为规律，采取多种激励行为，激发思想骨干的内在动力，建立必要的约束性规章制度，管理和规范思想骨干的思想和行为，适时进行目标激励、荣誉激励、民意激励等，确保思想骨干的健康成长。四是完善考核评价机制。要完善体现思想工作骨干特点的考核评价标准，建立具有消防队伍特色的考评内容和考评指标体系，做到考评素质、实绩和群众公认相结合，考核和考试相结合，传统方法和先进技术手段相结合，建立健全考评结果反馈制度，充分发挥考评的导向作用。

习题

1. 政治教导员主要职责有哪些内容?
2. 政治指导员必备素质主要包括哪些方面?
3. 思想工作骨干如何选拔、培养和使用?

参 考 文 献

[1] 新编党支部工作实用手册编写组．新编党支部工作实用手册［M］．北京：人民出版社，2020.
[2] 陈友谊．公安消防部队基层党支部工作实务［M］．北京：国防大学出版社，2014.
[3] 冯时进．消防部队基层政治工作［M］．北京：机械工业出版社，2014.
[4] 南振声．让思想政治教育更富时代性和感召力［N］．北京：解放军报，2014.
[5] 唐贤辉，何海燕．增强思想政治教育时代性的三个要点［D］．南京：南京政治学院学报，2015.
[6] 张应二，王慧英，刘芳．队伍经常性思想教育指南［M］．济南：黄河出版社，2015.
[7] 巩树林．军队基层政治工作教程［M］．北京：国防大学出版社，2006.
[8] 中国人民解放军总政治部宣传部．军队基层文化工作课教程［M］．北京：解放军文艺出版社，2008.
[9] 张冠华．军队基层文化工作［M］．北京：解放军出版社，2014.
[10] 岳忠强．思想政治工作学［M］．北京：国防大学出版社，2008.
[11] 江作舟，戴燕君．陆军航空兵政治工作学［M］．北京：军事科学出版社，2015.